公共

教科書 公共 704
準拠

演習ノート

実教出版

文部科学省検定済教科書
7 実教 公共704
高等学校公民科用

公共

実教出版

もくじ

本書の使い方

❶　このノートは，実教出版の教科書『公共』（公共704)に準拠しています。

❷　教科書の1テーマを，2ページで編集しています。

❸　ノートの左ページは，主に教科書内容の学習ポイントを簡潔にまとめています。一部を空欄にしていますが，そこに入る語句などはすべて教科書に記載されているものです。教科書をよく読んで，側注の解答欄に書き込んでみましょう。［知識・技能］

❹　側注には，各テーマを学習するうえで是非覚えておきたい知識を補足しています。内容理解を深めるための参考としてください。

❺　巻末には学習の振り返りを記入する欄を設けました。

❻　正誤問題 や Work などで知識や概念が身についているか確認してみましょう。［知識・技能］

※　[　]は関連する評価の観点を示しています。

本書の使い方

Check 資料読解 **Check** ［知識・技能］
・教科書のCheckに対応した図版や統計などを読み取ることで，課題を把握できる設問です。
Try **Active** **Opinion** ［思考力・判断力・表現力］
・教科書各節の学習内容を受けた問いで考察するTryや話し合い活動のActiveに対応した設問です。
・それぞれ，取り組む際のヒントとなる設問もありますので，本文で学んだことを活用して考察し，表現してみましょう。
Active ［知識・技能］［思考力・判断力・表現力］
・教科書のActive-資料から課題を考える に対応したワークシートです。
・まずは， ☑振り返りチェック で重要事項を確認し，自分の意見やその根拠をまとめたり，他の人の意見や根拠をまとめたりして，考察を深めてみましょう。
章末問題 ［知識・技能］［思考力・判断力・表現力］
・重要用語の確認や，大学入学共通テストの問題で構成しています。これまで学んだ知識や概念を活用してチャレンジしてみましょう。

1 青年期とは

▶教科書 p.6〜7

| 青年期の出現 |

・12〜13歳ころから（① 　　　　　　　　　）が出現

→（② 　　　　　　）の始まり

・近代以前の社会…（③ 　　　　　　　　）（イニシエーション）を経るとすぐにおとなに

↓

市民革命や産業革命による身分制の崩壊

→職業選択の自由により，学習期間・準備期間が必要に

→青年期の出現

・「（④ 　　　　　　　　　　　　）（猶予期間）」

…アメリカの心理学者（⑤ 　　　　　　　　）は，青年期を社会的な責任や義務が猶予され，自立に向けた準備をする時期だと指摘

・青年期の（⑥ 　　　　）傾向

→現代社会では高度な技術を身につける必要

| 自我のめざめと第二の誕生 |

・「自分」を強く意識＝（⑦ 　　　　　）のめざめ

・フランスの思想家（⑧ 　　　　　　）は『エミール』の中で，青年期を（⑨ 　　　　　　　）と表現

「私たちは，いわば二度この世に生まれる。1回目は（⑩ 　　　　　　　　）ために，2回目は（⑪ 　　　　　　）ために」

【青年期の特徴】

・親や社会の価値観に否定的となり，反抗する（⑫ 　　　　　　　　）

・精神的に親から独り立ちする（⑬ 　　　　　　　　　）

・自分なりの判断や生き方，（⑭ 　　　　　　）や世界観を形成

●マージナル・マン

・子どもでもあり大人でもある青年

→ドイツの心理学者（⑮ 　　　　　　　　）は

（⑯ 　　　　　　　　　　）（境界人，周辺人）と表現

①_____

②_____

③_____

④_____

_____

⑤_____

⑥_____

⑦_____

⑧_____

⑨_____

⑩_____

⑪_____

⑫_____

⑬_____

⑭_____

⑮_____

⑯_____

〉〉〉（③）
七五三や成人式，結婚式，還暦の祝いなど，人の一生における節目におこなわれる儀式。
（→教p.6❷）

| 正誤問題 | 　次の文が正しい場合には○，誤っている場合には×を（ ）に記入しなさい。

1．心理学者のエリクソンは青年期を「心理・社会的モラトリアム」と名づけた。 （ 　　　 ）

2．成人式は通過儀礼の一種である。 （ 　　 ）

3．就職後も親と同居し，趣味と自由な生活を楽しむ若者をさしてマージナル・マンと呼ぶ。 （ 　　　 ）

①次の文中の空欄にあてはまる語句を答えなさい。

　　フランスの思想家ルソーは，『（ア　　　　　　　　）』の中で青年期について，次のように述べている。

> 私たちは，いわば二度この世に生まれる。1回目は存在するために，2回目は生きるために。はじめは（イ　　　　　　）に生まれ，次は（ウ　　　　　　　　　）にうまれる。…これが私のいう（エ　　　　　　　　　）である。ここで人間は本当に人生に生まれてきて，人間的な何ものも彼にとって無縁のものではなくなる。

② 「自我」とは何か説明しなさい。

Check 資料読解 教科書p.6の記述や **①** 「青年期の出現とその延長」を読み取り，中世からこんにちまでの各時代における青年期の説明として誤っているものを，次の①〜⑤のうちから選びなさい。

① 青年期は，市民革命や産業革命を経た20世紀初頭に出現したと考えられる。

② 中世において青年期は存在せず，子どもは一足飛びに大人になっていった。

③ 青年期は中世から認識されており，その期間は時代を経るにつれて短くなっている。

④ 20世紀に入ると，青年期が延長される一方で，児童期は短くなっている。

⑤ こんにちでは，産業社会が高度化することで，より専門的な知識や高度な技術の習得が必要となるため，青年期が延長しているとされる。

Try 青年期がどのような時期であるかを確認し，自分の人生にとっていまがどのような意味を持っているのか，考えてみよう。

2 自己形成の課題(1)・ **3** 自己形成の課題(2) ▶教科書 **p.8～11**

① _____

② _____

③ _____

④ _____

⑤ _____

⑥ _____

⑦ _____

⑧ _____

⑨ _____

⑩ _____

⑪ _____

⑫ _____

⑬ _____

⑭ _____

⑮ _____

⑯ _____

⑰ _____

_____

⑱ _____

▶▶▶ 個性

技能や知能などの能力と，感情や情緒の一般的な傾向である気質，それに能力と気質という二つの要因の働きをまとめる性格からなっている。
（→教p.9＊3）

■ 悩みと向きあって

・（①　　　　　　　　）で傲慢になりがちな青年期

　→一方で傷つきやすく（②　　　　　　　　）に陥りやすい

・友人との（③　　　　　　），異性への思いやり

　→オーストリアの心理学者（④　　　　　　　　）

　…共同体感覚をもつ人は（⑤　　　　　　　）を克服しようと努力できる

■ 適応行動と防衛機制

・さまざまな欲求の（⑥　　　　　＝コンフリクト　）のなかで生きる青年

　→社会的な規範などに適合しようと努める行動＝（⑦　　　　　　　　）

　→欲求が実現されないと，（⑧　　　　　　　＝フラストレーション　）に陥る

　↓

（⑨　　　　　　　　）…不安・焦燥・劣等感などの苦痛を避け自我を守る無

　　　　　　　　　　意識のしくみ

　※オーストリアの精神分析学者（⑩　　　　　　　　）による研究

・青年期の課題→適切な欲求実現の方法の工夫，（⑪　　　　　　　　　）

（フラストレーション・トレランス）を高める

■ パーソナリティの形成

・環境に適応し，自己の（⑫　　　　　　　　　　　）（個性，人格）を形成

　→スイスの心理学者（⑬　　　　　　　）は外向性・内向性に分類

■ 青年期の発達課題

・アメリカの心理学者（⑭　　　　　　　　）

　→（⑮　　　　　　　　　　）（自我同一性）の確立

・アメリカの教育学者（⑯　　　　　　　　　）

　→「両親や他のおとなから情緒的に自立すること」など

・自己を見失う（⑰　　　　　　　　　　　　　　）や無気力・無関心・

無感動の状態（⑱　　　　　　　）に陥ることも

■ 社会の多様性と共通性／現代社会と青年

・多様性をもつ現代社会→言葉などを通し，互いの伝統や文化，価値観を理解
し，違いを認め，尊重しあおうとするパーソナリティの形成が求められる

・多くの居場所をもてる青年ほど，情緒的に安定

　→他人からの承認と共感の実感により，自己肯定感（自尊感情）をもつ

　→他者理解と自他の相互承認を深めることが重要

正誤問題 次の文が正しい場合には○，誤っている場合には×を（ ）に記入しなさい。

1．進学したいが，早く就職して社会人になりたいとも思う，という葛藤は接近‐回避型の葛藤である。
（　　　　）

2．個性とは，技能や知能などの能力と，感情や情緒の一般的な傾向である気質，それらをまとめる性格からなっている。（　　　　）

3．周囲から認められなくても，自己主張をはっきりともち，自己を確立することをアイデンティティの確立という。（　　　　）

Work ①図中の空欄にあてはまる適切な語句を語群から選んで記入し，マズローの欲求階層説の図を完成させなさい。

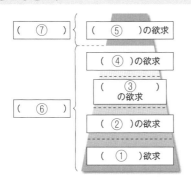

①
②
③
④
⑤
⑥
⑦

〈語群〉所属と愛情　　生理的　　安全　　成長欲求　　基本的欲求　　承認　　自己実現

②次の防衛機制の表の空欄にあてはまる語句を答えなさい。

①	欲求不満や不安を無意識に抑え込んで，忘却する
②	もっともらしい理由や理屈をつけて正当化する
③	抑圧した欲求と反対の行動をとる
④	より高い価値の欲求に置き換えて満足する

Check 資料読解 教科書p.8「共同体感覚と劣等感」 アドラーは，劣等感をどのようなものと考えているのだろうか。次の文中の空欄にあてはまる語句を答えなさい。

・劣等感をもつ人は，自分の価値が（ア　　　　　　　）の思わくの中で判断されると考え，そのことについて（イ　　　　　　）を持っている。

・劣等感をもつ人は，自分が人生の有用な面において（ウ　　　　　　　　　）だと感じることができない。

・他者と（エ　　　　　　）することのできる共同体感覚をもつ人は，自分のもつ（オ　　　　　　　　）を有用な行為に向かう動機として用いることができる。

Try より望ましい自分とはどのようなものか，⇒またそのような自己を形成するためには，どのような行動をしたらよいのか，考えてみよう。

4 職業生活と社会参加

▶教科書 **p.12～13**

①＿＿＿＿＿＿＿＿＿＿

②＿＿＿＿＿＿＿＿＿＿

③＿＿＿＿＿＿＿＿＿＿

④＿＿＿＿＿＿＿＿＿＿

⑤＿＿＿＿＿＿＿＿＿＿

⑥＿＿＿＿＿＿＿＿＿＿

⑦＿＿＿＿＿＿＿＿＿＿

⑧＿＿＿＿＿＿＿＿＿＿

⑨＿＿＿＿＿＿＿＿＿＿

››› （⑥）
日本では，15～34歳の未婚者で就業，就学，職業訓練をしていない人のことをいう。
（→教p.12❷）

職業の意義と職業選択

・働くということ＝経済的に（①　　　　　）すること

・仕事を通じて，自分らしさを生かし，目的を見つける

　→自分の能力を発揮し（②　　　　　）する

・社会的な責任を果たすこと→（③　　　　　）をもたらす

●職業選択のために

　・自己理解を深めること

　・（④　　　　　　　　）への参加などによる職業理解

・定職に就かない若者の増加

　→（⑤　　　　　　　）や，無職で就労に向けた活動もしていない

　（⑥　　　　　　）の増加

社会参加とボランティア活動

・人間は（⑦　　　　　　　　）である（アリストテレス）

　社会のなかで生きる存在であり，社会を作る存在である

　→社会に責任をもってかかわること＝（⑧　　　　　　）の重要性

・自発的に社会や他人に貢献する（⑨　　　　　　　）活動

　→あらたなかかわりあいの創出，人間的な連帯の実感

・伝統文化への理解と継承　→　地域の活性化に貢献

正誤問題　次の文が正しい場合には○，誤っている場合には×を（　）に記入しなさい。

１．内閣府の定義によると，フリーターとは，学生と主婦を除く15～34歳のうち，パート・アルバイト・派遣社員として働いている人のみのことを指す。　（　　　）

２．日本では，15～34歳の未婚者で，就業・就学・職業訓練をしていない人のことを NEET という。（　　　）

３．ボランティア活動の三つの性格として「自主性（主体性）」「社会性（福祉性）」「無償性（無給性）」があげられ，有償のものはボランティアとはいえない。　（　　　）

Work　次の各文は正社員とフリーターのどちらによくみられる特徴を示しているか，教科書p.12「正社員とフリーター」を見て分類しなさい。

① フルタイムで就業する

② 基本的にボーナスが支給される

③ 昇給が難しい

④ 健康保険は雇用主が半額負担する

⑤ 基本的にボーナスは支給されない

⑥ 解雇や労働時間短縮の可能性がある

正社員 ＿＿＿＿＿＿　　フリーター ＿＿＿＿＿＿

①教科書p.12「正社員とフリーター」を読んで，次の文が正しい場合には○，誤っている場合には×を（　）に記入しなさい。

ア　20〜24歳代から50〜54歳代をみると，正社員・正職員の賃金は上昇していくが，フリーターなどの場合は賃金がほぼ変わらないことが分かる。　　（　　　　　）

イ　正社員・正職員とフリーターなどでは，賃金の水準が月額で50〜54歳代では2倍ほどの格差が生まれるが，20〜24歳代で見るとフリーターなどの方が賃金は高いことが分かる。　　（　　　　　）

ウ　正社員・正職員の賃金も，フリーターなどの賃金も，50歳までは年齢を追うごとに上昇しており，人生設計をしていくうえで，どちらを選んでも不都合が生じるわけではないことが分かる。
　　（　　　　　）

エ　正社員は55〜59歳から賃金が低下し，60〜64歳ではフリーターよりももらえる額が少なくなる。
　　（　　　　　）

②あなたは，どんな職業に興味があるだろうか，教科書p.14「自分をデザインする―キャリア・デザイン―」を読んで，理由とともに考えてみよう。

（職種）
（理由）

　ボランティアなどの社会参加から得たこと，また取り組んだことで自分がどのようにかわったのか，互いの経験を話しあってみよう。また，これから地域社会でどのような活動をしたいか，教科書p.13❹「地域社会でどのような活動をしたいか」のグラフの中から選んで理由とともに話しあってみよう。

（自分の意見）
（他の人の意見）

5　伝統・文化と私たち

▶教科書 **p.16〜17**

① _____

② _____

③ _____

④ _____

⑤ _____

⑥ _____

⑦ _____

⑧ _____

⑨ _____

⑩ _____

⑪ _____

⑫ _____

⑬ _____

⑭ _____

⑮ _____

⑯ _____

⑰ _____

⑱ _____

⑲ _____

⑳ _____

㉑ _____

㉒ _____

㉓ _____

㉔ _____

日本人と自然

・列島の風土で育まれた日本人の伝統的な自然観

・（①　　　　　　　　）…不可思議な力をもち，畏怖の念を起こさせる存在

　→日本の（①）は，（②　　　　　　　　）と呼ばれる無数の神々

・（③　　　　　　　　）

　…カミ（精霊）は自然のあらゆるものに宿るという信仰

・『（④　　　　　　　）』の神々→「生む」神々であり「なる」神々でもある

　…「（⑤　　　　　　　）」という自然観と対応

・（⑥　　　　　）（祭祀）

　…収穫の恵みへの感謝と，災厄から逃れることの祈願

　　→儀礼としての（⑦　　　　　　　）が成立。神事の多くは年中行事にも

日本人が重視してきた倫理観

●古代の倫理観

・（⑧　　　　　　　　　　　　）

　…人に対して嘘偽りなく，明朗で曇りのない心

　　→のちの正直や誠などの道徳観の源

●江戸時代の倫理観

・（⑨　　　　　　）の重用…社会制度の維持が目的

　（⑩　　　　　　　　　　）…江戸時代前期の儒学者

　　→仁愛の重視。根底に（⑪　　　　　）の実践である（⑫　　　　　）

・（⑬　　　　　　　　）の運動

　本居宣長…日本古来の（⑭　　　　　　）の道を重視

　仏教や儒学は「（⑮　　　　　　）」として排除。人間のあるべき姿は，

　（⑯　　　　　　　　　　　，真心）につくこと

日本の近代化と個のとらえなおし

●西洋文化の受容

・（⑰　　　　　　　　　　）の儒教道徳批判…（⑱　　　　　　　　　）の考え，

　独立自尊の精神。「一身独立して一国独立す」

・近代的自我の出現

　（⑲　　　　　　　　　）…日本の近代化は（⑳　　　　　　　　　）を欠いた

　（㉑　　　　　　　　　）である

　（㉒　　　　　　　　）に生きるという独特の個人主義

・（㉓　　　　　　　　）の西洋思想批判

　…社会的存在である人間＝（㉔　　　　　　　　　　　）

次の文が正しい場合には○，誤っている場合には×を（ ）に記入しなさい。

1．日本人の伝統的な自然観は，豊かな自然に恵まれ，四季の移りかわりをもつ風土のなかで育まれた。
（   ）

2．カミ（精霊）は山や川，草や木，鳥獣や人間など自然のあらゆるものに宿ると考えられてきた。
（   ）

3．啓蒙思想とは，人間の理性の力によって旧来の迷信や偏見を打破しようとする思想運動のことである。
（   ）

4．夏目漱石は，天賦人権の考えを「天は人の上に人を造らず，人の下に人を造らずと云へり」と表現した。（   ）

Work ①和辻哲郎が『風土』のなかで表した文化の類型について，表の空欄にあてはまる語句を語群から選んで答えなさい。

類　型	風　土
モンスーン	・豊かだがときに猛威を振るう自然 ・（①　　　　　　　），忍従的 ・（②　　　　　　）
砂漠	・（③　　　　　　　）自然 ・対抗的，（④　　　　　　　） ・遊牧
牧場	・穏やかな自然 ・（⑤　　　　　　　），合理的 ・農耕，（⑥　　　　　　）

〈語群〉
戦闘的
牧畜
厳しい
自発的
農耕
受容的

②孔子の仁について，次の表の空欄にあてはまる語句を答えなさい。

（①　　　　　）	父母に孝行し，兄や年長者に従順であること
（②　　　　　）	利己心を抑えること
（③　　　　　）	自分を偽らない真心
（④　　　　　）	他人への思いやり
（⑤　　　　　）	人を欺かないこと

Try 日本の伝統・文化を生かしつつ，これからの国際社会で生きていくうえでどのような態度が求められるのか，考えてみよう。

Check ✔ 重要用語

1. 青年期とは

❶近代以前の社会でおこなわれた子どもからおとなになるための儀式など，人生の節目でおこなわれる儀式。　❶

❷おとなになるための準備期間として，社会的な責任や義務が猶予された時期。アメリカの心理学者エリクソンによる。　❷

❸ルソーが著書『エミール』のなかで青年期をさしていった言葉。　❸

❹どの集団にも属することができず，不安定な状態にある青年をさしてドイツの心理学者レヴィンが名づけた言葉。　❹

❺他者と共感することのできる共同体感覚をもつ人は，自分自身を勇気づけ，劣等感を克服しようと努力することができると論じたオーストリアの心理学者。　❺

2. 自己形成の課題（1）

❻複数の欲求がぶつかりあってどちらも選べないという状態。　❻

❼欲求をもつ個人が，対人関係での相手からの期待・欲求や，社会的な規範などの環境に適合しようと努めること。　❼

❽欲求が実現されず，心の緊張が高まること。　❽

❾不安などの苦痛を避け，自我を守ろうとする無意識の心の働き。　❾

❿欲求不満に耐える力。　❿

⓫欲求は基本的欲求が満たされることでより高次の欲求があらわれるとする欲求階層説を唱えた心理学者。　⓫

⓬心のエネルギーが向かう方向を外向・内向として分類，類型化して性格を論じたスイスの心理学者。　⓬

3. 自己形成の課題（2）

⓭ライフサイクルの各段階で達成するべき課題。　⓭

⓮自分が一貫性をもち，社会のなかで一定の位置を占めており，それが周囲の他者にも認められている，という意識。　⓮

⓯等身大の自己を見失い，「自分が何者かわからない」という状態に陥ること。　⓯

⓰何ごとにも興味や関心がわかず，無気力・無関心・無感動の状態。　⓰

4. 職業生活と社会参加

⓱生徒が一定期間，実際に企業などで職業体験をすること。　⓱

⓲日本では，15〜34歳の未婚者で，就業，就学，職業訓練をしていない人。　⓲

⓳自発的に社会や他人に貢献する活動。「自主性」「社会性」「無償性」という三つの性格があげられる。　⓳

5. 伝統・文化と私たち

⓴さまざまな事物に霊魂を認める信仰。　⓴

㉑中国の解釈に頼らず，仁と誠を重視し，日常における忠信の実践を説いた儒学者。　㉑

㉒封建制度を支えた儒教道徳を批判し，天賦人権の考えを広めた啓蒙思想家。　㉒

㉓人間は単なる個人ではなく，社会のなかで関係をもちあって存在することをあらわす，和辻哲郎による言葉。　㉓

1 次の表は企業がフリーターを正社員として採用するにあたり重視した事項である。この表から読み取れることで正しいものをすべて選びなさい。

年齢層	フリーターを正社員として採用した	フリーターの正社員への採用選考にあたり重視した点（複数回答）										
		学歴・経歴	職業意識・勤労意欲・チャレンジ精神	柔軟な発想	マナー・社会意識	組織への適応性	業務に役立つ専門知識や技能	業務に役立つ職業経験	コミュニケーション能力	従順さ・会社への忠誠心	体力・ストレス耐性	その他
15〜34歳	84.5	7.9	68.7	5.9	59.8	33.4	19.9	17.5	52.5	7.8	11.0	1.2
35〜44歳	80.7	8.4	64.0	5.4	52.5	35.1	25.8	27.0	46.0	7.9	12.5	1.1

(文科省資料より作成)

① どちらの年齢層でも，最も求められるのは勤労意欲やチャレンジ精神である。
② フリーターを正社員として採用する企業は50％を超えない。
③ どちらの年齢層でも，コミュニケーション能力は体力やストレス耐性より重視されない。
④ 年齢が上がると，業務に役立つ技能や経験が求められる。

2 欲求不満が生じたときの対処について，防衛機制「合理化」の例とされる有名な寓話を次に示した。

【防衛機制「 X 」の例】
　高い木になっているブドウを見つけて欲しくなり，それを採ろうとするがどうしても採れなかったキツネが， Y 。

　この例では， X に合理化が， Y に「『あのブドウは酸っぱいに違いない』と考える」が挿入され，寓話が完成する。これを題材に，他の防衛機制の例を示す場合，防衛機制「 X 」と，それに対応する例に入る記述 Y の組合せとして最も適当なものを，次の①〜⑥のうちから一つ選べ。

① X　反動形成　Y　『今はおなかがいっぱいだ』と考える
② X　反動形成　Y　『今日は誰と遊ぼうかな』と考える(ブドウのことを忘れている)
③ X　抑圧　　　Y　ブドウの木に火をつけて燃やしてしまう
④ X　抑圧　　　Y　『このブドウは僕には食べられるのが嫌なんだ』と考える
⑤ X　置き換え　Y　ブドウに化けようとする
⑥ X　置き換え　Y　ブドウではなく大好物のイチジクを採りに行く

（2021年大学入学共通テスト現代社会　本試第一日程）

1 古代ギリシアの人間観

▶教科書 p.18～19

①	
②	
③	
④	
⑤	
⑥	
⑦	
⑧	
⑨	
⑩	
⑪	
⑫	
⑬	
⑭	
⑮	
⑯	
⑰	
⑱	
⑲	
⑳	
㉑	
㉒	

▌無知の知―ソクラテス

●普遍的な真理とは何か

・ただ生きることではなく「（①　　　　　　　　　）」こと

　→人間にとって善や正が何であるかを真に知ること

・無知の自覚＝（②　　　　　　　　）が知の出発点

　…善や正の意味について無知であることの自覚

　　→知を愛し求めること（③　　　　　　　　　　　　）（哲学）が大切

●理想の生き方とは

・人間の真の姿は（④　　　　　　　　　）（魂）

　→魂をよいものにするように心掛けること（＝⑤　　　　　　　　　）

・善や正を真に知ること

　→徳（⑥　　　　　　　　）の実現（「（⑦　　　　　　　）」，知徳合一）

　　　　　　　　　　　　　　　↓

　　　　　　　　　善や正のおこないを実行（⑧　　　　　　　　）

　　真の意味でよく生き，幸福に生きることができる（⑨　　　　　　　　）

▌イデアへのあこがれ―プラトン

・人間に確実な知をもたらすのは（⑩　　　　　　）

　→これによってとらえられる物事の真の姿＝（⑪　　　　　　　）

　　　　　　　　　　　　　　　↓

　　　　（⑪）にあこがれるという知的で純粋な愛＝（⑫　　　　　　　　）

・（⑬　　　　　　　　　）…現実の世界は仮のもので，（⑪）の世界が真である

　とするプラトンの立場

・魂は（⑩），気概，欲望の３部分からなる

　→（⑩）が気概と欲望を統御し，魂が調和することで（⑭　　　　　　）の徳

　　が実現

▌徳と中庸―アリストテレス

・（⑮　　　　　　）でとらえられる現実の事物こそが実在である

　→個々の事物のなかに本質がある

　　…本質（形相）が素材（（⑯　　　　　　　））を得て現実化し，事物が成り立つ

・人間の本質は（⑰　　　　　）→人間だけが理性をもつ

●徳とは何か

・（⑱　　　　　　　　）（習性的徳）…よい行為の反復によって得られる徳

　　　　　⇕　　　　　　　　　　　　→（⑲　　　　　　）の選択

・（⑳　　　　　　　　）…教育を通じて理性が十分に働く状態

・人間は（㉑　　　　　　　　　　）→（㉒　　　　　　　）と友愛の重視

>>> **アリストテレス**
プラトンの学園アカデメイアで学ぶ。師のイデア論を批判し，現実主義の立場をとった。また，倫理的徳のなかでも正義を，共同体で生活するうえで欠かせないものとして重視した。主著『形而上学』『ニコマコス倫理学』。

●正義とは何か

（㉓　　　　　）正義	法を守り共同体の共通の善を実現		
（㉔　　　　　）正義	人々の間に公正が成立する		
	（㉕　　　　　）正義	名誉や財貨などを各人の働きや功績に応じて配分	
	（㉖　　　　　）正義	当事者たちの利害や得失が均等になるよう調整	

・人間にとっての最高善＝幸福→（㉗　　　　　）（テオーリア）的生活

正誤問題　　次の文が正しい場合には○，誤っている場合には×を（　）に記入しなさい。

1．「無知の知」とは，ものごとを知らない方が正しい行動ができるという，ソクラテスの説く知行合一を指す言葉である。　（　　　）

2．理想的な真の実在に対してあこがれる愛をさしてエロースと呼ぶ。　（　　　）

3．いまここにある机の形相が木材であり，それに机の形である質料が与えられることで，現実の机となる。　（　　　）

4．快楽に関する中庸は節制である。　（　　　）

Work　　次の文中の空欄にあてはまる語句を答えなさい。

この作品はダヴィッドの描いた「（①　　　　　　　　　　）」である。

　一部の市民から反感を買い，告発されたソクラテスは，裁判で無実を訴えたが死刑の宣告を受ける。逃亡をすすめる友人もいたが，（②　　　　　　）な生き方をすることを拒み，処刑を受け入れたシーンが描かれている。

Try　　よく生きること，また幸福に生きることとはどういうことなのか，自分の考えをまとめてみよう。

2 科学と人間

▶教科書 **p.20〜21**

①＿＿＿＿＿＿＿＿＿
②＿＿＿＿＿＿＿＿＿
③＿＿＿＿＿＿＿＿＿
④＿＿＿＿＿＿＿＿＿
⑤＿＿＿＿＿＿＿＿＿
⑥＿＿＿＿＿＿＿＿＿
⑦＿＿＿＿＿＿＿＿＿
⑧＿＿＿＿＿＿＿＿＿
⑨＿＿＿＿＿＿＿＿＿
⑩＿＿＿＿＿＿＿＿＿
⑪＿＿＿＿＿＿＿＿＿
⑫＿＿＿＿＿＿＿＿＿

⑬＿＿＿＿＿＿＿＿＿
⑭＿＿＿＿＿＿＿＿＿
⑮＿＿＿＿＿＿＿＿＿
⑯＿＿＿＿＿＿＿＿＿
⑰＿＿＿＿＿＿＿＿＿
⑱＿＿＿＿＿＿＿＿＿
⑲＿＿＿＿＿＿＿＿＿

科学的思考の確立

●近代自然科学の成立

・（①　　　　　　　　）の地動説，（②　　　　　　　　）の惑星の運動法則，

（③　　　　　　　　）の物体の落下の法則，（④　　　　　　　　）の

万有引力の学説

↓

それまでの伝統や先入観にとらわれない，新しい学問のあり方の追究

→イギリスの（⑤　　　　　　　　）

…知識の源泉は経験→（⑥　　　　　　　　）

フランスの（⑦　　　　　　　　）

…知識の源泉は理性→（⑧　　　　　　　　）

帰納法と演繹法

●中世の伝統的な学問への批判

【経験論：ベーコン】

・観察や実験に基づく経験を通じた探求

→個々の事実から共通項を取り出し，一般的な法則を解明…（⑨　　　　　　）

・ベーコンにとっての知識＝自然を支配するためのもの

→「（⑩　　　　　　　　）」

【合理論：デカルト】

・疑い得るものをすべて疑う…（⑪　　　　　　　　）

→「（⑫　　　　　　　　）（コギト・エルゴ・

スム）」

→確実な真理から，理性的な推論で新たな知識を得る…（⑬　　　　　　）

●デカルトの自然観

・（⑭　　　　　　）としての「考える私」

⇔すべての自然は，空間を占めるだけの（⑮　　　　　　）

→精神と物体の（⑯　　　　　　　　）

…自然は一定の法則で動く（⑰　　　　　　　　）

人間の幸福と科学

・物質的な繁栄→地球規模での（⑱　　　　　　　　）などの問題

↓

自然に対する（⑲　　　　　　　　）的な考え方への反省

→科学技術と自然との共生へ

>>> （⑧）

（⑧）は，感覚によって与えられる観念以外に，心には生まれつき備わっている観念があり，確実な知識はこの生得観念を基礎として構成される，と説く。
（→教p.21＊3）

　　次の文が正しい場合には○，誤っている場合には×を（　）に記入しなさい。

1．ベーコンがいう，個人の性癖からうまれるイドラをさして「劇場のイドラ」という。　　（　　　　）

2．個々の具体的な事実，経験から出発して普遍的な真理にいたる方法を方法的懐疑という。
　　（　　　　）

3．合理論では，感覚によって与えられる観念以外に，心には生まれつき備わっている観念である生得観念を基礎として確実な知識が得られるとする。　　（　　　　）

4．すべての観念は感覚的な経験から生まれるとして，ロックは心を「タブラ・ラサ（白紙）」と表現した。
　　（　　　　）

Work　次の表の空欄にあてはまる語句を語群から選んで答えなさい。

（①　　　　）のイドラ	人間の本性に根ざす
（②　　　　）のイドラ	個人の性癖から生じる
（③　　　　）のイドラ	言葉の間違った使用による
（④　　　　）のイドラ	伝統的学説や権威への盲従による

〈語群〉

洞窟　　劇場

市場　　種族

Check 資料読解　①教科書 p.21「正しい経験論」とは何か　ベーコンによれば，確実な知識を導く経験とはどのようなものだろうか。正しいものを，次の①～④のうちから一つ選びなさい。

　①　中世の伝統的な学問でみられたような，自分の個人的な判断に基づく経験。

　②　実際の観察に基づき，実験によって検証されていくような個々の経験。

　③　確実な知識から推論され，真実であると確信できるような経験。

　④　自分と自然との対立がそこでは消え去っているような純粋経験。

②教科書 p.21「考える私」とは何か　デカルトは，なぜ「考える私」を第一原理と判断したのだろうか。正しいものを，次の①～④のうちから一つ選びなさい。

　①　方法的懐疑によって，いまここで疑わしいと考えている私すら疑わしいと考えるようになったから。

　②　精神と物体はそれぞれ異なるものであり，精神の方が感覚において勝っているから。

　③　一切の先入観や疑いをさしはさむ余地がないことが，確かな知識の出発点となると考えたから。

　④　「知は力なり」と考え，「考える私」こそが自然を支配し操作することができるとしたから。

Active　科学技術の利用にあたって，私たちが考えておかなくてはいけないことは何か，話しあってみよう。

（自分の意見）

（他の人の意見）

3 自由の実現

▶教科書 p.22〜23

意志の自由と道徳法則－カント

・善…義務を義務としておこなう意志＝（①　　　　　　　）のみ

　（②　　　　　　　）…行為の善さは，意志のうちにある

●道徳法則

・「（③　　　　　　　　　　）」…「なすべきこと」（義務）を自分で決定する自由

　→（④　　　　　　　）にもとづく自然法則のもとにあって，意志の自由のみ

　　が自由として存在する

・行為を命じる内面の声

「もし〜ならば，…せよ」	条件付きの命令（＝⑤　　　　　　　）	自由ではない
「〜すべし」	無条件の命令（＝⑥　　　　　　　）＝（⑦　　　　　　　）	**意志の自由**

・（⑧　　　　　　　　　）…自ら法則を立て，自らそれに従うこと

　　　　　　　　　→道徳における真の自由

人格の尊厳

・（⑨　　　　　）＝道徳の主体としての人間

　→人間はすべて平等であり，尊厳をもつ

　　→単なる（⑩　　　　　　）として扱ってはならない

・（⑪　　　　　　　　）…互いの人格を目的として尊重しあう理想の社会

社会における自由の実現－ヘーゲル

・カントの道徳や自由のあり方を批判

　（⑫　　　　　）＝自由が実現される共同体

　…人間を外面的に制約する（⑬　　　　　）と，内面的に制約する

　　（⑭　　　　　　）の統合により実現

・人倫の三段階

（⑮　　　　　）	自然の情愛で結ばれた共同体
（⑯　　　　　　）	個人の欲望に基づく社会…「欲望の体系」→全体と個人が分離する「（⑰　　　　　　　　）」を経験
（⑱　　　　　）	（⑮）と（⑯）とを総合（**止揚**）し統一→「人倫の完成態」

①　　　　　　　　　
②　　　　　　　　　
③　　　　　　　　　
④　　　　　　　　　
⑤　　　　　　　　　
⑥　　　　　　　　　
⑦　　　　　　　　　
⑧　　　　　　　　　
⑨　　　　　　　　　
⑩　　　　　　　　　
⑪　　　　　　　　　
⑫　　　　　　　　　
⑬　　　　　　　　　
⑭　　　　　　　　　
⑮　　　　　　　　　
⑯　　　　　　　　　
⑰　　　　　　　　　
⑱　　　　　　　　　

»（④）
自然の世界は，原因があって結果があるという考え。自然法則という必然が支配する世界であり，一切の自由はない。ただ一つ，人間のもつ（③）だけが自由として存在する。
（→教p.22❶）

正誤問題　　次の文が正しい場合には○，誤っている場合には×を（　）に記入しなさい。

1．カントは，理性的な人間には，なすべきことを判断して実行する意志の自由があると考えた。
　（　　　　）

2．ヘーゲルは，人間を内面的に制約する法と，外面的に制約する道徳とが総合されて人倫が実現すると考えた。　（　　　　）

Work ①次の文中の空欄にあてはまる語句を答えなさい。

ドイツの哲学者カントは，（**ア**　　　　　　）と（**イ**　　　　　　）とを総合し，認識論上の革命，つまり（**ウ**　　　　　　　　）をなしとげた。同じくドイツの哲学者ヘーゲルは,自由の問題を，個人の　（**エ**　　　　　　）においてではなく，これをこえた社会や（**オ**　　　　　）との関係でとらえるべきものであると考え，世界の歴史とは（**カ**　　　　　　）が自己をあらわし，自由を実現していく過程であるとした。

②次の文中の空欄にあてはまる語句を答えなさい。

弁証法とは，あるもの（（**ア**　　　　））には，自己自身のなかに自己と対立し矛盾するもの（（**イ**　　　　））が含まれており，この対立・矛盾がより高い次元で総合（（**ウ**　　　　　））され，統一される（（**エ**　　　　）） という法則をいう。

Check 資料読解 ①教科書p.22「善意志」　カントは，なぜ善意志を無条件に「善い」と考えたのだろうか。正しいものを次の①～④のうちから一つ選びなさい。

①　知力や勇気といった特質は一般的には善であるとされるが，悪い目的のために用いられると悪にもなりうる。これに対して善意志とは，行為がもたらす結果や，目的の達成のために有用であるかにかかわりなく，それ自体で善であるから。

②　人間にとって善であるとされるのは，その行為が善い結果をもたらすような行為である。そして，善意志による判断に基づいておこなわれる行為が，一般的に善い結果を生むことは経験的にも理性的にもいえることであるから。

③　何が人間にとって善い行為かを選び取るとき，私たちは経験を理性の力でまとめ上げ，より善い方を選び取るのである。このときに発揮される決断力や，選び取った行為に対して責任を取ろうとする意志を支えるのが善意志であるから。

④　人間に行為を命ずるのは，「～ならば…せよ」という命法と「～せよ」という命法の二つがある。善意志はこの二つの命法を統一するものであり，すべての人にあてはまる普遍的な道徳法則の基礎となるものであるから。

②教科書p.23「人倫の三段階」　ヘーゲルは，家族と市民社会の相違点をどのようにとらえたか。以下の文中の空欄に，個人，家族，市民社会，人倫の語句を入れ，文章を完成させなさい（同じ語を何度用いてもよい）。

（**ア**　　　　　　　）においては，人は自然の情愛で結ばれた共同体の一員として生きている。そこでは（**イ**　　　　　　）は共同体の中に埋没している。（**ウ**　　　　　　）において，人々は独立した（**エ**　　　　　　）となる。しかし，ここで（**オ**　　　　　　）は全体と分離してしまい，「（**カ**　　　　　）の喪失態」となる。

Try　自由とは何か，自由はどのように実現されるべきものなのか，自分の考えをまとめてみよう。

4 社会を作る人間

▶教科書 p.24〜25

自由と社会参画

・フランスの実存主義の思想家（① 　　　　　　　　　）

「（② 　　　　　　　　　　　　　　　　）」…人間は，自分の自由な意志で，なり

たいものになれる

　　↓

選択した結果に，全面的に責任を負う必要

→「（③ 　　　　　　　　　　　　　　　　）」

　　…自由であることを強制されている

・自分の選択や決断が社会に対して責任をもつ

　人間の自由は，社会形成に参加していくこと

　＝（④ 　　　　　　　　　　　）

コミュニケーション的行為

・ドイツの思想家（⑤ 　　　　　　　　　）

市民的公共性の回復と確立…対等な立場で議論することによって成立

　　↓　　国家による管理強化で，近代以降失われてしまっている

人間が作り出した政治・経済制度が，人間の日常生活を支配する，

「（⑥ 　　　　　　　　　　　　）」の状態

　　↓

人間には，対話（コミュニケーション）において，人々を合意に導く理性

（（⑦ 　　　　　　　　　））がある

→自由で開かれた（⑧ 　　　　　）をおこない，（⑨ 　　　　　）形成する

　ことができる

　　↓

（⑩ 　　　　　　　　　　　　　　　　　　）に基づく公共性の確立と，

理性的な社会秩序の形成が可能である

→民主主義的パーソナリティの育成

公的な領域

・ドイツの政治哲学者（⑪ 　　　　　　　　　　）

人間の生き方を以下の3つに区分

（⑫ 　　　　　　）…生存のために必要

（⑬ 　　　　　　）…道具や作品をつくる

（⑭ 　　　　　　）…他者と直接かかわりあいながら共同体を営む

　　　┗→　人間が（⑮ 　　　　　　）（公共空間）を築くこと

　　　　　…人間にとって本質的

・近代以降軽んじられてきた（⑭）を重視

→古代ギリシアの（⑯ 　　　　　　）をモデルに活動による公共性の実現と，

　人間性の獲得をめざす

---

①　　　　　　　　

②　　　　　　　　

③　　　　　　　　

④　　　　　　　　

⑤　　　　　　　　

⑥　　　　　　　　

⑦　　　　　　　　

⑧　　　　　　　　

⑨　　　　　　　　

⑩　　　　　　　　

⑪　　　　　　　　

⑫　　　　　　　　

⑬　　　　　　　　

⑭　　　　　　　　

⑮　　　　　　　　

⑯　　　　　　　　

≫ マルクス

マルクスは，貧困や不平等
など，資本主義がもたらす
問題を解消し，人間の解放
と真の共同体を実現するた
めには，資本主義社会を変
革し，新たな社会を作るべ
きだと主張した。そして，
その変革主体は労働者階級
（プロレタリアート）であ
ると考えた。
（→教p.24❶）

≫ （⑤）

（⑤）は，近代社会を作り
だした理性が目的実現の手
段を求める道具的な理性と
なり，これが人間を支配す
るようになったと批判し
た。
（→教p.24❷）

　　次の文が正しい場合には○，誤っている場合には×を（　）に記入しなさい。

1．サルトルは，現代社会において人間は自由であることを強制されていることをさして「自由の刑」と呼んだ。（　　　　）

2．ハーバーマスは理性の力の限界を指摘し，理性によることなく，コミュニケーション能力を高めていく社会の公共性を作り上げるべきであると説いた。　　（　　　　）

Work　次の文中の空欄にあてはまる語句を答えなさい。

ドイツの思想家（ア　　　　　　　）は，貧困や不平等など（イ　　　　　　　）がもたらす問題を解消し，人間の解放と真の共同体を実現するためには，（ウ　　　　　　　　　　　　　）を中心とした変革によって新たな社会を作るべきだと主張した。

Check 資料読解　①教科書p.25「市民的公共性」　ハーバーマスによれば，市民的公共性はどのように形成されるのだろうか。次の文中の空欄に，以下の語群から適語を選び，記号で答えなさい。

近代社会を作りだした（ア　　　）は，やがて目的を実現する手段を求める道具的なものとなり，これが人間を支配するようになった。かつて人々がもっていた（イ　　　）は失われていった。しかし，人間には（ウ　　　）において人々を合意に導く（ア）の働きがある。この働きにより，人間は互いの主張を吟味しあう自由で開かれた（エ　　　）を通じて（オ　　　）を形成することができる。このような（カ　　　）を通じて市民的公共性が形成されていくとハーバーマスは考えた。

〈語群〉① 討議　　② 理性　　③ 市民的公共性　　④ コミュニケーション的行為
　　　　⑤ 対話　　⑥ 合意

②教科書 p.25「複数性」　アーレントは，人間の活動に不可欠な条件を何であると考えたのだろうか。次の文中の空欄にあてはまる語句を答えなさい。

生存のために必要な（ア　　　）や，道具や作品を作る（イ　　　）と異なり，物や事柄の介入なしに直接人と人との間で行われる（ウ　　　）が，公共性を築いていく人間にとって本質的なものである，とアーレントは考えた。活動することは，人間が（エ　　　）性をもって生きているという「人間の条件」に対応している。公共性が侵害され，人々が他者とのつながりを失うことは，本来の人間性を失うことを意味するとアーレントは考えたのである。

Try　より望ましい社会を築いていくために，私たちはどのように社会にかかわっていくべきなのか，具体例をあげて考えてみよう。

Check ✔ 重要用語

1．古代ギリシアの人間観

❶ソクラテスの哲学の出発点で，自分が善や正の意味について無知であることを自覚すること。　❶

❷ソクラテスが主張した，人が善や正を真に知ることによって魂の優れたあり方が実現すること。　❷

❸プラトンが主張した，理性によってとらえられる物事の真の姿。　❸

❹魂が以前いたイデアの世界を想い起こし，これにあこがれること。　❹

❺プラトンの理想主義を批判し，現実の事物に本質（形相）は含まれているとして現実主義的な哲学を展開した人物。　❺

❻勇気，節制，正義など，よい行為の反復によって得られる徳。　❻

2．科学と人間

❼人間の認識において経験を重視する経験論の立場をとったイギリスの思想家。イドラ論，帰納法。主著に『ノヴム・オルガヌム』。　❼

❽疑い得ない真理から出発し，理性の推論で新たな知識を得ていこうとする合理論の立場をとったフランスの哲学者。演繹法。　❽

3．自由の実現

❾意志の自由をもち，自律した道徳的主体としての人間を人格と呼び，人格として人間は尊厳をもつことを主張したドイツの哲学者。　❾

❿人間にとっての自由とは家族・市民社会・国家という人倫の三段階を経て現実社会のなかで実現されていくとしたドイツの哲学者。　❿

4．社会を作る人間

⓫資本主義社会を変革し，新たな社会を作るべきだと主張したドイツの思想家。主著『資本論』。　⓫

⓬「実存は本質に先立つ」として実存主義を説いたフランスの思想家。　⓬

⓭人間が対等な立場で議論することで成り立つ市民的公共性をいかにして回復し，確立するかを論じたドイツの思想家。　⓭

演習問題

1 自由や自律・責任に関連して，次の文ア〜ウ中の　A　〜　C　に入る語句の組合せとして最も適当なものを，次ページの①〜⑥のうちから一つ選べ。

ア　A　という言葉は，英語やフランス語などでは，私に呼びかけた他人に応えることを含意し，他人への配慮ということを示唆している。

イ　人間が自らの意思で規範を定め，それに従う状態を，カントは　B　と呼び，そこに人間の尊厳の根拠を求めている。

ウ　自分の行いを正当化する価値を自明のものとして見いだすことのできない状況について，サルトルは「人間は　C　の刑に処せられている」と述べている。

①	A	自由	B	自律	C	責任	④	A	自由	B	責任	C	自律
②	A	自律	B	自由	C	責任	⑤	A	自律	B	責任	C	自由
③	A	責任	B	自由	C	自律	⑥	A	責任	B	自律	C	自由

2 よき生き方を追求したソクラテスは，自らに下された死刑判決を不当としながらも，脱獄の勧めを拒み，国家の法に従って刑を受け入れた。彼の考えとして最も適当なものを次の①～④のうちから一つ選べ。

① 国家は，理性に従って人々が相互に結んだ社会契約のうえに成立している。それゆえ，国家の不当な決定にも従うことが市民のよき生き方である。

② たとえ判決が不当であるとしても，脱獄して国家に対して不正を働いてはならない。不正は，それをなす者自身にとって例外なく悪だからである。

③ 脱獄して不正な者と国家にみなされれば，ただ生きても，よく生きることはできない。人々に正しいと思われることが正義であり，善だからである。

④ 悪いことだと知りつつ脱獄するのは，国家に害をなす行為である。だが人間の幸福にとって最も重要なのは，国家に配慮して生きることである。　　　〈2016年センター試験倫理　本試〉

3 自分の姿を見せることを，政治思想家アーレントは，人々の間で行われる「活動」の特徴の一つと考えた。彼女によれば，活動は，物と人との間で成立する「労働」「仕事」とは異なり，人と人とが直接関わり合う行為であり，ゆえに政治を始めとする公的な営みもまた活動であるべきなのである。アーレントが活動の特徴を述べた次の文章を読み，活動の具体例として最も適当なものを，下の①～④のうちから一つ選べ。

　　話したり何かをしたりすることを通じて，私たちは人間世界に自ら参入するのである。……この参入は，労働のように必要に強いられたものではなく，仕事のように有用性に促されたものでもない。それは，私たちがその仲間に加わりたいと願う他者の存在に刺激されたものである。……語り合うことによって，人は自分が誰であるかを示し，自分がユニークな人格をもつ存在であることを積極的に明らかにし，そのようにして人間世界に自分の姿を現すのである。　　　（『人間の条件』より）

① 文化祭で劇を上演することになり，Qさんは衣装係を割り当てられたので，演者の個性が引き立つような，ユニークな衣装を作った。

② Rさんは，飢餓に苦しむ人々を支援する運動に同級生が参加していることを知り，自分もアルバイトをして貯めたお金を寄付した。

③ 高校で生徒会選挙があり，仲のよい同級生が生徒会長の候補者となったので，Sさんはその同級生に投票することにした。

④ Tさんは，休み時間に教室で，同級生がその場にいない人を中傷しているのを目にして，憤りを感じたので，彼らに抗議した。　　　〈2013年センター試験倫理　本試〉

1 人間と幸福

▶教科書 p.26〜27

① _____

② _____

③ _____

④ _____

⑤ _____

⑥ _____

⑦ _____

⑧ _____

⑨ _____

⑩ _____

⑪ _____

>>> **制裁（サンクション）**
個人の利己心が社会規範に背いたときに与えられる，自然的，法律的，道徳的，宗教的の四つの外部的な強制力。

功利主義

・（①　　　　　　　　　）…幸福をもたらすのに役立つ行為こそ正しい行為

　（②　　　　　　　　）…行為の正しさを結果の善さに求める

・イギリスの思想家（③　　　　　　　　　）

　幸福＝（④　　　　　　　）

　→最も多くの人々に最も大きな幸福をもたらす行為が最も正しい行為

　　＝「（⑤　　　　　　　　　　　　　　　）」の達成が，社会的正義の実現

　　…利己主義とは異なり，個人と社会の幸福は調和する

・イギリスの思想家（⑥　　　　　　　）

　（⑦　　　　　　　　　）の重視…（⑧　　　　　　　　　　　　）

　「満足した豚より不満足な人間の方がよく，満足した愚か者であるよりも
　　不満足なソクラテスの方がよい」

　「多数者の専制」の問題→少数意見の尊重

　（⑨　　　　　　　　　　）…他者に危害を加えなければ，いかなることも
自由

　　→自由と個性の進展が社会の幸福につながる

正しいことって何？─帰結主義と義務論─

・（⑩　　　　　　　　　）…善い結果をもたらす行為を正しいとする考え方

　…ベンサムやミルの功利主義

・（⑪　　　　　　　）…行為の正しさは，目的や結果に関わりなく，義務に基
　づく行為が正しいとする考え方

　…カントの倫理学

　　「あなたの意志の格率が常に同時に普遍的立法の原理として当てはまるよ
　　うに行為しなさい」

正誤問題　　次の文が正しい場合には○，誤っている場合には×を（　）に記入しなさい。

1．功利主義と個人の幸福の最大化を目的とする利己主義の考え方は同じである。　（　　　）

2．「満足した豚より不満足な人間の方がよく，満足した愚か者であるよりも不満足なソクラテスの方が
　よい」という言葉は，量的功利主義をあらわしたものである。　（　　　）

3．たとえ善い結果をもたらさなくても，正しい行為をするべきだという考えを帰結主義という。
　（　　　）

4．義務論はあらゆる人にとってあてはまる行動原則に従って行為することが正しいという考え方に立つ。
　（　　　）

Work ①ベンサムとミルの制裁について，次の表を完成させなさい。

ベンサム	個人の利己心が（①　　　　　　　　　）に背いたときに与えられる（②　　　　　　　）な強制力。（③　　　　　　　），法律的，（④　　　　　　　），宗教的の四つ
ミル	（⑤　　　　　　　）制裁である良心の声を重視

②以下の二つの考え方を帰結主義と義務論に分類しなさい。

①　医師の使命とは救命である。この義務に従って考えるのならば，すべての人を等しく治療すべきである。

②　1人を助けるために9人を犠牲にすることは，最大多数の最大幸福から考えて間違った選択である。まずはその9人を治療すべきである。

帰結主義 [　　　]　　　　義務論 [　　　]

Check 資料読解　教科書p.26「功利主義の考え方」　ベンサムによれば，あらゆる人間を支配しているものは何だろうか。次の文中の空欄に快楽もしくは苦痛のどちらかの語句を入れなさい。

　人間は（ア　　　　　）を求め（イ　　　　　）を避けようとする。この二つが人間を支配する「二人の主権者」であり，人間がどのような行動を選ぶかを決定するとベンサムは考えた。そして幸福とは（ウ　　　　　）であり，不幸とは（エ　　　　　）である。ベンサムのいう功利性の原理とは，それが人々の幸福を増大させるか減少させるかを，行為の善し悪しを決める基準とする原理である。

Try　教科書 p.27「思考実験―トリアージ」　あなたは，この問題をどのように考えますか。上記の意見①と②や，教科書p.22などのカントの考え方も参考にしながら，自分の意見をまとめてみよう。

2 公正な社会をめざして

▶教科書 p.28〜29

① _____
② _____
③ _____
④ _____
⑤ _____
⑥ _____
⑦ _____
⑧ _____
⑨ _____
⑩ _____
⑪ _____
⑫ _____
⑬ _____
⑭ _____
⑮ _____

公正としての正義

アメリカの政治哲学者（①　　　　　　　　）

・（②　　　　　　　　　　　　　）…社会が生みだした不平等は道徳的に正当化されない

・人々が取るべき（③　　　　　　　　　）

　…すべての人々に社会生活を送るに当たって必要なもの

　（（④　　　　　　　　　　））が正しく分配されること

　→「無知のヴェール」の状態，つまり（⑤　　　　　　　　）において正義の原理が合理的に選択される

　　❶（⑥　　　　　　　　　）の原理…すべての人が自由を等しくもつ

　　❷（⑦　　　　　　　　　　）の原理…不平等が生まれるとしてもすべての人々に機会が等しく与えられた結果であること

　　（⑧　　　　　　　　　）…不平等は最も恵まれない人々の状況を改善する場合についてのみ許される

機能と潜在能力

インドの経済学者（⑨　　　　　　　）

・所得や欲望の充足が増大するだけでは，人間にとって善い生活をとらえられない

・財を利用することで得られる状態や活動＝（⑩　　　　　　　）

↓

　このような（⑩）をあわせたもの…（⑪　　　　　　　　　　　　　）

　　→福祉とは，人々の（⑪）を改善し拡大すること

自由主義と共同体主義

（⑫　　　　　　　　　　） （自由主義）	自由であることを，個人や社会にとって最優先すべき価値観と考える立場 ロールズなど
（⑬　　　　　　　　　） （自由至上主義）	他者の権利を侵害しない限り，個人の自由の最大限の尊重と，国家の不介入を求める立場 ノージックなど
（⑭　　　　　　　　　） （共同体主義）	個人の属する共同体がもっている価値観を重んじ，共同体全体の善である共通善（公共善）の実現をめざす立場 （⑮　　　　　　　　）など

徳倫理学

・帰結主義や義務論…「人が何をおこなうべきか」といった行為の正しさについて考える

（⑯　　　　　　　　　）…「人が何であるべきか」を問題とするべきという立場
→徳のある行為を繰り返すことで徳のある人となり，その人の行為は徳のあるものとなる

⑯ _____

正誤問題 次の文が正しい場合には○，誤っている場合には×を（　）に記入しなさい。

1. ロールズは，功利主義を「その効用がどのように人々の間で配分されるかについて答えていない」と批判した。（　　　　）

2. センは，福祉の最大の目的は財を配分し，所得の充足の増大をめざすことだと主張した。
（　　　　　）

3. アメリカの政治学者サンデルは，ロールズが考える個人は社会から孤立した「負荷なき自己」であると批判した。　　（　　　　）

Check 資料読解 ①ロールズとセンの正義のとらえ方をそれぞれ教科書 p.29 資料①と②から読み取ってみよう。

②資料①の下線部に当たる具体的な事例として適当なものを，下の①〜④から選びなさい。

① 累進課税により，より多くの収入を得た者に対してより大きい税率を課す。
② 年金を積立制度とし，積み立てた総額に応じた年金を受け取れるようにする。
③ 能力給により，能力とその功績に応じた賃金を受け取れるようにする。
④ すべての人に最低限度の収入を保障するベーシックインカムの制度を取り入れる。

Active 現実社会には，どのような不公正や不公平な問題があるか，具体例をあげて話し合ってみよう。

（自分の考え）

（他の人の考え）

1 人間の尊厳と平等

▶教科書 **p.34〜35**

① _____

② _____

③ _____

④ _____

⑤ _____

⑥ _____

⑦ _____

⑧ _____

⑨ _____

⑩ _____

⑪ _____

_____

⑫ _____

⑬ _____

⑭ _____

>>> (⑩)
フランスの思想家（1533〜92）。（⑩）は，当時の悲惨な宗教戦争を目の当たりにし，このような対立は自己への無反省や相手への非寛容から生まれると考えた。（→教p.35❷）

>>> (⑬)
フランスの思想家ボーヴォワール（1908〜86）は，主著『第二の性』で，「女性」を規定するのは，身体的な差異ではなく，文明全体に根ざす性差別であるとして，西欧文化の男性中心主義を批判した。
（→教p.35＊1）

人間の尊厳

人間は，交換のきかないかけがえのないものであり，他と比較したり優劣をつけたりすることのできないもの→人間の（①　　　　　）

↓

協力と共生によって安定した社会へ

●生命への畏敬

・フランスの神学者・哲学者（②　　　　　　　　　　）

「自分は，生きようとする生命に囲まれた，生きようとする生命である」

　　→すべての生命ある者への畏敬の心を持つこと＝生命への畏敬

●非暴力

・インドの独立指導者（③　　　　　　　　）…徹底した（④　　　　　）主義

（⑤　　　　　　　　　　　　）…宇宙や人間の根源にある唯一絶対の真理を正しくとらえること

　　→すべての生物は同胞であるとして，（⑥　　　　　　　　　　）を実践

人間の平等と個人の尊重／差別と偏見の克服

・人間の平等を支えるもの＝（⑦　　　　　　　　）の原理

・差別の根幹…（⑧　　　　　　　　　　）への偏見，自分と違う存在に対する恐怖や憎悪

↓

これらが社会の構造として再生産されていくことに差別の根深さがある

・（⑨　　　　　）の精神…独断や偏見に陥ることなく，他者との違いを互いに認め合い共生をめざす必要

・フランスの思想家（⑩　　　　　　　　）

謙虚に自己を見つめ，自己反省すること

↓

「（⑪　　　　　　　　　　　　　　　　）」

・（⑫　　　　　　　　　　）の実現を目指して

「男は仕事，女は家事・育児」といった固定的な役割分担である

（⑬　　　　　　　　）を改めていく必要

（⑭　　　　　　　　）の採用

…積極的差別是正措置（ポジティブ・アクション）の導入

正誤問題　　次の文が正しい場合には○，誤っている場合には×を（　）に記入しなさい。

1．日本国憲法第13条では，「すべて国民は個人として尊重される」と個人の尊重が保障されている。
（　　　　）

2．ボーヴォワールは主著『第二の性』で，西欧文化の男性中心主義を批判した。　　（　　　　）

①男女共同参画社会を形成するための積極的差別是正措置（ポジティブ・アクション）にあたる取り組みとして適当なものを，下の①～④から選びなさい。

① 企業の採用試験を，男女を区別することなく実施する。

② 女性雇用者の割合に一定の数値を設定することを義務づける。

③ 女性の労働者の負担を減らすために，昇進・昇格試験の受験を男性労働者のみに限定する。

④ 性別のみではなく，年齢に応じた業務の役割分担を設定する。

②教科書 p .35「機会の平等か結果の平等か」を参考に，機会の平等と結果の平等について簡単に説明しなさい。

Check 資料読解 ①教科書p.34「考える葦」 パスカルによれば，なぜ人間は尊い存在であるとされるのだろうか。正しいものを下の①～④から選びなさい。

① 人間だけが，自然を支配することができるまでに知性を進化させてきた存在であるから。

② 人間は宇宙が考えるよりも，より多く自分のことを考えることができるから。

③ 人間だけが，自分が宇宙に比べ悲惨であり，か弱い存在であると考えることができるから。

④ 人間は一人一人ではか弱い存在だが，生まれながらに自然権をもっているから。

②教科書p.35「寛容」 ヴォルテールは,他者に対する寛容を人間に割り当てられたものと考えている。では，寛容が人間に割り当てられたのはなぜだろうか，次の文中の空欄にあてはまる語句を答えなさい。

　自分の考え方が常に正しく，絶対的なものと考えてしまうと，人間は（ア　　　　　　　　）に陥ってしまい，他人を許すことができなくなる。他人を自分と違う存在であると思い込み，自分と違うありかたをする他人に対して恐怖や憎悪を持つことから，他者に対する（イ　　　　　　）の感情が生まれる。そのような社会は，お互いにお互いを傷つけあうような社会だろう。人間は弱く，過ちを犯しやすい。それゆえ，他者との違いを認め合い，お互いに支え合い，共生していく社会を形成するためには（ウ　　　　　　）の精神が必要なのである。

Active 現実社会における「許されない差別」の例をあげ，その差別が生じる理由と，それがなぜ問題なのかについて話しあってみよう。

（自分の考え）

（他の人の考え）

2 自由・権利と責任・義務

▶教科書 **p.36〜37**

① _____

② _____

③ _____

④ _____

⑤ _____

⑥ _____

⑦ _____

⑧ _____

_____

⑨ _____

⑩ _____

⑪ _____

権利と自由

・（①　　　　　　）…ある人が別のある人に対して有している法的な地位

→私人間の取引においては（①）と（②　　　　　　）は表裏一体

・（③　　　　　　）…他者からの制約を受けず，自らの意思に従って行動できること

→自分の自由な権利を行使するにあたり，他者の自由や権利を侵害してはならない

「常に（④　　　　　　　　　　）のために」利用しなければならない（憲法第12条）

国家と自由権

・国家から干渉されない権利＝（⑤　　　　　　　）

→近代民主政治の目的は（⑥　　　　　　　　　）による侵害から，個人の（⑤）を守ること

↓

各人の自由や権利の保障と，人々が幸福に生きることのできる社会を作り上げることは，国民一人ひとりの責任

自由や権利を「不断の努力」によって保持しなければならない（憲法第12条）

…地域社会への貢献や（⑦　　　　　　　　　　　）活動

日本国憲法が定める国民の義務	（⑧　　　　　　　　　　　　　　　　　　）義務（第26条）
	（⑨　　　　　　　　）の義務　（第27条）
	（⑩　　　　　　　　）の義務　（第30条）

世代間の正義

・自由と権利，責任と義務の関係は，将来の人々の福祉にも影響を与える

→（⑪　　　　　　　　　　　　）という視点も必要

正誤問題　　次の文が正しい場合には○，誤っている場合には×を（　）に記入しなさい。

1．日本国憲法では，公共の福祉について明記されていない。　（　　　　）

2．日本国憲法では，基本的人権は，侵すことのできない永久の権利として規定されている。

（　　　　）

3．日本国憲法には投票の義務が定められている。　（　　　　）

①個人が責任や義務を負うのは，自分で選択し，決定したからであると考えられている。判断能力が十分でない認知症の高齢者などについては，意思決定を支援する必要があるが，日本で採用されている制度は何か。

( )

②個人の自由や権利を行使する際に，注意すべきことは何か考えてみよう。

_____

③権利が衝突する恐れがある場合，この衝突を調整することを日本国憲法では何と表現しているか答えなさい。

( )

Try ①将来の人々に影響を与える問題には，何があるか，教科書から探してみよう。また，どうすれば将来の人々の利益も考慮した意思決定ができるのか，考えてみよう。

```



```

②教科書 p.37 Trial「自由にともなう責任とは」を読んで，あなたは，この事例をどのように調整すべきだと考えますか，表現の自由の保障（p.58）やプライバシーの権利（p.65）の意義を確認したうえで，自分の意見をまとめてみよう。

表現の自由 … _____ 自由

プライバシーの権利… _____ 権利

```



```

Check ✔ 重要用語

第3章1. 人間と幸福

❶できるだけ大きな幸福をもたらすのに役立つ行為を正しい行為とする考え方。　❶

❷行為の正しさを結果の善さに求める立場。　❷

❸個人の利己心が社会規範に背いたときに与えられる外部的な強制力として，自然的，法律的，道徳的，宗教的の四つの制裁を説いたイギリスの思想家。　❸

❹快楽には量の差だけでなく，質の差もあると主張したイギリスの思想家。　❹

第3章2. 公正な社会をめざして

❺自由を重視しつつ，正しい分配のあり方を考えるロールズの立場。　❺

❻財を利用することで得られる状態や活動を機能ととらえ，このような機能をあわせたものを潜在能力と呼び，人々が潜在能力においても平等であることを重視したインド出身の経済学者。　❻

❼他者の権利を侵害しない限り，個人の自由を最大限に尊重すべきとし，国家の介入を批判する立場。　❼

第4章1. 人間の尊厳と平等／2. 自由・権利と責任・義務

❽男女が社会の対等な構成員として参画し責任を担っていく社会。　❽

❾生物学的な性差ではなく，社会的・文化的に作られた性差。　❾

❿社会的な弱者やハンディを負った人たちが差別的な待遇を受けないようにするための，積極的差別是正措置。　❿

⓫個人が自由を交渉するに当たり，国家から干渉されない権利。　⓫

演習問題

1　教科書p.32　Trial「生命のはじまりにどこまで介入してよいか」を参考に以下の問いに答えなさい。

　問1　次の空欄にあてはまる語句を答えなさい。

　　・（①　　　　　　　　　）…人為的におこなわれる受精のこと。

　　・（②　　　　　　　　　）…女性の体外で精子と卵子を受精させ，受精卵を作ること。

　　・（③　　　　　　　　　）…胎児や受精卵の段階から，子どもに障がいがあるかどうか診断すること。

　問2　以下の文章を読み，デザイナー・ベビーの是非について，次のページの空欄に自分の考えをまとめてみよう。

　　生命科学や技術の発展によって，性別や病気にかかるリスクなどを親が自由に選んで子どもを作ることができるかもしれない。遺伝子操作などの技術を使い，親の望む特徴をもつように設計された子どもを「デザイナー・ベビー」という。

　　遺伝子操作によって子どもを設計することは，塾やサッカークラブに通わせることと同じく，親の自由であり，子どもの将来の幸福を考える事は親の義務であるとして，デザイナー・ベビーに賛成する意見がある。これに対して，特定の人生を歩むように強制するのは，人生計画を自分で選ぶ子どもの権利を侵害していることになるから望ましくないとして，反対する意見もある。

┌───┐
│   │
│   │
│   │
│   │
│   │
└───┘

2 教科書p.33Trial「安楽死・尊厳死を認めるべきか」を参考に以下の問いに答えなさい。

問1 次の空欄にあてはまる語句を答えなさい。

・（①　　　　　　　　　）…患者本人の意思に基づいて，薬物などを与えることにより死期を人為的に早めること。

・（②　　　　　　　　　）…患者本人の意思に基づいて，効果のない過剰な延命措置を打ち切って，自然な死を迎えさせること。

問2 自分の身体や命は自分が願うように自由に扱うことができるものなのか，それとも個人の自己決定の範囲をこえたものなのだろうか，自由主義と共同体主義の主張も参考にして，あなたの考えを書いてみよう。

┌───┐
│   │
│   │
│   │
│   │
└───┘

3 教科書p.38 **Active** 「男女共同参画社会を実現するには」を参考に以下の問題に答えなさい。

●ジェンダーギャップ指数

2023年	順位	経済	教育	健康	政治	総合
アイスランド	1	0.796	0.991	0.961	0.901	0.912
ノルウェー	2	0.800	0.989	0.961	0.765	0.879
フィンランド	3	0.783	1.000	0.970	0.700	0.863
ニュージーランド	4	0.732	1.000	0.966	0.725	0.856
日本	125	0.561	0.997	0.973	0.057	0.647

問1 男女間における格差で，日本がとくに低いのはどの分野か。上記の表を見て二つあげなさい。

┌──────────────────────┐
│   と │
└──────────────────────┘

問2 問1であげた分野が低い理由を教科書p.50, 60, 149, 154なども参考にしながら考えてみよう。

┌───┐
│   │
│   │
│   │
│   │
│   │
└───┘

問3 育休取得率を上げるために，ノルウェーなどで実施されている制度は何か。

┌──────────────────────┐
│   │
└──────────────────────┘

1 民主政治の成立

▶教科書 p.40〜41

①＿＿＿＿＿＿＿＿＿

②＿＿＿＿＿＿＿＿＿

③＿＿＿＿＿＿＿＿＿

④＿＿＿＿＿＿＿＿＿

⑤＿＿＿＿＿＿＿＿＿

⑥＿＿＿＿＿＿＿＿＿

⑦＿＿＿＿＿＿＿＿＿

⑧＿＿＿＿＿＿＿＿＿

⑨＿＿＿＿＿＿＿＿＿

⑩＿＿＿＿＿＿＿＿＿

⑪＿＿＿＿＿＿＿＿＿

⑫＿＿＿＿＿＿＿＿＿

⑬＿＿＿＿＿＿＿＿＿

私たちと政治

・（①　　　　　）…集団各人の要求の対立を調整しながら，集団の目的を実現していく営み

・（②　　　　　　）…政治をおこなう上で，人々を強制する力

国家・政府・公共

・国家の三要素：領域・国民・（③　　　　）

（③）の2つの側面
- 対内的側面：国家の政治のあり方を最終的に決定する力をもつ
- 対外的側面：ほかのいかなる力からも独立している

・（④　　　　　　）は，法を定めたり，外交を処理したり，治安の維持や税金の徴収もおこなう

・（⑤　　　　　）…（④）の行使に関する意思決定をしたり，その執行に当たる機関

・（⑥　　　　　）…議論を通じて意見や利害の対立を調停し，相互の協働を通じて，共通の利益を実現すること

　→公共空間の必要性

民主政治の誕生

・近代初頭のヨーロッパの（⑦　　　　　　　）（絶対君主制）…国王の権力は絶対的な最高権力とされ，（⑧　　　　　　）説が主張されていた

・（⑨　　　　　　）…商工業の発達にともない勢力を強めた市民階級＝（⑩　　　　　　　）が（⑦）を倒し，自らが権力をにぎった

↓

近代民主政治の基本原理が確立

1 （⑪　　　　　　　　　）…国民の基本的人権を保障するために政治をおこなう

2 （⑫　　　　　　）…政治のあり方の最終決定権力は国民にある

3 （⑬　　　　　）…政治権力を立法権・行政権・司法権に分け，相互の抑制と均衡により，権力の濫用を防ぐ

>>>（⑦）
（⑦）は絶対君主制とも呼ばれ，近代国家の形成や商工業の発展に一定の役割を果たした側面もあったが，一方では，強大な権力を一手に握る国王による絶対主義的な独裁政治（恣意的な逮捕・裁判や課税など）がおこなわれ，商工業を営む市民の自由な経済活動も制約された。
（→教p.40❶）

正誤問題　次の文が正しい場合には○，誤っている場合には×を（　）に記入しなさい。

1．政治は国家だけでなく，国際社会や地域・企業・労働組合などの社会集団においてもみることができる。　（　　　）

2．絶対王政の時期に，国王の権力は神から与えられたもので，これに逆らうことは許されないと主張した説を王権神授説という。　（　　　）

3．国王の権力による絶対君主制に対する不満が高まった結果，革命をおこしてこの体制を打破したのはブルジョアジーと呼ばれる市民階級である。　（　　　）

4．近代民主政治の基本原理としては，基本的人権の尊重，君主主権，権力分立制などをあげることができる。　（　　　）

教科書の表を参考に，下の年表の空欄に適する語を語群より選び，年表を完成させなさい。

年	事　項	国　名
1215	マグナ-カルタ	（イギリス）
1628	（①　　　　　　　　　　　）	（イギリス）
1689	（②　　　　　　　　　　　）	（イギリス）
1776	（③　　　　　　　　　　　）	（アメリカ）
1789	（④　　　　　　　　　　　）	（フランス）
1838〜58	（⑤　　　　　　　　　　　）	（イギリス）
1863	（⑥　　　　　　　　　　　）	（アメリカ）
1889	大日本帝国憲法	（日本）
1919	（⑦　　　　　　　　　　　）	（ドイツ）
1941	（⑧　　　　　　　　　　　）	（アメリカ）
1946	（⑨　　　　　　　　　　　）	（日本）

語　群
ゲティスバーグ演説
チャーティスト運動
日本国憲法公布
権利請願
アメリカ独立宣言
「四つの自由」
権利章典
ワイマール憲法
フランス人権宣言

Check 資料読解　A：アメリカ独立宣言（1776 年）とB：フランス人権宣言（1789 年）を読み，宣言で主張されている次のア〜オの権利と最も関連が深い日本国憲法の権利を，下の①〜⑦のうちからそれぞれ選びなさい。ただし，同じ選択肢を何度使ってもよい。

ア　「すべての人は平等に造られ，」（**A**）

イ　「造物主によって一定の奪うことのできない権利を与えられ，そのなかには生命，自由および幸福の追求が含まれる。」（**A**）

ウ　「人は，自由かつ権利において平等なものとして出生し，かつ生存する。」（**B**第1条）

エ　「あらゆる政治的団結の目的は，人の消滅することのない自然権を保全することである。」（**B**第2条）

オ　「あらゆる主権の原理は，本質的に国民に存する。」（**B**第3条）

① 国民主権（第1条）　　　　　⑤ 集会・結社の自由（第21条①）
② 思想・良心の自由（第19条）　⑥ 労働三権（第28条）
③ 信教の自由（第20条）　　　　⑦ 法の下の平等（第14条①）
④ 幸福追求権（第13条）

ア	イ	ウ	エ	オ

Try　政治とは，どのような営みのことを表すだろうか。教科書 p.40 の本文を参考にして，次の文中の（ア）〜（ウ）に「対立」「権力」「共通の利益」という語句を入れて説明しなさい。

　私たちは様々な集団のなかで生活しているが，個人と個人の間で（**ア**）が生じることもある。この（**ア**）を調整するために，（**イ**）という強制力を用いて，集団の目的，つまり（**ウ**）を実現していく営みが政治である。

ア	イ	ウ

2　民主政治の基本原理 ▶教科書 p.42～43

①＿＿＿＿＿＿＿
②＿＿＿＿＿＿＿
③＿＿＿＿＿＿＿
④＿＿＿＿＿＿＿
⑤＿＿＿＿＿＿＿
⑥＿＿＿＿＿＿＿
⑦＿＿＿＿＿＿＿
⑧＿＿＿＿＿＿＿
⑨＿＿＿＿＿＿＿
⑩＿＿＿＿＿＿＿
⑪＿＿＿＿＿＿＿
⑫＿＿＿＿＿＿＿
⑬＿＿＿＿＿＿＿
⑭＿＿＿＿＿＿＿
⑮＿＿＿＿＿＿＿

>>> (⑮)
自然権の保障を確実にするため，人々が契約を結んで国家を作り，その社会契約によって政府の権力を制約するという社会契約説を，現実の政治制度として確立しようとするものである。（→教p.43❸）

基本的人権の確立

・（①　　　　　）説…人々は契約を結んで，国家を作るという考え方
→市民革命を理論的に支えた
→根底に個人の尊重という考え方
（②　　　　　）…人が生まれながらにもっている生命・自由・財産を維持する権利
・イギリスの思想家（③　　　　　）…主著『統治二論』
政府が社会契約に反した場合，人々は政府を変更する権利（④　　　　　）・革命権をもつ

自由権から社会権へ

・（⑤　　　　　）…市民革命後，保障されるようになった権利。国家からの自由
　　↓　資本主義経済の発達，貧困や失業などが社会問題化
・（⑥　　　　　）…人々の生活と福祉のために国家が積極的に活動することを求める権利。国家による自由
はじめて（⑥）を明文で規定したのはドイツの（⑦　　　　　）憲法（1919年）。「…すべての者に人間たるに値する生活を保障する…」
　　＊国家観も変化
　　夜警国家…国家の役割は国防と治安維持。自由権を保障
　　⇔（⑧　　　　　）…国民生活の安定と（⑥）の保障を目標とする

法の支配と立憲主義

・（⑨　　　　　）…国王といえども法に従うべきという中世以来の原理。
13世紀イギリスの（⑩　　　　　）が原型
⇔権力者の思うままの政治（＝人の支配）
17世紀には，イギリスの裁判官（⑪　　　　　）がイギリス国王に対して
（⑫　　　　　）の「国王といえども，神と（⑬　　　　　）にあるべきである」という言葉を引用
・（⑭　　　　　）…ドイツで発展。国家権力の行使は法律に基づかなければならないという形式的な考え方
・（⑮　　　　　）…憲法に従って政治をおこなうべきとの考え方

正誤問題　次の文が正しい場合には○，誤っている場合には×を（　）に記入しなさい。

1．自由権の保障を中心にし，その任務を国防や治安維持などに限っていた国家を夜警国家といい，政府による国民生活の安定と社会権の保障を目標とする国家が福祉国家である。（　　　）
2．ロックによれば，人は生まれながらにして生命・自由・財産などの自然権をもつが，この権利を無制限に行使すれば「万人の万人に対する闘争」に陥るので国王と契約を結ぶことになる。（　　　）
3．一般の国民だけでなく，国王でも法に従うべきであるという考え方が法の支配の考え方である。（　　　）

Work　次の社会契約説を代表する思想家の表の空欄にあてはまる語句を答えなさい。

思想家	(①　　　　　　) (1588～1679)　英 主著『リバイアサン』	(②　　　　　　) (1632～1704)　英 主著『統治二論』	(③　　　　　　) (1712～1778)　仏 主著『社会契約論』

Check 資料読解　①教科書p.42**2**「社会契約説の比較」　ア：社会契約の目的とイ：政治制度について，それぞれの考え方を下の①～⑥のうちからそれぞれ選びなさい。

①　権利を一時的に政府に信託する。

②　直接民主制を主張した。

③　自然権を放棄し，国王に譲渡する契約を結ぶ。

④　結果的に絶対王政を擁護する。

⑤　主権は譲渡も代表することもできない。

⑥　間接民主制（議会制民主主義）を基礎づけた。

ホッブズ　| ア　　　イ |　　　ロック　| ア　　　イ |　　　ルソー　| ア　　　イ |

②教科書p.43**3**「人の支配と法の支配」　人の支配と法の支配のそれぞれの時代における法の役割の違いについて，次の文中の（ア）～（エ）に入る語句を下の語群から選びなさい。

　人の支配の時代においては，（**ア**）が法を制定し，法は国民に対する権力者の（**イ**）という役割をもっていた。一方，法の支配の時代になると，国民の代表である（**ウ**）が法を制定し，法は国民の自由・権利を守るためのルールとして，（**エ**）の権力を制限する役割をもつようになった。

〈語群〉　①　議会　②　国王（君主・独裁者）　③　支配のための道具　④　国民
　　　　　⑤　君主・政府

ア	イ	ウ	エ

Try　　日本国憲法で保障されている次の①～⑥の権利を，教科書 p.210「日本国憲法」を確認しながら，自由権と社会権に分類しなさい。

①　教育を受ける権利（第26条）

②　思想・良心の自由（第19条）

③　財産権の保障（第29条）

④　拷問・残虐刑の禁止（第36条）

⑤　生存権（第25条）

⑥　法定手続きの保障（第31条）

自由権　[　　　　] 　　社会権　[　　　　]

3 民主政治のしくみと課題

▶教科書 **p.44〜45**

①＿＿＿＿＿＿＿＿＿

②＿＿＿＿＿＿＿＿＿

③＿＿＿＿＿＿＿＿＿

④＿＿＿＿＿＿＿＿＿

⑤＿＿＿＿＿＿＿＿＿

⑥＿＿＿＿＿＿＿＿＿

⑦＿＿＿＿＿＿＿＿＿

⑧＿＿＿＿＿＿＿＿＿

⑨＿＿＿＿＿＿＿＿＿

⑩＿＿＿＿＿＿＿＿＿

⑪＿＿＿＿＿＿＿＿＿

⑫＿＿＿＿＿＿＿と
＿＿＿＿＿＿＿＿＿

》》（④）
イギリスの労働者が「人民
憲章」(1838年) を発表し，
普通選挙の実現を求めて，
大規模な政治運動をおこ
なった。
(→教p.44＊2)

国民主権

・国民主権の原理…国民が主権をもつ

　　　　…政治権力を国民の意思に基づいて組織・運用していく制度

　社会契約説の考え方（政府は人民の同意に基づいてのみ成立する）による

・（①　　　　　　　　）（民主主義）…基本的人権の尊重と国民主権に基づい
ておこなわれる政治

「人民の，人民による，人民のための政治」（リンカーン）

・民主政治の実現…国民の（②　　　　　　　）の保障

制限選挙制（一定以上の財産をもつ男性）→（③　　　　　　　）制（す
べての成人）

（④　　　　　　　　　　　　　　　　）…19世紀イギリスの普通選挙権獲得運動

議会制民主主義

・（⑤　　　　　　　　　　）…市民が集会において政治決定をおこなうしくみ

　…民主政治としては理想的だが，規模が大きくなると実施が困難

・（⑥　　　　　　　　　　）＝間接民主制

　…国民のなかから代表者を選び議会を組織し，議会が意思決定をおこなう

　…国民は間接的に主権を行使する

※（⑦　　　　　　　　　　）…大衆の支持に基づく独裁政治

　…イタリアのファシスト，ドイツのナチスなど

多数者の支配と少数者の権利

・国民の総意に基づくのが国民主権の原則

　↓しかし全員の意見の一致は容易ではない

　（⑧　　　　　　　　）…多数者の意見を全体の意思とする

　※多数者の意見が常に正しいとは限らない

　　→十分な討論や説得によって合意を作る努力や，（⑨　　　　　　　　）の
　　　尊重などが必要

・大衆民主主義…参政権の拡大によって，エリートだけではなく大衆も参加す
る政治

　　→議会が「無知な大衆」に支配され，個人の自由が侵害される（多数者の専
　　　制）

権力分立

・権力をもつものは濫用する危険がある→（⑩　　　　　　　　）により，権
力が権力を阻止することが必要

・（⑪　　　　　　　　　　）…立法・執行（行政）・司法の三権分立，権力
相互の（⑫　　　　　と　　　　　　　）を唱える

次の文が正しい場合には○，誤っている場合には×を（　）に記入しなさい。

1．「人民の，人民による，人民のための政治」とは，アメリカ第16代大統領リンカーンの言葉である。
（　　　　）

2．権力の濫用を防ぐため，三権を分立させ，相互の抑制と均衡を図るべきだと主張したのはホッブズである。（　　　　）

3．参政権の拡大によって，大衆も政治に参加する大衆民主主義が成立した。　　　（　　　　）

Work　教科書 p.44「ファシズム」を参考に，次の文中の（ア）〜（ク）に入る語句を語群から選んで答えなさい。

議会制民主主義を否定し，大衆の支持に基づく独裁政治をおこなった政治体制として（ア）がある。1920〜30年代にかけて，イタリアでは（イ）のファシスト政権，ドイツではヒトラーの（ウ）政権が成立した。ファシズム政権は，狂信的な（エ）を掲げ，対内的には（オ）により人権を弾圧し，対外的には（カ）政策を取る，などという特徴があった。ナチスによるユダヤ人の大量虐殺（＝キ）はファシズムの恐ろしさを典型的に示すものであるが，ナチスが（ク）を通じて政権を獲得した事実を忘れてはならない。

ア		イ		ウ		エ	
オ		カ		キ		ク	

〈語群〉ナチス　　民族主義　　選挙　　ホロコースト　　ムッソリーニ　　ファシズム
　　　　侵略主義　　暴力

Check 資料読解　教科書 p.45「ミルの警句」　ミルは何を問題にしたのか，教科書 p.26 及び p.45の本文を読み，（ア）〜（オ）に入る語句を下記の語群から選びなさい。

ミルは民主主義において多数者が少数者を抑圧することを「（ア）」と呼び，問題とした。民主政治は，多数者の意見を全体の意思とする（イ）に基づいて運営されるが，多数者の意見が常に正しいとは限らない。参政権の拡大によって，一部のエリートだけではなく大衆も政治に参加する（ウ）が成立すると，議会が「（エ）」によって支配されて，個人の自由が侵害される「（ア）」の危険性が高まるとするミルは，（オ）の必要性を主張したのである。

〈語群〉　①　大衆民主主義　　②　多数決原理　　③　少数意見の尊重　　④　無知な大衆
　　　　　⑤　多数者の専制

ア	イ	ウ	エ	オ

Try　なぜ憲法は国の最高法規とされるのか，個人の尊重の観点から教科書 p.45 の「立憲主義と民主政治」を読み，次の文中の（ア）〜（ウ）に入る語句を答えなさい。

憲法に従って政治をおこなうことを（ア）というが，（ア）にはそれ以上の内容が含まれ，その内容とは（イ）である。民主主義のもとでも，政府による人権侵害の可能性は残るし，多数者の専制がおこなわれる危険性もある。そこで，（ウ）の人権は多数決によっても侵害しえないという考え方が生まれた。これこそが（ア）であり，その目的は（ウ）を尊重することにある。そのため，（ア）を具体化する憲法によって（イ）がおこなわれる必要があるのである。

ア	イ	ウ

4 世界の主な政治制度

▶教科書 **p.48〜49**

① _____

② _____

③ _____

④ _____

⑤ _____

⑥ _____

⑦ _____

⑧ _____

⑨ _____

⑩ _____

⑪ _____

⑫ _____

⑬ _____

>>> **アメリカ大統領選挙**
大統領は，制度的には国民が大統領選挙人を選ぶ間接選挙で選出されるが，各州の大統領選挙人は州ごとの選挙民の判断に従って投票するので，実質的には，国民が直接選挙するのとかわらない。
(→教p.49＊2)

イギリスの政治制度

・（①　　　　　　　　　）…憲法に従っておこなわれる君主制

　…君主の権力は議会の統制のもとにおかれ，統治権を行使できない

・（②　　　　　　　　　）…議会の信任に基づいて内閣が成立している

・二院制 { 上院（貴族院）…非民選。世襲貴族，聖職者，一代貴族
　　　　 下院（庶民院）…民選。（③　　　　　　　　）の原則

・内閣…下院（庶民院）で多数を占める政党の党首が首相に選出される

　　　　→首相が内閣を組織

・議会と内閣の関係

　…下院で内閣の不信任が議決されれば，内閣は（④　　　　　　）するか，

　　総選挙によって国民の意思を問わなければならない

・野党は（⑤　　　　　　　　）＝シャドーキャビネットを組織して政権交代

　にそなえる

・裁判所…2009年に最高裁判所が設置された（それまでは上院の法律貴族が

　　　　　最高裁を務めてきた）。違憲審査権をもたない

アメリカの政治制度

・（⑥　　　　　　　　　）…行政府の長のリーダーシップを重視

　大統領も議会も国民の選挙で選ばれる→互いに強い独立性をもつ

・大統領と議会の関係

　…法案提出権や解散権をもたないが，法案への（⑦　　　　　　　）や議会に

　（⑧　　　　　　）を送る権限，条約締結権をもつ

・連邦議会（二院制）…立法権，予算議決権をもち，大統領が拒否権を行使し

　　　　　　　　　　　た法案を3分の2以上の賛成で再可決できる

　{ 上院…各州2名。行政府の主要人事への同意権や大統領の弾劾裁判権を有
　　　　　する
　　下院…人口比例で任期2年

・裁判所…（⑨　　　　　　　　　）をもつ（判例によって確立）

中国の政治制度

・民主的権力集中制…人民を代表する合議体にすべての権力を集中し，権力分
　　　　　　　　　　立を否定

・国家の最高機関は（⑩　　　　　　　　　　　）。その下に

　（⑪　　　　　　　＝行政府）と（⑫　　　　　　　　　　＝最高裁判所）

●アジアの政治制度

・発展途上国では（⑬　　　　　　　　）や軍部による強権政治

　→1980年代以降，多くの国で独裁体制が崩壊

　→民主的な大統領制（韓国，フィリピンなど）や議院内閣制（タイなど）が
　　定着

次の文が正しい場合には○，誤っている場合には×を（　）に記入しなさい。

1．イギリスの議院内閣制とは，内閣が，国民の代表である上院（貴族院）の信任に基づいて成立する制度である。　（　　　）

2．アメリカの裁判所には違憲審査権があるが，実際にはアメリカの民主政治において重要な役割を果たしていない。　（　　　）

3．アメリカは，共和党と民主党の二大政党制の国である。　（　　　）

4．イランでは，宗教上の最高指導者が国の最高権力をもつ。　（　　　）

Work 教科書p.48の図を参考に，空欄に適する語句を答えなさい。

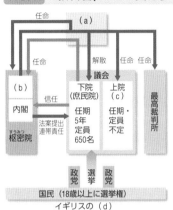
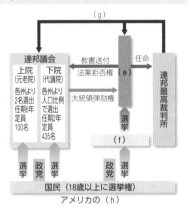

a	
b	
c	
d	
e	
f	
g	
h	

Check 資料読解 議院内閣制と大統領制の特徴を，政治の安定性やリーダーシップ，権力分立の観点から分類しなさい。

① 最大政党の党首が，議会で首相に選出される。

② 三権を厳格に分離して抑制・均衡させる政治制度を採用している。

③ 行政府の長のリーダーシップを重視している。

④ 下院の信任を失った内閣は，総辞職するか，総選挙をおこなって国民の意思を問わなければならない。

議院内閣制 [　　　]　　大統領制 [　　　]

Try 中国の政治制度と日本の政治制度はどこが違うのだろうか。教科書 p.49 **4**「中国の政治制度」とp.76**1**「わが国の三権分立」，p.78**2**「行政機構図」を参考にして，分類しなさい。

① 国政全体に対して共産党の強力な指導がおこなわれている。

② 立法権・行政権・司法権による三権分立制がとられている。

③ 民主的権力集中制がとられ，全国人民代表大会が国家の最高機関である。

中国 [　　　]　　日本 [　　　]

●この部の学習をまとめてみよう。（→p.160）

Check ✔ 重要用語

1．民主政治の成立

❶個々の対立を調整しながら，共通の利益を実現するため用いられる強制力。　❶

❷絶対王政の時期に，王権は神から与えられたものと主張された説。　❷

❸市民階級が絶対王政を倒し，自ら権力をにぎった革命。　❸

❹政治権力を立法権・行政権・司法権に分け，それらの抑制と均衡によって権力の濫用を防ぐしくみ。　❹

2．民主政治の基本原理

❺政府とは，自然権を確実に保障するため人々が結ぶ契約により組織されるものであると主張された，市民革命を理論的に支えた考え方。　❺

❻『統治二論』を著し，自然権を確実に保障するために国家・政府が組織されるとしたイギリスの思想家。　❻

❼政府が社会契約に反した場合に，政府を変更する権利。　❼

❽国家権力も侵すことのできない人間にとって最も基本的な権利。　❽

❾13世紀イギリスで成立した，法の支配の原理の原型となった文書。　❾

❿権力者の思うままの政治（人の支配）を排し，すべての人々が従う普遍的なルールによって，政治をおこなおうとする原理。　❿

⓫英米生まれの法の支配と異なり，ドイツで発展した，国家権力の行使は法律に基づかなければならないとする，形式重視の考え方。　⓫

⓬近代民主政治の基本原理を記した憲法に従って，政治をおこなうべきとする考え方。　⓬

3．民主政治のしくみと課題

⓭基本的人権の尊重と国民主権などの原理に基づいておこなわれる政治。　⓭

⓮「人民の，人民による，人民のための政治」と，民主政治の特質を表現したアメリカ大統領。　⓮

⓯すべての成人に参政権を保障する選挙制度。　⓯

⓰イギリスの労働者による普通選挙獲得運動。　⓰

⓱古代ギリシアの都市国家のように，市民が直接投票し，決定をおこなう政治制度。　⓱

⓲国民のなかから代表を選んで議会を組織し，議会が意思決定をおこなうという形で，国民が間接的に主権を行使する政治制度。　⓲

4．世界の主な政治制度

⓳内閣が国民の代表である議会の信任に基づいて成立する制度。　⓳

⓴イギリスなど二大政党制の国で，野党が政権獲得に備える組織。　⓴

㉑アメリカ合衆国のように，行政府の長のリーダーシップを重視する政治制度。　㉑

㉒アメリカ大統領が，議会に自らの政策を示すために送る文書。　㉒

㉓中国における国家の最高機関。　㉓

1 日本とイギリスとの統治制度の違いを比較した次の記述 A ～ D のうち適当なものを二つ選び，その組合せとして最も適当なものを，下の①～⑥のうちから一つ選べ。

A 日本では，首相が国会議員の中から国会の議決で指名されるが，イギリスでは，首相が国民の直接選挙で選ばれる首相公選制を採用している。

B 日本は「日本国憲法」という成文の憲法典を持つが，イギリスは「連合王国憲法」というような国としての憲法典を持たない。

C 日本では，通常裁判所が違憲立法審査権を行使するが，イギリスでは，通常裁判所とは別個に設けられた憲法裁判所が違憲立法審査権を行使する。

D 日本の参議院は，選挙により一般国民の中から議員が選ばれるが，イギリスの上院は，貴族身分を有する者により構成されている。

① AとB　　② AとC　　③ AとD　　④ BとC　　⑤ BとD　　⑥ CとD

〈2004年センター試験政治・経済　本試〉

2 以下の「民主主義とは何か」の意見を元に生徒2人が議論をした。　W　～　Z　にはそれぞれア～エの記述が一つずつ，一回だけ入る。生徒Aの発言である　W　・　Z　に当てはまる記述の組合せとして最も適当なものを，下の①～⑥のうちから一つ選べ。ただし，　W　・　Z　に当てはまる記述の順序は問わないものとする。

　●国政の重要な事項は国民全員に関わるものであるが，主権者である国民が決めるのであれ，国民の代表者が決めるのであれ，全員の意見が一致することはありえないのだから，過半数の賛成によって決めるのが民主主義だ。

生徒A：議会では，議決を行う前に，少数意見を尊重しながら十分に議論を行わなければいけないと思うよ。

生徒B：でも，ちゃんと多数決で決めるのだから，時間をかけて議論をしなくてもよいと思うなあ。なぜ議論をしないといけないの？

生徒A：それは，　W　からじゃないかな。

生徒B：いや，　X　。それに，　Y　よ。

生徒A：仮にそうだとしても，　Z　。それに，議論を尽くす中で，最終的な決定の理由が明らかになり，記録に残すことで，後からその決定の正しさを振り返ることができるんじゃないかな。

ア 時間をかけて議論をすることで人々の意見が変わる可能性がある

イ 決定すべき事項の中には，人種，信条，性別などによって根本的に意見の異なるものがある

ウ 少数意見をもつ人たちも自分たちの意見を聴いてもらえたと感じたら，最終的な決定を受け入れやすくなる

エ 時間をかけて議論をしても人々の意見は変わらない

① アとイ　　② アとウ　　③ アとエ　　④ イとウ　　⑤ イとエ　　⑥ ウとエ

〈2018年大学入学共通テスト試行調査　政治経済〉

1 日本国憲法の成立

▶教科書 **p.54〜55**

①＿＿＿＿＿＿＿＿＿＿

②＿＿＿＿＿＿＿＿＿＿

③＿＿＿＿＿＿＿＿＿＿

④＿＿＿＿＿＿＿＿＿＿

⑤＿＿＿＿＿＿＿＿＿＿

⑥＿＿＿＿＿＿＿＿＿＿

⑦＿＿＿＿＿＿＿＿＿＿

⑧＿＿＿＿＿＿＿＿＿＿

⑨＿＿＿＿＿＿＿＿＿＿

⑩＿＿＿＿＿＿＿＿＿＿

⑪＿＿＿＿＿＿＿＿＿＿

⑫＿＿＿＿＿＿＿＿＿＿

⑬＿＿＿＿＿＿＿＿＿＿

⑭＿＿＿＿＿＿＿＿＿＿

⑮＿＿＿＿＿＿＿＿＿＿

明治憲法下の政治

・1889年（①　　　　　　　　　　　）（**明治憲法**）制定

【大日本帝国憲法の特徴】

・（②　　　　　　　　　）主義…実質的には絶対主義的な色彩の濃いもの

・（③　　　　　　　　）…天皇が定める憲法⇔**民定憲法**

・（④　　　　　　　　　）…天皇が統治権を総攬

・（⑤　　　　　　　）の独立…軍隊の指揮命令権は天皇の大権として運用

・国民の権利…「（⑥　　　　　　　　　　）」として「**法律ノ範囲内**」で認められる（（⑦　　　　　　）の留保）

　→基本的人権として保障されるものではない

【大正時代の出来事】

自由主義的・民主主義的な傾向＝（⑧　　　　　　　　　　　　　）

　→政党内閣が生まれる

・（⑨　　　　　　　　　）制度（1925年）

　→同時に（⑩　　　　　　　　　）が制定…社会主義運動，労働運動などを弾圧

【昭和時代の出来事】

・軍部による政治介入

　→満州事変が起こり，太平洋戦争に突き進んだ

日本国憲法の成立

【制定までの歩み】

1945年 8月14日	（⑪　　　　　　　　　　　　）受諾 …日本の非武装化，民主主義の復活・強化，基本的人権の尊重などの占領方針
10月11日	**連合国軍総司令部**（（⑫　　　　　　　　　））の最高司令官である （⑬　　　　　　　　　　）が憲法改正を示唆
1946年 2月8日	日本政府が憲法改正案＝（⑭　　　　　　　　）を作成 →天皇の統治権を維持する内容
2月13日	GHQ，（⑭）を拒否 →憲法草案＝（⑮　　　　　　　　　　　　）を作成し，政府に交付
3月6日	日本政府，（⑮）をもとにした政府案を発表
6月20日	憲法改正案が帝国議会に提出される（10月7日に修正可決）
11月3日	日本国憲法 公布→翌年5月3日施行

》》（③）と民定憲法
大日本帝国憲法のように，君主主権の原理に基づき，君主が制定した憲法を（③）と呼ぶ。一方，日本国憲法のように，国民主権の原理に基づき，国民が制定した憲法を民定憲法と呼ぶ。（→教p.54＊1）

》》（⑧）
民本主義を提唱した吉野作造や，天皇機関説を提唱した美濃部達吉らが指導的役割を果たした。

次の文が正しい場合には○，誤っている場合には×を（　）に記入しなさい。

1．明治憲法の下，軍隊を指揮命令する権限は，内閣の助言を受けて天皇が行使した。　（　　　　）

2．日本国憲法は，帝国議会で審議，修正され成立した。　（　　　　）

3．憲法制定の年におこなわれた世論調査では，象徴天皇制を支持し，戦争放棄を必要とする国民が過半数を占めていた。　（　　　　）

Work　教科書p.76〜77の本文や図を参考に，大日本帝国憲法（明治憲法）と現在の日本国憲法を比較した下の表の空欄にあてはまる語句を入れ，表を完成させなさい。

大日本帝国憲法	事項	日本国憲法
（①）主権	主権	（②）主権
神聖不可侵。元首として統治権を総攬	天皇	日本国及び日本国民統合の（③）。国政に関する権能はもたない
（④）権の独立　徴兵制	戦争と軍隊	恒久（⑤）主義　戦争放棄，戦力の不保持，交戦権の否認
「（⑥）」としての権利　法律によって制限可能	国民の権利	永久不可侵の（⑦）
衆議院・（⑧）　天皇の立法権に協賛する機関	議会	衆議院・参議院　国権の最高機関，立法機関
国務大臣は天皇を輔弼	内閣	（⑨）の最高機関
天皇の名による裁判	裁判所	司法権の独立
規定なし	（⑩）	本旨を尊重

①
②
③
④
⑤
⑥
⑦
⑧
⑨
⑩

Check 資料読解　教科書p.54 **1**「明治憲法下の統治機構」とp.76 **1**「わが国の三権分立」を参照して，大日本帝国憲法（明治憲法）下と日本国憲法下での国民の立場を，それぞれ書きなさい。

大日本帝国憲法　[　　　　]　　日本国憲法　[　　　　]

Try　大日本帝国憲法が外見的立憲主義とされる理由について，教科書p.54の本文やp.45の「立憲主義と民主政治」を参考にして，次の文中の（ア）〜（オ）に入る語句を語群から選びなさい。

　本来の立憲主義とは，単に憲法に従って政治をおこなうことだけではなく，（ア）の制限によって（イ）の権利を保障することこそが，真の目的である。ところが明治憲法は，主権者とされた（ウ）が数々の強大な権限を持つ一方，（イ）の権利は「（エ）」として「（オ）の範囲内」で認められるに過ぎず，基本的人権として保障されるものではなかった。このように，明治憲法は実質的には絶対主義的な色彩の濃いものであった。

〈語群〉国民　　天皇　　法律　　（国家）権力　　臣民の権利

ア	イ	ウ	エ	オ

2 日本国憲法の基本的性格

▶教科書 p.56〜57

①_____
②_____
③_____
④_____
⑤_____
⑥_____
⑦_____
⑧_____
⑨_____
⑩_____
⑪_____
⑫_____
⑬_____
⑭_____
⑮_____

日本国憲法の基本原理

1 （①　　　　　　　　　）

・天皇の地位は，日本国および日本国民統合の（②　　　　　　　）とされた

・天皇は，形式的・儀礼的な（③　　　　　　　　　）のみをおこない，政治的な権能はもたない

　→（④　　　　　　　）の助言と承認によりおこなう。内閣総理大臣や最高裁判所長官の任命，法律の公布，国会の召集など

2 （⑤　　　　　　　　　）の尊重

・憲法第13条　（⑥　　　　　　　　）の尊重を明記

・基本的人権は，「侵すことのできない永久の権利」

3 （⑦　　　　　　　　　）

・前文：（⑧　　　　　　　　　）権

・第9条：戦争の放棄，戦力の不保持，交戦権の否認

最高法規性

・憲法は国の（⑨　　　　　　　　　）…憲法に違反する法律などは効力を有しない

・（⑩　　　　　　　　　）義務（第99条）…天皇および国務大臣，国会議員，裁判官その他の公務員が負う

憲法改正

・（⑪　　　　　　　）憲法…改正には厳格な手続きが定められている⇔軟性憲法

・憲法改正…各議院の総議員の3分の2以上の賛成で（⑫　　　　　　　）が発議

　　　　　↓

　（⑬　　　　　　　　）で（⑭　　　　　　　）の賛成

・（⑬）法（2007年公布，2010年施行，2014年改正）

　投票年齢は（⑮　　　　）歳以上

日本国憲法の基本原理は，憲法改正の限界に当たる

>>> 解釈改憲
明文改正の手続をとらず，憲法解釈の変更によって，憲法の内容を実質的に変更するやり方を批判する際，解釈改憲という言葉が使われる。（→教p.57❷）

正誤問題　次の文が正しい場合には○，誤っている場合には×を（　）に記入しなさい。

1．日本国憲法には，国民は憲法を尊重し擁護する義務があることが明記されている。（　　　）

2．憲法改正案については，衆議院で可決されても，参議院で総議員の3分の2以上の賛成が得られなければ，廃案となる。　（　　　）

3．国民投票法により，首相を公選することができる。　（　　　）

4．国民投票法で定められた投票年齢は20歳以上である。　（　　　）

Work 教科書 p.56 の表を参考に，次の権利は何に分類されるのか，下の語群から選んで，記号を答えなさい。

① 自分の思っていることをブログに書いて発信する。（　　　　）

② 衆議院議員選挙の際，投票する。（　　　　）

③ いきなり理由もなく，警察官に逮捕されることはない。（　　　　）

④ 誰でも小学校に通うことができる。（　　　　）

⑤ 引っ越して，住所を変えることができる。（　　　　）

⑥ 交通事故の慰謝料を請求する裁判を起こした。（　　　　）

⑦ 相続の際，原則として，兄と私の相続分は同じだ。（　　　　）

〈語群〉 ア　精神の自由　　イ　人身の自由　　ウ　経済活動の自由　　エ　平等権　　オ　参政権
　　　　 カ　社会権　　キ　請求権

Check ①教科書 p.57「憲法改正の手続き」 憲法第96条①を参照して，次の文中の（ア）〜（オ）に入る語句を語群から選びなさい。

「この憲法の改正は，各議院の（ア）の（イ）以上の賛成で，国会が，これを（ウ）し，国民に提案してその承認を経なければならない。この承認には，特別の（エ）又は国会の定める選挙の際行はれる投票において，その（オ）の賛成を必要とする。」

〈語群〉 発議　　総議員　　3分の2　　出席議員　　国民投票　　過半数　　2分の1

ア	イ	ウ

エ	オ

②憲法改正に国民投票が必要とされる理由として適当なものを，次の①〜③のうちからすべて選びなさい。

① 天皇の名による公布を認めるために必要である。

② 最高法規である憲法と通常の法律の改正手続きは，同じであってはならない。

③ 国民投票によって主権者である国民の意思を問う必要がある。

[　　　　]

Try なぜ憲法は国の最高法規とされるのか，立憲主義の観点から教科書 p.45 本文や「立憲主義と民主政治」を読み，次の文中の空欄にあてはまる語句を答えなさい。

憲法に従って政治をおこなうことを立憲主義というが，立憲主義にはそれ以上の内容が含まれ，その内容とは（ア　　　　　　）の制約である。民主主義のもとでも，政府による人権侵害の可能性は残るし，（イ　　　　　　　　　）がおこなわれる危険性もある。そこで，個人の人権は（ウ　　　　　　）によっても侵害しえないという考え方が生まれた。これこそが立憲主義であり，その目的は個人を尊重することにある。そのため，立憲主義を具体化する憲法によって権力の制約がおこなわれる必要があるのである。

3　自由に生きる権利　　　　　　　　　▶教科書 p.58〜59

① _____
② _____
③ _____
④ _____
⑤ _____
⑥ _____
⑦ _____
⑧ _____
⑨ _____
⑩ _____
⑪ _____
⑫ _____
⑬ _____
⑭ _____
⑮ _____
⑯ _____

>>> **靖国神社参拝問題**
一宗教法人である靖国神社
への内閣総理大臣の公的な
資格での参拝は，政教分離
違反の疑いがある。
(→教p.58＊1)

自由権の保障
・（①　　　　　）…国家からの干渉を受けず，自由に行動できる権利
　→個人の尊重の原理（第13条）と深くかかわる

精神の自由
・（②　　　　　）の自由：心のなかで自由に考えることの自由
　判例：（③　　　　　）訴訟
・（④　　　　　）の自由：信仰，宗教的行為，宗教的結社の自由
　明治憲法下…（⑤　　　　　）：神道が事実上の国教
　日本国憲法…（⑥　　　　　）の原則：国家と宗教の結びつきを否定
　判例
　　合憲判決：津地鎮祭訴訟
　　違憲判決：（⑦　　　　　）訴訟，空知太神社訴訟
・集会，結社や言論，出版などの（⑧　　　　　）の自由
　（⑨　　　　　）の禁止…国が表現物の内容を事前に審査することを禁止
・（⑩　　　　　）の自由：学問研究，研究発表，教授の自由

人身の自由
明治憲法のもとでの拷問による自白の強要などへの反省から，詳細に規定
┌ 奴隷的拘束や苦役からの自由
│ 拷問・残虐刑の禁止　　　など
│ （⑪　　　　　）主義：何が犯罪で，どのような刑罰が科されるか法律で定める
└ 適正（法定）手続きの保障
→（⑫　　　　　＝無実の罪）を防ぐ

経済活動の自由
・（⑬　　　　　）の自由…資本主義の発達を法の側面から支えてきた
・（⑭　　　　　）の自由と（⑮　　　　　）の保障
　資本主義経済の発達→社会的不公平→（⑯　　　　　）による制限

正誤問題　次の文が正しい場合には○，誤っている場合には×を（　）に記入しなさい。

1．内閣総理大臣が靖国神社に参拝することは，表現の自由を侵害する問題であるとして，訴訟がおこされたことがある。（　　　）
2．最高裁判所は，死刑は憲法が禁ずる残虐刑にあたるとして，違憲判決を出したことがある。（　　　）
3．死刑を法律上または事実上廃止している国は100か国以上で，死刑廃止条約も発効している。（　　　）
4．死刑判決が確定した後，再審で無罪となった事件が複数ある。（　　　）

教科書p.58～59の判例を参考にして，次の表の空欄にあてはまる語句を答えなさい。

訴訟名	関係する憲法上の権利	事件の内容	最高裁の判決要旨
三菱樹脂訴訟	(②)	学生運動の経歴により会社が本採用拒否	(⑥)を理由として本採用を拒否しても憲法違反ではない。
津地鎮祭訴訟	(③)	津市が(④)方式の地鎮祭をおこなった。	憲法違反ではない。
(①)訴訟	信教の自由	神社への玉ぐし料として(⑤)を支出した。	玉ぐし料の支出は憲法の禁じた(⑦)に当たる。

♀Opinion　①次の①～⑥は，死刑制度に対する存続論と廃止論のどちらの根拠となるか，分類しなさい。

① 被害を受けた人やその家族の気持ちがおさまらない。
② 裁判に誤りがあったとき，死刑にしてしまうと取り返しがつかない。
③ 生かしておいて罪の償いをさせたほうがよい。
④ 凶悪な犯罪は命で償うべきだ。
⑤ 死刑を廃止すれば凶悪な犯罪が増える。
⑥ 死刑を廃止しても，そのために凶悪な犯罪が増加するとは思わない。

存続論 [　　　　　]　　　　廃止論 [　　　　　]

②死刑制度を存続すべきか，廃止すべきか，あなたはどう考えますか。下の観点を参考にしながら自分の意見をまとめなさい。

＜観点＞
A 個人や社会の幸福になるか。
B 国が人の命を奪うことは正義にかなうか。
C 極刑という考え方は人間の尊厳に反しないか。

存続すべき　／　廃止すべき
＜理由＞

4　平等に生きる権利

▶教科書 p.60〜61

①_____
②_____
③_____
④_____
⑤_____
⑥_____
⑦_____
⑧_____

⑨_____
⑩_____
⑪_____
⑫_____
⑬_____
⑭_____
⑮_____

>>> 門地
家柄，家の格のこと。

>>> 婚外子相続格差規定訴訟
婚外子（婚姻外で生まれた子。非嫡出子）の法定相続分を嫡出子の半分と定めていた民法の規定は，憲法第14条で保障されている法の下の平等の原則に反すると，2013年に最高裁が違憲判決を下した。
（→教p.60判例①）

>>> 定住外国人の参政権
最高裁は，1995年に日本に生活の根拠がある定住外国人に地方選挙権を認めることは憲法上禁じられておらず，立法裁量権の問題であるとしたが，いまも実現してはいない。

平等権の保障

・（①　　　　　　）権…自由権と並び，近代市民社会では欠かすことのできない基本的人権
・憲法第14条
すべて国民は，（②　　　　　　）に平等であつて，（③　　　　），信条，（④　　　　　），社会的身分又は門地により，政治的，経済的又は社会的関係において，差別されない
・家庭生活における**男女の平等**，**選挙における平等**，**教育の**（⑤　　　　　　）

社会のなかのさまざまな差別

①**女性差別**
1985年（⑥　　　　　　　　）条約批准（採択は1979年）
←（⑦　　　　　　　　）制定
1991年　育児休業法（→1995年　育児・介護休業法）
1999年（⑧　　　　　　　　）制定
→（⑨　　　　　　）（社会的・文化的に作られた性差）に基づく差別は依然解消されていない
夫婦別姓についても民法改正を求める声が強まっている

②**部落差別**
1922年　被差別部落の人々が（⑩　　　　　　）を結成→差別撤廃を求める運動
1965年　政府は（⑪　　　　　）審議会答申を発表
→こんにちでも，職業，居住，結婚などで差別が見られる

③**民族差別・外国人差別**
・アイヌの人々：北海道に住む少数民族
1997年　北海道旧土人保護法廃止→（⑫　　　　　　　）制定
2008年　「アイヌ民族を先住民族とすることを求める」国会決議
2019年（⑬　　　　　　　）…法律上はじめてアイヌを先住民族と明記
・在日外国人の権利
　→定住外国人の参政権や公務就任権の問題

④**障がい者差別**
1993年（⑭　　　　　　）制定
…障がい者の自立と社会参加の支援

【**病気を理由とする差別**】
判例（⑮　　　　　　）国家賠償訴訟（熊本地裁）

次の文が正しい場合には○，誤っている場合には×を（　）に記入しなさい。

1．日本国憲法第14条では，人種や性別によって差別してはならないことが明記されている。（　　　　）
2．男女共同参画社会基本法の制定を受けて，日本は，女性差別撤廃条約を批准した。（　　　　）
3．アイヌ文化振興法では，アイヌ民族の先住民族としての権利が明記された。（　　　　）
4．最高裁判所の判決を受けて，定住外国人には地方参政権を認めるようになった。（　　　）
5．日本の自治体でも，同性間のパートナーシップの権利を保障する条例が制定されている。（　　　　）

Work　①外国人に保障されている権利を，下記の中からすべて選びなさい。

①　小学校への就学　　②　選挙権　　③　児童扶養手当の受給
④　高体連が主催する大会への参加　　⑤　被選挙権

②次の差別は何に違反しているか。法律名や，憲法の条文を答えなさい。

①募集採用にあたって，
　・男女のいずれかを優先すること。
　・労働者の身長，体重または体力などを要件とすること。　　　　（　　　　　　　　　）
②民法が婚外子の法定相続分を嫡出子の半分と定めていた。　　　　（　　　　　　　　　）

Check 資料読解　教科書p.60■「職場の女性比率の国際比較」　日本の女性管理職の割合は欧米諸国に比べて際立って低いことが分かる。これを増やすにはどのような方策が必要か，p.35の「男女共同参画社会」及び「機会の平等か結果の平等か」と，p.38「男女共同参画社会を実現するには」を参考にして，次の文中の（ア）〜（エ）にあてはまる語句を下の語群から選びなさい。

　日本の女性には機会の平等は保障されていても（ア）が十分には実現されておらず，また女性への直接差別は禁止されていても（イ）は事実上根強く残っている。こうした状況の中で女性管理職の割合を増やすには，（ウ）の導入が必要であり，その一つとして，女性管理職の割合に一定の数値を設定し，その実現を義務づける（エ）の採用が有効な方策となり得る。

〈語群〉①　積極的差別是正措置　　②　間接差別　　③　クォータ制　　④　結果の平等

ア	イ	ウ	エ

Try　差別を解消するべき理由を，教科書p.60の本文を参考にして，「人間の尊厳」「個人の尊重」という語句を用いて説明しなさい。

5 社会権と参政権・請求権　　　　　　　▶教科書 p.62〜63

①＿＿＿＿＿＿＿＿＿＿＿
②＿＿＿＿＿＿＿＿＿＿＿
③＿＿＿＿＿＿＿＿＿＿＿
④＿＿＿＿＿＿＿＿＿＿＿
⑤＿＿＿＿＿＿＿＿＿＿＿
⑥＿＿＿＿＿＿＿＿＿＿＿
⑦＿＿＿＿＿＿＿＿＿＿＿
⑧＿＿＿＿＿＿＿＿＿＿＿
⑨＿＿＿＿＿＿＿＿＿＿＿
⑩＿＿＿＿＿＿＿＿＿＿＿
⑪＿＿＿＿＿＿＿＿＿＿＿
⑫＿＿＿＿＿＿＿＿＿＿＿
⑬＿＿＿＿＿＿＿＿＿＿＿
⑭＿＿＿＿＿＿＿＿＿＿＿
⑮＿＿＿＿＿＿＿＿＿＿＿
⑯＿＿＿＿＿＿＿＿＿＿＿
⑰＿＿＿＿＿＿＿＿＿＿＿
⑱＿＿＿＿＿＿＿＿＿＿＿
⑲＿＿＿＿＿＿＿＿＿＿＿
⑳＿＿＿＿＿＿＿＿＿＿＿
㉑＿＿＿＿＿＿＿＿＿＿＿
㉒＿＿＿＿＿＿＿＿＿＿＿
㉓＿＿＿＿＿＿＿＿＿＿＿

>>> （⑪）と労働三法
勤労権や（⑪）の保障は，労働者と使用者が対等に交渉できるようにしているが，それを具体的に保障するため労働三法が制定されている。

社会権とは
・（①　　　　　　　　）…20世紀的人権，国に対して積極的な施策を要求する権利
・日本国憲法で保障…（②　　　　　）権・教育を受ける権利・労働基本権など

生存権
・憲法第25条…すべての国民に「（③　　　　　　　　　）な最低限度の生活を営む権利」を保障
判例（④　　　　　）訴訟…（⑤　　　　　　　　　　　）説を採用
　　　→個々の国民に具体的権利を与えたものではない（生活保護基準は厚生大臣の裁量）
　　　※法的権利説…憲法に基づいて生存権の保障を裁判で主張できるとする説

教育を受ける権利
・学習権…人は教育を受け，学習し，成長・発達していく固有の権利がある
・憲法第26条…すべての国民にその（⑥　　　　　）に応じて等しく
　　（⑦　　　　　　　　　）権利を保障→教育の（⑧　　　　　　　）
・教育を受ける権利の最低限度の保障→義務教育の（⑨　　　　　　）

労働基本権
・使用者に対して弱い立場にある労働者の人間らしい生活の維持を保障
・憲法第27条…（⑩　　　　　　　）
　憲法第28条…（⑪　　　　　　　　）（団結権・団体交渉権・団体行動権）を
　（⑫　　　　　　　）として保障
　→これらを具体的に保障するために労働三法（（⑬　　　　　　　　），
　　（⑭　　　　　　　），（⑮　　　　　　　　　　　））を制定
　　ただし，公務員労働者についてはストライキの禁止など（⑪）が制限されている

参政権・請求権
・（⑯　　　　　）権：主権者である国民が政治に参加する権利
・公務員の（⑰　　　　　　　　　）を保障（第15条）
　選挙…（⑱　　　　　　　　）・平等選挙・投票の秘密
・直接民主制的な権利
　…最高裁裁判官の（⑲　　　　　　　　）（第79条），地方特別法の住民投票（第95条），（⑳　　　　　　　）の国民投票（第96条）
・請求権…基本的人権を確保するための権利
　→（㉑　　　　　　）（第16条），国家賠償請求権（第17条），
　　（㉒　　　　　　　　　　）（第32条），（㉓　　　　　　　　　）（第40条）

正誤問題 次の文が正しい場合には○，誤っている場合には×を（ ）に記入しなさい。

1．大日本帝国憲法でも社会権は保障されていた。（　　　　）

2．生存権について争われた裁判である朝日訴訟で，最高裁は違憲判決を出した。（　　　　）

3．労働三権とは，団結権，団体交渉権，団体行動権の総称であるが，日本では，すべての労働者に保障されている。（　　　　）

4．請願権では，請願を受けた側には，その請願に対応する法的義務が生じる。（　　　　）

Work 次の事柄はどんな権利の保障に関連しているか答えなさい。

1．ハローワークで職業紹介をしてもらった。

2．核兵器の廃絶を訴える署名やデモ行進をおこなった。

3．小学校に子どもが入学し，教科書を無料で配布してもらった。

1＿＿＿＿＿＿＿＿＿＿　2＿＿＿＿＿＿＿＿＿＿　3＿＿＿＿＿＿＿＿＿＿

Check 資料読解 教科書 p.63 判例①「朝日訴訟」を読んで，判旨について説明した文として適当なものを，次の①～⑤のうちからすべて選びなさい。

① 朝日訴訟は労働三権をめぐって争われた。

② 朝日茂さんは法的権利説に基づいて裁判を闘った。

③ 最高裁判所はプログラム規定説の立場を採用した。

④ 朝日茂さんが最後に勝訴したことで，生活保護基準が大幅に引き上げられた。

⑤ 最高裁判所は，生活保護基準の決定は厚生大臣の裁量には属さないという判決を下した。

Try すべての人が人間らしい生活を送れるようにするために，国がするべきことは何だろうか，話しあってみよう。

（自分の意見）

（他の人の意見）

6 新しい人権・ 7 人権の広がりと公共の福祉 ▶教科書 p.64〜69

① _____

② _____

③ _____

④ _____

⑤ _____

⑥ _____

⑦ _____

⑧ _____

⑨ _____

⑩ _____

⑪ _____

⑫ _____

⑬ _____

>>> 環境権に関する判例
・大阪空港公害訴訟
・国立マンション訴訟
いずれの裁判でも環境権は
認められなかった。
(→教p.64判例①②)

>>> 肖像権
本人の承諾なしに，みだり
にその容ぼう・姿態を撮影
されない権利
(→教p.65＊2)

>>> 通信傍受法
一定の条件下で，裁判所の
令状によって捜査機関が電
話やインターネットなどの
通信を傍受することを認め
た法律。通信の秘密や(⑧)
の侵害などの危険性が指摘
されている。
(→教p.65❷)

環境権

・1960年代（高度経済成長期）…公害が社会問題化

　（①　　　　　　　　）訴訟では，すべて原告側（住民側）が勝訴

→損害賠償では失われた生命や健康被害は取り返しがつかない

・（②　　　　　　）権の主張…良好な環境を享受する権利。環境破壊行為の差し止めや予防を請求するため

　具体的な権利として，日照権，静穏権，景観権など

　判例　国立マンション訴訟…住民側が敗訴したものの，最高裁は良好な景観を享受する景観利益を認めた

知る権利

・主権者である国民が情報を知り，正しい政治判断をおこなうことが民主政治にとって大切

・（③　　　　　　）権利…国および地方公共団体に情報を公開させる権利

　　　↓地方公共団体で情報公開条例の制定が進む

・1999年（④　　　　　　　　）制定…政府の（⑤　　　　　　　　）（アカウンタビリティ）について規定

・2013年（⑥　　　　　　　　）制定

・（⑦　　　　　　　）権：国民がマス・メディアに対して，意見発表の場を提供することを要求する権利

プライバシーの権利

・情報伝達手段が発達するなか，私生活が侵される危険の高まり

・（⑧　　　　　　　　）の権利…私生活をみだりに公開されない権利

　↓　大量の個人情報が政府や企業によって収集・管理

・（⑨　　　　　　）をコントロールする権利としてとらえる必要も

・2003年（⑩　　　　　　　　）制定…背景：住基ネットの稼働（2002年）

＊2013年（⑪　　　　　　　　　　）制定…国民一人ひとりに固有の番号をつけて，社会保障や税に関する情報を管理

　→情報の漏洩や不正利用の可能性

自己決定権

・（⑫　　　　　　　　）権…個人が一定の私的なことがらについて，自ら決定することができる権利

　治療法や治療拒否，妊娠・中絶など

・医療現場における自己決定権を保障していくには

　（⑬　　　　　　　　　　　　　　　）の確立が前提

社会生活と人権

・基本的人権の保障

　…近代民主政治下では国家権力による侵害を防ぐことが課題

　　↓資本主義の発達により，私的団体が影響力をもつ

　社会的権力や一般の人々（私人）による侵害からも一人ひとりの人権を守る

●人権の国際化

・1948年　（⑭　　　　　　　　　）採択

・1966年　（⑮　　　　　　　　　）採択（1976年発効）

　　　…（⑭）を具体化し，各国を法的に拘束

公共の福祉

・（⑯　　　　　　　　　）…個人の権利を等しく尊重し，適正な調整をはかる

　ための原理

　注：公共の福祉 ≠ 全体の利益

⑭＿＿＿＿＿＿＿

⑮＿＿＿＿＿＿＿

⑯＿＿＿＿＿＿＿

≫≫（⑯）
これを理由にした基本的人権の制限は慎重にしなければならない。
（→教p.68❸）

正誤問題　　次の文が正しい場合には○，誤っている場合には×を（　）に記入しなさい。

1．新しい人権は法制化されると同時に日本国憲法にも追加されている。（　　　　）

2．情報公開法の目的は「知る権利」の保障と明記されている。（　　　　）

3．最高裁は，通信傍受法がプライバシーを侵害するとして違憲判決を出したことがある。（　　　　）

4．個人がマス・メディアに意見広告や反論記事を載せてもらう権利は，アクセス権と呼ばれる。

　（　　　　）

Work　　次の判決と関連する権利を線で結びなさい。ただし，同じ権利を何度用いてもよい。

1．『宴のあと』事件　　　　・　　　　・ア．環境権

2．国立マンション訴訟　　　・　　　　・イ．プライバシーの権利

3．大阪空港公害訴訟　　　　・　　　　・ウ．知る権利

4．『石に泳ぐ魚』事件　　　・　　　　・エ．自己決定権

Try　　「忘れられる権利」の内容について整理し，その是非を「知る権利」や「プライバシーの権利」との関係から考えてみよう。

　忘れられる権利…（ア　　　　　　　　　）上の（イ　　　　　　　）や中傷などの

　　　　　　　　（ウ　　　　　）を求める権利。

---

8 平和主義とわが国の安全

▶教科書 p.70〜71

① _____

② _____

③ _____

④ _____

⑤ _____

⑥ _____

⑦ _____

⑧ _____

⑨ _____

⑩ _____

⑪ _____

⑫ _____

⑬ _____

⑭ _____

⑮ _____

⑯ _____

⑰ _____

⑱ _____

⑲ _____

⑳ _____

平和主義の確立

・アジア太平洋戦争でアジアに大きな犠牲，日本も大きな被害を受けた
　→日本国憲法は平和主義を採用
　憲法前文…政府の行為により再び戦争の惨禍をくりかえさないことと，全世界
　　　　　の国民が平和のうちに生存する権利（（①　　　　　　　　　　　））
　　　　　を有する
・憲法第9条…（②　　　　　　）の放棄，（③　　　　　　　）の不保持，
　　　　　　　（④　　　　　　　　　　　）の否認

憲法第9条と防衛力の増強

・1950年（⑤　　　　　　　　　　　　）の勃発→GHQの指示で（⑥　　　　　　　　　）
　創設。その後，（⑦　　　　　　　　　）（1952年），（⑧　　　　　　　　）（1954年）
・自衛隊と憲法第9条
　判例（⑨　　　　　　　　　　）訴訟…自衛隊の合憲性が争われた
　政府見解：自衛隊は「自衛のための（⑩　　　　　　　　　　　　）」で「戦
　力」ではない
・（⑪　　　　　　　　　）の原則
　…国防上の重要事項の決定権を軍人でないものがもつ
　自衛隊の最高指揮監督権は（⑫　　　　　　　　　　）
・（⑬　　　　　　　　　　　　　）：2013年設置　議長は（⑫）
　…外交・安全保障などについて少数の閣僚が日常的に情報交換をおこなう機
　　関

日米安保体制

・1951年（⑭　　　　　　　　　　　　　　　）条約締結と同時に
　（⑮　　　　　　　　　　　　）条約締結
　→アメリカ軍の駐留を認めるとともに（⑯　　　　　　　）を提供する
　判例（⑰　　　　　　）事件
　　　日米安保条約の合憲性が争点
　　　第1審…違憲判決（在日米軍は第9条の禁止する戦力に当たる）
　　　最高裁…憲法判断を回避した（統治行為論）
・1960年　日米相互協力及び安全保障条約（新安保条約）…激しい反対運動（安
　　　　　保闘争）のなか，安保条約改定
　　　　　交換公文…在日米軍の装備の重要な変更などは事前協議の対象
　　　　　（⑱　　　　　　　　　）協定…新安保条約に基づく，米軍人らの法的
　　　　　地位を定めた協定
・1978年　「日米防衛協力のための指針」（（⑲　　　　　　　　　　　　　　）
　　　　　→以後，日米共同演習などがおこなわれるようになる
　　　　　（「⑳　　　　　　　　　　」）…在日米軍駐留経費の一部を日本側が負担

>>> 平和憲法
前文には「日本国民は，（中略）政府の行為によつて再び戦争の惨禍が起ることのないやうにすることを決意」するという文言もあり，第9条と共に，その徹底した平和主義から，日本国憲法は平和憲法とも呼ばれる。

>>> （⑪）
現代の民主主義国家に共通する大原則であり，英語では「シビリアン・コントロール」という。

非核三原則

・核兵器を「㉑　　　　　　・　　　　　・　　　　　　　」(1971

　年　国会決議)

　→日米政府間の「広義の（㉒　　　　　　）」により，米軍による核兵器のも

　　ち込みが黙認される

㉑ _____

_____

_____

㉒ _____

Check 資料読解　1 教科書 p.70 2 「防衛関係費の推移」　防衛関係費は 1990 年代まで増大し続けた。それはなぜか，教科書 p.172 の本文を参考にして，次の文中の空欄にあてはまる語句を答えなさい。

　　第二次世界大戦後，アメリカを中心とする資本主義諸国（**ア**）と，（**イ**）を中心とする社会主義諸国（東側）との対立が表面化して（**ウ**）がはじまり，1989 年の両国の首脳による終結宣言まで続いた。日本は日米安保体制の下，（**ア**）の一員として防衛力の強化に努めた。

ア	イ	ウ

2 教科書 p.71 3 「憲法第 9 条と自衛権に関する政府解釈の推移」　p.168 の本文，p.219 を参考にして，自衛隊に関する政府解釈・不戦条約・国連憲章について説明した文として適当なものを，次の①〜⑤のうちからすべて選びなさい。

①　憲法制定当時から自衛隊の創設は予定されていた。

②　国連憲章と日本国憲法は，いずれもあらゆる軍事的措置を認めていない。

③　1928 年締結の不戦条約は，戦争そのものを違法とした。

④　政府は，日本国憲法は自衛権を否定していないので，自衛隊は違憲ではないと主張している。

⑤　国連憲章は，日本国憲法の平和主義の精神を取り入れて成立した。

3 教科書 p.71 3 「憲法第 9 条と自衛権に関する政府解釈の推移」　どのように解釈が変更されてきたのか，下の選択肢から適するものを選びなさい。

1946 年（吉田首相）：(　　　　)　　　　　1954 年（政府統一見解）：(　　　　)

1972 年（田中内閣統一見解）：(　　　　)　　2014 年（安倍内閣閣議決定）：(　　　　)

〈選択肢〉　A：自衛のための必要最小限度の実力を備えることは許されるものと解される。

　　　　　B：自衛隊は国土保全を任務とし，憲法の禁じている戦力にあたらない。

　　　　　C：他国への武力攻撃であったとしても，わが国の存立を脅かすことも起こりうるため，自衛

　　　　　　　のために必要最小限度の実力を行使することは，憲法上許される。

　　　　　D：自衛権の発動としての戦争も，交戦権も放棄した。

Try　「自衛のための必要最小限度の実力」とは，どのように限界づけられるのか，考えてみよう。

⑨ こんにちの防衛問題

▶教科書 **p.72〜73**

①＿＿＿＿＿＿＿＿＿＿

②＿＿＿＿＿＿＿＿＿＿

③＿＿＿＿＿＿＿＿＿＿

④＿＿＿＿＿＿＿＿＿＿

⑤＿＿＿＿＿＿＿＿＿＿

⑥＿＿＿＿＿＿＿＿＿＿

⑦＿＿＿＿＿＿＿＿＿＿

⑧＿＿＿＿＿＿＿＿＿＿

⑨＿＿＿＿＿＿＿＿＿＿

⑩＿＿＿＿＿＿＿＿＿＿

⑪＿＿＿＿＿＿＿＿＿＿

>>> **後方支援**
米軍への燃料補給や物資・人員の輸送（後方地域支援活動）や，戦闘中に遭難した米兵を救助する活動（後方地域捜索救助活動）などをさす。
（→教p.72❸）

>>> **個別的自衛権**
外からの急迫不正な侵害を受けたとき，自国を守るために必要な措置をとる権利。
（→教p.73❺）

自衛隊の海外派遣と安保体制の変容

・従来，自衛隊の海外出動は憲法上禁止

↓　湾岸戦争終結後（1991年）

「国際貢献」などを理由として自衛隊がはじめて海外に派遣

1992年	（①　　　　　　　　　　　　　　　　　　）制定 自衛隊は（②　　　　　　　　　　）をはじめとして世界各地に派遣
1996年	（③　　　　　　　　　　　　　）：日米安保体制を再定義 →1997年　新ガイドライン策定 　…周辺事態における日米軍事協力のあり方が具体化
1999年	（④　　　　　　　　　　）制定…自衛隊が米軍の後方支援
2006年	自衛隊法改正…自衛隊の海外活動が「本来任務」となる
2009年	（⑤　　　　　　　　　　）制定…海賊行為の取り締まりのため →自衛隊の護衛艦の海外派遣を可能に

戦地への自衛隊派遣

・2001年　アメリカ同時多発テロ事件→アメリカがアフガニスタン攻撃

　→（⑥　　　　　　　　　　　　　）制定…自衛艦をインド洋へ出動

・2003年　イラク戦争

　→（⑦　　　　　　　　　　　　　　）制定…イラクに自衛隊を派遣

※憲法第9条に違反するとして全国で訴訟が提起

　→イラク派遣について名古屋地裁は第9条の禁止する「武力の行使」に当たると判断

有事法制の整備

・2003年（⑧　　　　　　　　　　）など有事関連3法制定

・2004年（⑨　　　　　　　　），米軍行動円滑化法など関連7法制定

これからの安全保障体制

・（⑩　　　　　　　　　　）…同盟国が攻撃された場合に自国への直接攻撃がなくとも，協力して防衛行動をとる権利

　⇔個別的自衛権

・2014年　（⑩）の行使を限定的に容認するための閣議決定

　　　　　存立危機事態・他に手段なし・必要最小限度の実力行使

・2015年　（⑪　　　　　　　　　　）の制定

　　　　　…集団的自衛権の行使や米軍などに対する後方支援の拡大

・2022年　国家安全保障戦略

　　　　　…敵基地攻撃能力（反撃能力）の容認や防衛費の大幅増額

　　　次の文が正しい場合には○，誤っている場合には×を（　）に記入しなさい。

1．PKO協力法にもとづき，自衛隊が初めて派遣されたのはカンボジアである。（　　　　）

2．テロ対策特別措置法に基づいて，自衛隊はイラクに派遣された。（　　　　）

3．海賊行為の取り締まりを目的として，重要影響事態法が制定された。（　　　　）

4．政府は，現在，自国が直接攻撃を受けたときに限り，自衛権の行使ができるとしている。

（　　　）

Work　教科書p.70〜73やp.74時事ノート「沖縄の基地問題」を読んで，以下の問いに答えなさい。

1．沖縄県に在日米軍基地があるのは何という条約に基づくか。

2．沖縄県には，在日米軍の施設・区域の約何％が集中しているか。

3．在沖米軍人の犯罪において，日本の捜査・取り調べが制限されている根拠は何か。

4．住宅地に囲まれており，騒音をはじめさまざまな被害をおよぼしているため，移設に合意されたものの，難航している米軍施設は何か。

1	2
3	4

Try　①安全保障には，軍事面以外にどのようなものがあると考えられるようになってきたか，教科書p.181を参考にして，次の文中の（ア）と（イ）にあてはまる語句を答えなさい。

現在，地域の安定化や紛争終結後の社会再建を目的とした「（ア）」に基づく非軍事的な分野での国際貢献が注目されている。日本は，（イ）の安全保障なども含めた多角的な安全保障を追求しており，これまでの実績を生かした分野での活動が求められている。

ア		イ	

②教科書p.181の　**Opinion**　を参考にして，「人間の安全保障」を実現するために日本が求められている役割について説明した文として適当なものを，次の①〜⑦のうちからすべて選びなさい。

①　より広く難民の救済にあたる。

②　日本国憲法の平和主義の理念を世界に広げていく。

③　環境保全のために，これ以上の経済的発展をめざすことはやめる。

④　アメリカ軍と協力して，自衛隊の武力面での貢献を強化していく。

⑤　新型インフルエンザのような感染症対策に力を注ぐ。

⑥　ODAを増額し，日本企業の発展に寄与する。

⑦　多少の格差の発生はやむを得ないので，他の先進国と力を合わせて一層の経済のグローバル化を推進していく。

●この章の学習をまとめてみよう。（→p.160）

Check ✓ 重要用語

1．日本国憲法の成立

❶1889（明治22）年に制定された，わが国最初の近代憲法。　❶

❷連合国軍総司令部が，日本政府のまとめた松本案を拒否して示した憲法改正案。　❷

2．日本国憲法の基本的性格

❸国民主権となった日本国憲法下での天皇制のこと。　❸

❹国民主権，平和主義と並ぶ日本国憲法の三大原理。　❹

❺改正手続きが，通常の法律の改正と比べて厳格である憲法のこと。　❺

3．自由に生きる権利

❻国家権力の不当な干渉を受けずに，自由に行動できることが保障される基本的な権利。　❻

❼心のなかで自由に考えることの自由。　❼

❽自分の考えや自分が知った事実を発表する自由。　❽

❾奴隷的な拘束を受けたり苦役を強制されたりしない自由。　❾

❿刑罰を科すためには，法の定める適正な手続きを踏まなければならないということ。　❿

4．平等に生きる権利

⓫人間は誰でも政治的・経済的・社会的に等しい扱いを受けるという基本的な権利。　⓫

⓬職場の男女差別をなくし，職業上の男女平等を実現するための法律。　⓬

⓭1997年に，北海道旧土人保護法が廃止されて，新たに制定された法律。　⓭

5．社会権と参政権・請求権

⓮国家の施策によって保障される，国民が健康で文化的な最低限度の生活を営む権利。　⓮

⓯勤労権や労働三権など，使用者に対して弱い立場にある労働者を守るための基本的な権利。　⓯

⓰生存権や教育を受ける権利など，人間らしい生活を求める権利。　⓰

⓱主権者である国民が政治に参加する権利。　⓱

⓲基本的人権を確保するため，国会に積極的な行為を求める権利。　⓲

6．新しい人権　7．人権の広がりと公共の福祉

⓳きれいな水や空気，あるいは十分な日照や静けさなどの，良好な環境を享受する権利。　⓳

⓴国民が国や地方公共団体に情報の公開を求める権利。　⓴

㉑1999年に制定された，国の行政機関に情報の公開を求める法律。　㉑

㉒マス・メディアに対して，意見広告や反論記事の掲載を求める権利。　㉒

㉓私生活上のことがらをみだりに公開されたり，個人情報を不正に利用されない権利。　㉓

㉔2003年に制定された，行政機関や民間事業者などに個人情報の適正な取り扱いを義務づける法律。　㉔

㉕医療の現場において，治療方法などを自己決定するための前提となる，十分な説明と同意のこと。 ㉕

㉖1948年に国連総会で採択された，個人と国家が達成すべき人権保障の共通の基準を示した宣言。 ㉖

㉗憲法において基本的人権を制限する理由となりうる社会全体の利益。 ㉗

8．平和主義とわが国の安全

㉘日本国憲法の原則の1つで，恒久の平和を念願する立場。 ㉘

㉙1950年に連合国軍総司令部の指示によって作られた，後の自衛隊となる部隊。 ㉙

㉚1951年，サンフランシスコ平和条約と同時に，日米間で締結された条約。 ㉚

㉛1971年に国会で決議された，核兵器に対する「もたず，つくらず，もちこませず」という日本政府の方針。 ㉛

9．こんにちの防衛問題

㉜1992年に成立し，国連平和維持活動への参加を規定した法律。 ㉜

㉝2009年に制定された，海賊行為の取り締まりをおこなうために自衛隊を海外に派遣させる法律。 ㉝

㉞2001年にアメリカで起きた同時多発テロ事件をきっかけに，アメリカなどの軍事行動を支援するために制定された法律。 ㉞

㉟2003年のイラク戦争の際に制定され，自衛隊がイラクに派遣された根拠法。 ㉟

㊱武力攻撃事態法や国民保護法など，緊急事態に対処するために整備された法制度。 ㊱

㊲自国と密接な関係をもつ同盟国への武力攻撃に対して，協力して防衛行動をとる権利。 ㊲

演習問題

1 A高校の新聞部の生徒たちは，国や地方公共団体の政策や制度を検討する際に考慮すべきと思われる観点を次の二つに整理した。

（**ア**）　公共的な財やサービスについて，民間の企業による自由な供給に任せるべきか，それとも民間ではなく国や地方公共団体が供給すべきか。すなわち，経済的自由を尊重するのか，しないのか，という観点。

（**イ**）　国や地方公共団体が政策や制度を決定する場合に，人々の意見の表明を尊重するのか，しないのか。すなわち，精神的自由，とりわけ表現の自由を尊重するのか，しないのか，という観点。

　いま，（**ア**）の観点を縦軸にとり，（**イ**）の観点を横軸にとって，次のような四つの領域を示すモデル図を作ってみた。

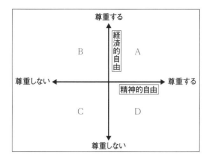

以上の観点とモデル図をふまえると，次の（ ⅰ ）と（ ⅱ ）で述べた政策や制度，国や地方公共団体の在り方は，それぞれ，A〜Dのいずれの領域に位置すると考えられるか。その組合せとして最も適当なものを，下の①〜⑧のうちから一つ選べ。

（ ⅰ ） 国や地方公共団体は，バスや鉄道などの公共交通機関を経営し，民間企業が参入する場合には，厳しい条件やルールを設ける。また，その政策に対する国民や住民の批判や反対を取り締まる。

（ ⅱ ） 国や地方公共団体は，バスや鉄道などの公共交通機関を経営せず，民間企業の活動に任せる。また，その政策に対する批判や反対であっても，国民や住民による意見表明を認める。

	（ ⅰ ）	（ ⅱ ）		（ ⅰ ）	（ ⅱ ）
①	A	B	⑤	A	C
②	B	C	⑥	B	D
③	C	D	⑦	C	A
④	D	A	⑧	D	B

〈2018年大学入学共通テスト試行調査　現代社会〉

2 ある街で在日外国人の権利について，「討論会」が開催されました。次の問に答えなさい。

● 「討論会」参加者への配布資料の一部

項目	適用	説明
選挙権・被選挙権	×	「日本国民」に限定。地方選挙権については，最高裁は立法府の裁量によると判断（1995年）
公務就任権	△	国籍条項を撤廃した地方公共団体もある。最高裁は，公権力を行使する公務員について国籍条項を設けるのは合憲と判断（2005年）
社会保障	○	各種社会保険のほか，児童扶養手当などが保障される
就学	○	小中高への就学を保障。外国人学校修了者に大学受験資格を認める
スポーツ	○	高体連，高野連の大会参加を認める。外国籍生徒の国体参加も可能

「討論会」における発言の概要

住民A：配布資料をみると，外国人にも，①各種の社会保険や児童扶養手当まで支給されている。すでに，十分権利は保障されている。

住民B：外国人も定住し，地域の住民として生活を営んでおり，街の政策について関心を持ち，②積極的に発言したり，署名活動をしたりして，希望を述べる権利はあるはずだ。

住民C：参政権は国民の重要な権利であり，もしも必要ならば，日本国籍を取得するべきだ。

住民D：公務員になるための「国籍条項」は，本市ではすでに外されていて，市役所では外国人も行政に携わる者として働いている。参政権についても地方選挙権は認めるべきだ。

住民E：未来を担う③子どもたちの教育やスポーツなどの活動については保障されている。それで十分ではないのか。

住民F：この街の未来を考えたとき，現状での保障や支援に満足せず，住民皆が未来の街の在り方を議論していくことが必要。外国人も住民の一人として参政権を持つべきだ。

問1 「討論会」では外国人の権利についていろいろな意見が出されていたようですが，日本国憲法における人権保障の基本的原理は何でしょうか，答えなさい。

```
┌─────────────────────────────────────────────────────────────┐
│                                                               │
│                                                               │
└─────────────────────────────────────────────────────────────┘
```

問2　①〜③の住民の発言に関わる権利は何か，答えなさい。

①	②	③

問3　地域社会の活性化と外国人との共生社会をめざした場合，日本に生活拠点のある外国人に対して，参政権のうち，地方選挙権について認めるべきかどうか，理由・根拠を具体的にあげながらあなたの考えを書きなさい。

　　在日外国人の地方選挙権を認めることに，（　賛成　／　反対　）

```
┌─────────────────────────────────────────────────────────────┐
│ （理由）                                                       │
│                                                               │
│                                                               │
│                                                               │
│                                                               │
│                                                               │
│                                                               │
└─────────────────────────────────────────────────────────────┘
```

3　教科書p.74 時事NOTE「沖縄の基地問題」について，以下の問いに答えなさい。

問1　ミキさんとケン君は以下のような議論をおこなっています。あなたの意見に近いものを選びなさい。

　　ミキ：県知事選挙や県民投票で繰り返し，沖縄県民の意志が示されていますが，その民意を無視して，新基地の建設を進めてよいのでしょうか？

　　ケン：外交や安全保障など，日本全体にかかわる問題を，県民投票で決めていいのかな。

あなたの意見に近い考え　（　ミキさん　・　ケン君　）

問2　問1であなたが選んだ理由を，帰結主義や義務論，多数決の長所と短所を踏まえて話しあってみよう。

```
┌─────────────────────────────────────────────────────────────┐
│                                                               │
│                                                               │
│                                                               │
└─────────────────────────────────────────────────────────────┘
```

問3　日本の安全を確保するためには何が必要か，在日米軍の役割も調べて自分の意見をまとめてみよう。

```
┌─────────────────────────────────────────────────────────────┐
│                                                               │
│                                                               │
│                                                               │
│                                                               │
└─────────────────────────────────────────────────────────────┘
```

1 政治機構と国会

▶教科書 **p.76〜77**

① _____

② _____

③ _____

④ _____

⑤ _____

⑥ _____

⑦ _____

⑧ _____

⑨ _____

⑩ _____

⑪ _____

⑫ _____

⑬ _____

⑭ _____

⑮ _____

⑯ _____

⑰ _____

⑱ _____

国会の地位と役割

・（①　　　　　　　　　　）…国の政治のあり方を決めるのは国民

　→直接民主制は現実には不可能

　→（②　　　　　　　　　　）（間接民主制）

　　…国民が代表者を通じて政治決定をする

・（③　　　　　　　　　　）…立法権は国会に，行政権は内閣に，司法権は裁判所にもたせている

・憲法第41条「国会は，（④　　　　　　　　　　）であつて，国の唯一の（⑤　　　　　　　　　　）である」

国会の構成と権限

・（⑥　　　　　　　　）…衆議院と参議院

・国会議員の特権…（⑦　　　　　　　　　　），（⑧　　　　　　　　　　），歳費特権

・国会の権限：（⑨　　　　　　　　）・予算の議決，憲法改正の発議など

　原則として，両院の意思が合致したとき＝国会の意思

　両院の意思が異なる場合は（⑩　　　　　　　　　　）を開くこともある

・（⑪　　　　　　　　　　）…法律案・予算の議決，条約の承認，内閣総理大臣の指名

・（⑫　　　　　　　　　　）…立法や行政監督などのため広く国政を調査する

国会の運営

・国会の種類

（⑬　　　　　） （通常国会）	毎年1月召集，会期150日，新年度予算などの審議
臨時会 （臨時国会）	内閣または議員の要求で召集，補正予算や重要案件などの審議
（⑭　　　　　） （特別国会）	衆議院解散・総選挙ののち召集，内閣総理大臣の指名

・審議…（⑮　　　　　　　　　　）を採用。公聴会がひらかれる場合あり

　　　　本会議では原則として，出席議員の過半数で議決

・議事の運営…（⑯　　　　　　　）中心。与野党の国会対策担当者間で取り決められることも多い

　（⑰　　　　　　　　　　）…各政党に所属する議員は政党の決定に従う

・（⑱　　　　　　　　　　）（1999年）制定

　→政治主導の政策決定を目的として制定

　　政府委員制度の廃止，副大臣・大臣政務官の設置　など

>>> **法案の提出**
実際には，議員立法は少なく，国会で審議されて成立する法律の大半は，内閣が提出した法案に基づいている。（→教p.76❶）

>>> **公聴会**
予算や重要法案などの審議において，利害関係者や専門家などから意見を聞くための場。

正誤問題　　　次の文が正しい場合には○，誤っている場合には×を（　）に記入しなさい。

１．内閣総理大臣の指名は，参議院のみに属する権限である。（　　　　）

２．法律案・予算などの審議をする常会（通常国会）は，毎年１月に召集される。（　　　）

３．国会議員は，任期中，逮捕されない。（　　　）

４．国会審議を活性化させるため，党首討論がおこなわれている。（　　　）

Work　　教科書p.76 **1**「わが国の三権分立」の図を参考にして，下の図の空欄にふさわしい文を，①〜⑥のなかから選んで記号を記入しなさい。

国会（立法権）

ア（　　）　　オ（　　）

イ（　　）カ（　　）

内閣（行政権）　ウ（　　）　裁判所（司法権）

エ（　　）

① 国会で作った法律が憲法に違反しているかどうかを判断して違憲であればこれを無効にすることができる。

② 内閣の不信任決議をおこなって，内閣を総辞職させることができる。

③ 裁判官としてふさわしくない非行をおこなった裁判官について，弾劾裁判所（不正を追及するための裁判）に訴追することができる。

④ 最高裁判所の長官を指名し，裁判官を任命することができる。

⑤ 内閣のおこなった命令（政令や省令など，法律でないが拘束力のある法規範）や行政処分が，憲法に違反しているかどうかを判断して，違憲であればこれを無効にすることができる。

⑥ 衆議院を解散することができる。

Check　　衆議院の優越が認められている理由は何か，次の文中の空欄にあてはまる語句を答えなさい。

　衆議院議員の方が参議院議員よりも（ア　　　　）が短く，（イ　　　　）もあるため，（ウ　　　　）がよりよく反映されると考えられているから，衆議院の優越が認められている。

Check 資料読解　　教科書p.77 **2**「法律ができるまで」とp.76〜77の本文を参考にして，衆議院の優越が認められているものを，次の①〜⑨のうちからすべて選びなさい。

① 内閣総理大臣の指名　② 国政調査権　③ 歳費特権　④ 条約の承認　⑤ 予算の議決
⑥ 会期中の不逮捕特権　⑦ 法律案の議決　⑧ 免責特権　⑨ 憲法改正の発議

Try　　国会が「国権の最高機関」（日本国憲法第41条）とされている理由は何か，教科書p.41・44・56・76の本文を参考にして，民主主義の諸原則の観点から，次の文中の空欄にあてはまる語句を語群から選んで答えなさい。

　国の政治のあり方を最終的に決定する権限である（ア　　　　）を国民がもつという（イ　　　　）の原理は，日本国憲法の三大基本原理の一つとなっている。ただ，国民が政治のすべてに（ウ　　　　）参加する（ウ）民主制は，現実には不可能であり，日本国憲法は国民が代表者を通じて政治決定する（エ　　　　）民主制を基本としている。「国権の最高機関」とは，（イ）の下で「（オ　　　　）を代表する」（憲法第43条）機関である国会を中心に政治がおこなわれるべきことを示したものである。

〈語群〉　全国民　　主権　　直接　　国民主権　　間接（代表）

2 行政権と行政機能の拡大　　　　　　　　　　　▶教科書 p.78〜79

① _____

② _____

③ _____

④ _____

⑤ _____

⑥ _____

⑦ _____

⑧ _____

⑨ _____

⑩ _____

⑪ _____

⑫ _____

⑬ _____

⑭ _____

⑮ _____

⑯ _____

⑰ _____

⑱ _____

⑲ _____

⑳ _____

㉑ _____

㉒ _____

内閣と議院内閣制

・憲法第65条「行政権は，（①　　　　　　）に属する」

・内閣の組織…（②　　　　　　　　　　）＋その他の国務大臣

　内閣総理大臣…（③　　　　　　　　）のなかから国会の議決で指名される

　→天皇が任命

　首長としての地位，国務大臣の任免権，行政各部の指揮監督権をもつ

　大臣の（④　　　　　　　　）は（③）のなかから，内閣総理大臣が任命する

・内閣の権限：一般の行政事務，国務の総理，予算の作成，外交関係の処理や

　　　　　　　条約の締結，（⑤　　　　　　　）の制定，天皇の国事行為に対す

　　　　　　　る（⑥　　　　　　　　），最高裁判所長官の指名とその他の

　　　　　　　裁判官の任命

・（⑦　　　　　　　　　）…内閣は，行政権の行使について，国会に対し

　（⑧　　　　　　）して責任を負う

・衆議院が内閣に（⑨　　　　　　　　）をしたとき

　→内閣（⑩　　　　　　　）か衆議院を（⑪　　　　　）

行政権の拡大と官僚政治

・（⑫　　　　　　　）の拡大…福祉国家において内閣の権限は拡大

・（⑬　　　　　　）政治：官僚機構が政策決定に中心的役割を果たす

・（⑭　　　　　　　）…本来国会がおこなうべき立法を行政機関にまかせる

・（⑮　　　　　　　）や行政指導…企業や業界を保護・統制する

　→政治腐敗や（⑯　　　　　　　）などの問題

・（⑰　　　　　　　　　　　　）基本法（2008年）制定

行政の民主化と行政改革

・行政の透明化と監視

（⑱　　　　　　　） （1993年）	許認可行政や行政指導の透明性の確保を目的
（⑲　　　　　　　） （1999年）	すべての人に行政文書の開示請求権を認める
（⑳　　　　　　　　） （行政監察官）制度	独立した立場で行政の監察をおこなう ※法制化はされていない
（㉑　　　　　　　）	行政機関から独立して職権を行使する合議制の決定機関

・「（㉒　　　　　　　　）…肥大化した行政の簡素化・効率化をはかる

　許認可などの規制緩和や行政機関の整理・統合，特殊法人改革や郵政民営化

>>> 許認可
無計画な開発・運営がないように，行政機関が事前に審査をして規制すること。

正誤問題　次の文が正しい場合には○，誤っている場合には×を（　）に記入しなさい。

1．内閣総理大臣は，国会の承認を得て，国務大臣を任命する。（　　　　）

2．内閣不信任決議が出されたら，10日以内に内閣は総辞職するか，参議院を解散しなければならない。
（　　　　）

Work　教科書p.78 ②「行政機構図」を参考にして，次の図のA〜Dに適する府・省の名前を答えなさい。また，あとの1〜4の文で，A〜Dの府・省に関係の深いものの番号を（　）に記入しなさい。

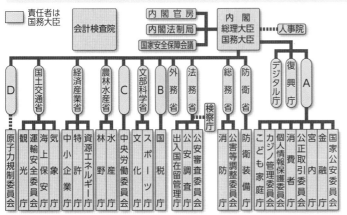

A		（	）
B		（	）
C		（	）
D		（	）

1．新型コロナウイルス感染症対策，遺伝子組み換え食品の安全性，介護保険制度，雇用対策などを扱う。

2．循環資源のリユース・リサイクルや，地球温暖化防止のためクールビズなども推進。

3．国の予算づくり，財政投融資，国際通貨システム・貿易・関税等を扱い，国税庁を外局にもつ。

4．内閣機能強化のために，内閣総理大臣を長とする機関として設置された。金融庁，宮内庁などの外局をもつ。

Check 資料読解　教科書p.78 ①「提案者別法案の成立状況」などを参考に，三権分立や憲法第41条との関係から何が課題であるかを示した次の文章を完成させなさい。

　近年の成立状況を見てみると，（ア　議員立法　／　内閣立法　）のほうが成立率は高い。これは，憲法第41条が定める，「国会は唯一の（イ　　　　　　　）」という文言や，三権分立の原則から大きな課題となっている。

Try　役割が拡大している行政の運営を国民がチェックするしくみについて，教科書p.79の本文を参考にして，次の文中の空欄にあてはまる語句を答えなさい。

　行政の民主的で公正な運営をはかるためには，国民が行政を監視し，その弊害を絶えず批判していく必要がある。この点で，許認可行政や行政指導の透明性の確保を目的として1993年に制定された〔ア　　　　　　　〕と，すべての人に行政文書の開示請求権を認めた1999年制定の〔イ　　　　　　　〕が重要である。また，国レベルでは法制化はされていないが，独立した立場で行政の監察をおこなう〔ウ　　　　　　　　　〕制度が注目されており，すでに条例化している地方公共団体も少なくない。

③ 公正な裁判の保障

▶教科書 p.80〜81

① _____
② _____
③ _____
④ _____
⑤ _____
⑥ _____
⑦ _____
⑧ _____
⑨ _____
⑩ _____
⑪ _____
⑫ _____
⑬ _____
⑭ _____
⑮ _____
⑯ _____
⑰ _____
⑱ _____

国民の権利と裁判

・裁判所：法に基づいて争いを解決する機関…侵害された権利の回復が可能
・日本の裁判：（①　　　　　）制
・（②　　　　　　　　　）…裁判所が他の国家機関からの干渉を受けずに裁判をおこなう
　裁判官の独立，裁判官の身分保障も明記（憲法第76条，第78条）
　※罷免されるのは，公の弾劾と心身故障のため職務を執ることができないと
　　決定されたとき
・裁判の種類
　（③　　　　　）裁判…私人間の権利義務に関する争いについての裁判
　（④　　　　　）裁判…法を適用して刑罰を科すための裁判
　（⑤　　　　　）裁判…行政を相手として権利救済を求める裁判

憲法の番人

・（⑥　　　　　　　　　）…具体的な裁判に当たって，一切の法律・命令・規則・処分などが憲法に違反していないかどうか判断する権限
　→立法権や行政権によって基本的人権が侵されるのを防ぐ
　　※最高裁判所は「（⑦　　　　　　　　）」と呼ばれる
・（⑧　　　　　　　　　）…高度に政治的な問題については，裁判所の違憲審査権が及ばないとする考え方
　　最高裁は，日米安保条約の合憲性について争われた砂川事件判決などで
　　（⑧）を採用した

国民と司法

・国民に（⑨　　　　　　　　　　　　）を保障（第32条），裁判の
　（⑩　　　　　）（第82条）
・（⑪　　　　　　）…最高裁判所の裁判官が適任かどうかを判断（第79条）
・（⑫　　　　　　　）…国会に設置，裁判官を辞めさせることができる制度（第64条）
●司法に一般市民が参加する制度
・（⑬　　　　　　　　）…検察官が不起訴処分にしたケースについて，その処分の当否を判断→2009年（⑭　　　　　　　　）が新設
・（⑮　　　　　　）制度…司法制度改革の一環として導入（2009年）
　（⑯　　　）歳以上の国民からくじで選ばれる。重大刑事事件の第一審で，有罪か無罪か，どのくらいの刑罰にするかを裁判官と決める
●少年事件と少年法
・少年事件：（⑰　　　）歳未満の者については保護主義
　→（⑱　　　　　）裁判所で少年審判。少年法が適用される

>>> **裁判所の種類**
裁判所には，最高裁判所と下級裁判所（高等裁判所，地方裁判所，家庭裁判所，簡易裁判所）がある。その他の特別裁判所は認められていない。

>>> **知的財産高等裁判所**
知的財産権に関する訴訟を専門に扱う知的財産高等裁判所が，東京高等裁判所の特別な支部として設置されている。
（→教p.80❶）

次の文が正しい場合には○，誤っている場合には×を（　）に記入しなさい。

1．最高裁判所は統治行為論を採用したことはない。（　　　　）
2．違憲審査権は最高裁判所だけに認められている。（　　　　）
3．違憲審査権は，立法権や行政権によって基本的人権が侵されるのを防ぐためにある。（　　　　）
4．裁判官の罷免を決定する弾劾裁判所が，国会に設置される。（　　　　）
5．少年事件では，刑事処分が科されることはない。（　　　　）

Work ①教科書 p.80 ■「裁判のしくみ」を参考にして，次の文中の（ア）〜（エ）にあてはまる語句を答えなさい。

　一般に，地方裁判所の判決に不服であれば，（ア）裁判所に（イ）することができる。さらに，（ア）裁判所の判決に不服であれば，（ウ）して，最高裁判所の判断をあおげる。このような制度を（エ）という。

ア	イ	ウ	エ

②教科書 p.81 の本文や p.82「刑事裁判と裁判員制度」を参考にして，次の図の a 〜 e に適する語句を記入しなさい。また文中の空欄にあてはまる語句を答えなさい。

〈裁判員制度〉
（ア　　　　）歳以上の国民から選ばれた「（イ　　　　　）」が殺人などの重大な（ウ　　　　　）事件の第一審で，（エ　　　　　　　　），有罪の場合どのくらいの（オ　　　　）にするのかを，（カ　　　　）とともに決める制度。原則として（キ　　　　）人の裁判員が，3人の裁判官とともに担当する。

a	b	c	d

Opinion 次の①〜⑥は，違憲審査権の行使に対する消極論と積極論のどちらの根拠となるか，分類しなさい。

① 国会の定めた法律を軽々に審査するのは間違っている。
② 裁判所は直接国民を代表する機関ではない。
③ 少数者の権利をしっかりと守るべきである。
④ 高度に政治的な事件については，裁判所は判断すべきではない。　　　消極論 ☐
⑤ 最高裁判所は「憲法の番人」としての役割を果たすべきだ。
⑥ 人権侵害を救済できるのは裁判所以外にはない。　　　　　　　　　積極論 ☐

Try 裁判所の違憲審査権行使のあり方について，民主主義と立憲主義の観点を踏まえてあなたの意見を書きなさい。

4 地方自治と住民福祉

▶教科書 **p.86～87**

①＿＿＿＿＿＿＿＿＿＿

②＿＿＿＿＿＿＿＿＿＿

③＿＿＿＿＿＿＿＿＿＿

④＿＿＿＿＿＿＿＿＿＿

⑤＿＿＿＿＿＿＿＿＿＿

⑥＿＿＿＿＿＿＿＿＿＿

⑦＿＿＿＿＿＿＿＿＿＿

⑧＿＿＿＿＿＿＿＿＿＿

⑨＿＿＿＿＿＿＿＿＿＿

⑩＿＿＿＿＿＿＿＿＿＿

⑪＿＿＿＿＿＿＿＿＿＿

⑫＿＿＿＿＿＿＿＿＿＿

⑬＿＿＿＿＿＿＿＿＿＿

⑭＿＿＿＿＿＿＿＿＿＿

⑮＿＿＿＿＿＿＿＿＿＿

⑯＿＿＿＿＿＿＿＿＿＿

⑰＿＿＿＿＿＿＿＿＿＿

⑱＿＿＿＿＿＿＿＿＿＿

⑲＿＿＿＿＿＿＿＿＿＿

⑳＿＿＿＿＿＿＿＿＿＿

私たちの暮らしと地方自治

・（①　　　　　　　　　　　）…都道府県や市町村など。公共サービスを提供している
・地方自治は「（②　　　　　　　　　　　）」といわれる…ブライス（英）
　住民が自治を通じて民主政治を運営する能力・方法を身につける
・地方自治の本旨
　　　（③　　　　　　　　）…住民自身が地域の政治をおこなう
　　　（④　　　　　　　　）…地方公共団体が国とは別に政治をおこなう

地方公共団体の組織と権限

・議決機関＝（⑤　　　　　　　　）
　執行機関＝（⑥　　　　　）（都道府県知事や市町村長）および各種委員会
・権限：財産の管理，事務の処理，行政の執行
・（⑦　　　　　　　　　　）…（⑥）と（⑤）の議員は住民の（⑧　　　　　　　　）
　で選ばれる
・（⑨　　　　　　　）の制定…「法律の範囲内」でおこなう

地方自治の課題

・（⑩　　　　　　　　　　　　）の制定（1999年）
　…（⑪　　　　　　　　　　）事務が廃止→地方公共団体の事務は2種類へ
　　　（⑫　　　　　　　　　　）…地方公共団体本来の仕事
　　　（⑬　　　　　　　　　　　）…旅券の発給，国政選挙など
・財政の課題…自主財源が少ない「三割自治」「四割自治」
　→国からの援助に依存
　（⑭　　　　　　　　　　）：地方公共団体間の財政力の格差是正のために配分
　（⑮　　　　　　　　）：国が使途を指定して支出する補助金
　→「三位一体改革」や市町村合併が進められた

》》（⑪）事務

国の事務の執行を，地方公共団体の長に委任した事務。長が広く国の指揮・監督のもとにおかれるという問題があった。
（→教p.86❷）

住民自治と住民の権利

・地方自治では，事務監査の請求も含む（⑯　　　　　　　　　　）権を保障
　→必要署名を集め，請求する…直接民主主義的な制度
　（⑰　　　　　　　　　　　）…地方特別法の住民投票権
　（⑱　　　　　　　　　　　）…条例の制定・改廃請求権
　（⑲　　　　　　　　）…議会の解散請求権，長・議員・役員の解職請求権
・（⑳　　　　　　　　）…重要な政策決定に住民の意思を反映させる有効な手
　段。投票結果に法的拘束力はない

次の文が正しい場合には○，誤っている場合には×を（ ）に記入しなさい。

1．地方議会の解散の請求は，必要署名を首長に対しておこなう。（　　　　）

2．三位一体改革とは，地方交付税の見直しと補助金の削減，国から地方への税源移譲のことである。
（　　　　）

3．条例に基づく住民投票の結果に，首長は必ず従わなければならない。（　　　　）

4．急速な過疎化・高齢化の結果，住民の半分以上を高齢者が占める自治体を，「財政再生団体」という。
（　　　　）

Work　教科書 p.86 **2**「直接請求の手続き」を確認して，次の文中の（ア）～（ウ）にあてはまる語句を答えなさい。

　　直接請求に有権者の（ア）分の1以上の署名を必要とするのは，事務監査の請求と（イ）の制定・改廃請求である。直接請求による（イ）の制定にあたっては，署名を受け取った（ウ）が議会にかけ，結果を公表する。

ア＿＿＿＿＿＿＿＿＿＿＿　イ＿＿＿＿＿＿＿＿＿＿＿　ウ＿＿＿＿＿＿＿＿＿＿＿

Check 資料読解　**1**教科書p.86**1**「地方自治のしくみ」　議会と行政の長の選出方法として正しいものを，教科書p.76**1**「わが国の三権分立」も参考にして，次の①～⑤のうちからすべて選びなさい。

①　地方公共団体の首長は，住民の直接普通選挙によって選出される。

②　主権者である国民は，内閣総理大臣を直接選出することができる。

③　地方議会の議員は，それぞれの首長によって選出される。

④　国会議員は，国民の直接普通選挙によって選出される。

⑤　内閣総理大臣は，天皇によって指名される。

2団体自治の観点から地方財政が直面する課題について，教科書 p.87 **3**「地方公共団体の歳入構成」と本文を参考にして，次の文中の空欄にあてはまる語句を下の語群から選びなさい。

　　地方公共団体の歳入構成は，地方税を主とする（ア　　　　　　　　　）の割合が非常に低く，
（イ　　　　　　　　　）や（ウ　　　　　　　　　）など国からの援助に大幅に依存している。さらに，国から（イ）・（ウ）や地方譲与税を受け取っても歳入は不足するので，（エ　　　　　　　）という借金をせざるを得ないのが現状である。このように（ア）の割合が低く，国に依存している状況は
「（オ　　　　　　　　　　　）」と呼ばれ，団体自治の観点からも大きな問題である。

〈語群〉　地方交付税　　依存財源　　三割（四割）自治　　地方債　　国庫支出金　　自主財源

Active　原子力発電所の建設を住民投票で決定することは公正かどうか，話しあってみよう。

（自分の考え）

（他の人の考え）

5 政党政治

▶教科書 p.90～91

①
②
③
④
⑤
⑥
⑦
⑧
⑨
⑩
⑪
⑫
⑬
⑭
⑮
⑯
⑰

政党と政党政治

・（①　　　　　　　）…国民の意見や要求をくみ上げて政権獲得をめざす集団

（②　　　　　　　）…（①）がその目的や運動方針などを定めたもの

（③　　　　　　　　　　　＝政権公約）…政策の具体的内容や数値目標など
を掲げ選挙をおこなう

・（④　　　　　　　　　）…政権交代を前提として，政党間の競争を軸に展開される

・（⑤　　　　　　　）…政権を担当する

⇔（⑥　　　　　　）…（⑤）や政府の政策を批判し，行政を監視

・政党政治の形態

（⑦　　　　　　　　）制…二つの有力政党が対抗する

（⑧　　　　　　）制…三つ以上の政党が競争する

一つの政党が議席の過半数を獲得できない場合は，（⑨　　　　　　　）政権となる

日本の政党政治の課題

・日本の政党の特徴…（⑩　　　　　　　）が少ない

→政治資金や票集めを財界・労働組合などの団体に頼りがち

・自民党の長期政権が続いた

→政治家・（⑪　　　　　　　）・財界の癒着構造→金権政治

ロッキード事件…航空機売り込みに関して，田中元首相が収賄罪に問われた事件

リクルート事件…子会社の未公開株を多数の政治家や官僚に融通した事件

・（⑫　　　　　　　　　）法…政党の活動費を国庫から補助

→大政党を優遇しているとの批判も

戦後日本の政党政治

・（⑬　　　　　　　）体制：自民党の結成，社会党の再統一

保守政党と革新政党が対抗するが，（⑭　　　　　　　）党が政権を担当

・1993年　非自民連立政権である（⑮　　　　　　　）内閣成立。その後，政党
の離合集散

・2009年（⑯　　　　　　　）党を中心とする連立政権成立（政権交代）

その後も政党の離合集散が繰り返される

・2012年（⑭）党が圧勝し，政権交代

→野党再編が課題

・2013年　（⑰　　　　　　　　　　）が解消（衆参で与党が過半数）

・2016年　野党第1党の民主党を中心に，民進党が誕生

・2017年　第48回衆院選で与党である（⑭）党が圧勝。民進党は分裂

※2021年の第49回衆院選と22年の第26回参院選で立憲民主党の議席減

→野党共闘のあり方や野党の役割が問われている

>>> 政・官・財のトライアングル

特定の官庁と結びつきの強い政治家は，財界の利益を代弁するかわりに政治資金や票を得る。官僚は，許認可などで財界に便宜をはかる見返りに，天下り先を確保する（→教p.90■）。

正誤問題 次の文が正しい場合には○，誤っている場合には×を（　）に記入しなさい。

1．日本では，2009年まで，自民党が一貫して政権を担当してきた。（　　　　）

2．野党には，与党や政府の政策を批判し，行政を監視する役割がある。（　　　　）

3．政党交付金は各政党に一律に交付されるので，平等であり，金権政治を防ぐのに有効な手段となっている。（　　　　）

4．政治資金や選挙での集票を，財界・業界・労働組合などの団体に頼りがちである。（　　　　）

Work 教科書p.90 ■「政・官・財のトライアングル」の図を参考に，下の図A～Dに適する語を答えなさい。

A		B	
C		D	

政

A
B

法案・予算
の実現
人事

要望
実現

法案
作成

財

C

官

D ・行政指導

Check 資料読解 ①各政党の政治資金の特徴について，教科書p.90 ②「主な政党の政治資金の内訳」を参考にして，次の文章のうち誤っているものを1つ選びなさい。

① 自由民主党の政治資金の収入額に占める政党交付金の割合は6割を超える。

② 各政党とも党費の割合が最も多い。

③ 公明党や共産党は事業収入の割合が最も高い。

④ 自由民主党の収入額は立憲民主党の2倍以上となっている。

②55年体制崩壊以降の特徴について，教科書p.91「戦後の主な政党の系譜」の図や「戦後日本の政党政治」を読んで正しいものを1つ選びなさい。

① 55年体制崩壊時に存在していた政党は，自由民主党をのぞき，党名が変更および解散している。

② 1993年に55年体制が崩壊した後は，政党の離合集散が繰り返されている。

③ 1993年に非自民連立政権が成立したが，それ以降は，自民党が一貫して政権を担っている。

④ 2015年以降は，政党の分裂はない。

Try 日本の政党政治の課題を「政治資金」，「政党間の競争」の点から考えてみよう。

6 選挙制度

国民の政治参加と選挙制度

・（① 　　　　　　　　）の保障→国民の政治参加の手段としての選挙

・選挙原則

> （② 　　　　　　　）選挙…一定の年齢に達した国民に選挙権を保障
>
> 日本でも，選挙権年齢が（③ 　　　　）歳に引き下げられた（2015年）
>
> （国民投票法では投票年齢を（③）歳以上と定めている）
>
> （④ 　　　　　　　）選挙…一人ひとりの投票価値を平等に扱う
>
> 秘密投票
>
> 自由投票

・選挙区制は大別すると三つ

（⑤ 　　　　　　　）	1選挙区から複数名を選出 （⑥ 　　　　　　　）が少ないが，小党分立となり，政治が不安定化
（⑦ 　　　　　　　）	1選挙区から1名を選出 大政党に有利で政治は安定化するが，（⑥）が多い
（⑧ 　　　　　　　）	国民は政党に投票し，各政党の得票数に比例して議席が配分される （⑥）が少ないが，小党分立となり，政治が不安定化

日本の選挙制度と課題

・衆議院議員：（⑨ 　　　　　　　　　　　　　）…小選挙区制（定数289）＋比例代表制（定数176）

・参議院議員：選挙区制（定数148）＋比例代表制（定数100）

　全国で1選挙区，（⑩ 　　　　　　　　　　）と拘束名簿式の「特定枠」

　＊3年ごとに半数改選なので，1回の選挙で選出されるのは，選挙区74，比例代表50

・議員定数の（⑪ 　　　　　　　）の是正が課題

　一票の価値：選挙区ごとの有権者数と議員定数の割合

　人口移動などによって，一票の格差が生じると平等選挙の原則に反する

　※最高裁は衆議院について2度（⑫ 　　　　　）判決

　→次回衆院選より，（⑬ 　　　　　　　　　）が導入

　　…都道府県の人口比率がより強く反映される議員分配法

　　→「1票の格差」是正が期待される一方，地方の声が政治に届きにくくなるという懸念も

・選挙の自由と公正…（⑭ 　　　　　　　　　）で規定

　選挙運動の制限…（⑮ 　　　　　　　）の禁止や文書図画の規制

　2013年の改正でインターネットを利用した選挙運動が解禁

①＿＿＿＿＿＿＿

②＿＿＿＿＿＿＿

③＿＿＿＿＿＿＿

④＿＿＿＿＿＿＿

⑤＿＿＿＿＿＿＿

⑥＿＿＿＿＿＿＿

⑦＿＿＿＿＿＿＿

⑧＿＿＿＿＿＿＿

⑨＿＿＿＿＿＿＿

⑩＿＿＿＿＿＿＿

⑪＿＿＿＿＿＿＿

⑫＿＿＿＿＿＿＿

⑬＿＿＿＿＿＿＿

⑭＿＿＿＿＿＿＿

⑮＿＿＿＿＿＿＿

>>> **議員定数の不均衡**
最高裁は，衆議院の定数配分について，4.99対1，4.40対1を違憲としたが，選挙無効の請求は棄却した。ただし，選挙無効まで踏み込んだ高等裁判所判決もある（2013年）。（→教p.92❷）

>>> **（⑰）**
政治資金の透明性確保を目的とする。政治家個人の政治団体に対する企業団体献金は禁止されているが，政党に対する企業団体献金は認められている。（→教p.93＊3）

・買収などを防ぐために（⑯　　　　　　　）の強化

　→選挙運動の中核的な人物が買収などで刑に処せられると，候補者の当選が無効

・政治資金の透明性の確保…（⑰　　　　　　　　　　　）の改正

⑯
⑰

正誤問題　次の文が正しい場合には○，誤っている場合には×を（　）に記入しなさい。

1．衆議院議員選挙でも参議院議員選挙でも，比例代表制の議席配分にはドント式が用いられている。

　（　　　　）

2．小選挙区制は，死票が少ないが，小党分立になりやすい。（　　　　）

3．公職選挙法が改正されて，インターネットを利用して投票できるようになった。（　　　　）

4．1994年の政治資金規正法の改正で，政党に対する企業団体献金も禁止された。（　　　　）

Work　教科書 p.93「ドント式による計算例」を参考にして，表を作成し，各党の当選者数を求めなさい。

		A党	B党	C党
候補者数		10人	10人	10人
得票数		1100万	500万	400万
除数	÷1	ア	カ	サ
	÷2	イ	キ	シ
	÷3	ウ	ク	ス
	÷4	エ	ケ	セ
	÷5	オ	コ	ソ
当選者数		タ	チ	ツ

＊当選総数：8

Check 資料読解　教科書 p.92 ①「選挙制度の特色」　選挙制度の特色について説明した以下の文で，正しい場合には○，誤っている場合には×を（　）に記入しなさい。

① 大選挙区制と比例代表制は死票が少なく，多様な意見が反映されやすい。　（　　　　）

② 比例代表制は二大政党制の方向に向かい，政治が安定しやすい。　（　　　　）

③ 小選挙区制は大政党に有利である。　（　　　　）

④ 小選挙区制は選挙費用が少額ですむ。　（　　　　）

⑤ 大選挙区制は地域的な利害にとらわれやすい。　（　　　　）

Try　なぜ普通選挙と平等選挙の原則は大切なのか，民主主義と公正の観点から説明してみよう。

7 世論と政治参加

▶教科書 **p.94～95**

① _____

② _____

③ _____

④ _____

⑤ _____

⑥ _____

⑦ _____

⑧ _____

⑨ _____

⑩ _____

≫ （④）
議会や官庁などに直接働きかけ，自分たちの利益を促進しようとする集団。
（→教p.94＊1）

民主政治と世論

・（①　　　　　）＝「公的なことがらに関する人々の意見」
　→政策決定に影響力あり

・（②　　　　　　　　　　）…世論の形成に強い影響を及ぼす，テレビ・新聞など
　社会の公器として公正で正確な情報を主権者である国民に伝達する役割
　→報道・取材の自由の保障

・インターネットも世論の形成に重要な役割

・（③　　　　　　）の危険性：政党や（④　　　　　　　）などが報道に圧力を加え特定の方向に世論を導くこと
　→国民は（③）の動きを監視し，（⑤　　　　　　　　　　　　　）を養う
　　必要性あり

政治的無関心と無党派層の拡大

・（⑥　　　　　　　　　　）…政治に対する無力感や政治家に対する嫌悪感から生じる無関心な態度。大衆民主主義のもとで見られる
　→選挙における棄権→少数による決定の危険性

・（⑦　　　　　　　　）…政治的関心はあるが，特定の支持政党をもたない人々
　→選挙動向に影響力あり

市民運動の広がり

・（⑧　　　　　　　）…平和運動や女性運動，消費者運動など，市民が政治に働きかける運動
　署名活動・ビラ配布，集会・デモ行進，請願・陳情などをおこなう

・（⑨　　　　　　　）…身近な地域の問題に住民が協力して取り組む

・阪神・淡路大震災をきっかけに（⑩　　　　　　　　　　）の活動の重要性が認識
　→（⑩）法（特定非営利活動促進法）（1998年）
　　…一定の要件を備えると認定NPOとして税制優遇措置の対象となる

正誤問題　　次の文が正しい場合には○，誤っている場合には×を（　）に記入しなさい。

1．無党派層とは，政治に関して無関心で選挙を棄権する人々をさすので，その動向は注目されない。
（　　　　）

2．国政選挙の投票率を年齢層別に見ると，20代は他の年齢層よりも投票率が高い。（　　　　）

3．NPOとは，営利を目的としない，福祉や環境保全，国際協力などの社会貢献活動をおこなう団体のことである。（　　　　）

4．NPOが活動しやすいように，法人格を与え，寄付した人が寄付金控除を受けられるようにする法律が，日本でも施行されている。（　　　　）

①「政治的無関心の広がりは民主主義にとって好ましいことではない」という考え方がある。この考え方に従った場合, とるべき態度として最も適当なものを, 次の①〜④のうちから一つ選びなさい。

① 圧力団体は, 世論操作を通じて自らの利益を追求するだけの存在なので, かかわるべきではない。

② 署名運動やデモ行進, 請願・陳情は, 選挙以外で民意を示すための手段の一つになりうる。

③ マス・メディアの情報は虚偽（フェイクニュース）が多いので, 新聞以外を信用してはならない。

④ 選挙で自分の投票したい候補者がいないので, 投票を棄権することにした。

② **有権者の選挙運動として認められているものを, 次の①〜③のうちから一つ選びなさい。**

① 特定の候補者への投票を呼びかけるメールを, 知人に送信する。

② 選挙公報などを見て分析した争点のまとめと自分の考えを, ブログで公開する。

③ 特定の候補者への投票を呼びかけるビラを配布して, アルバイト代をもらう。

③ **高校生の選挙運動として適切なものを, 次の①〜③のうちから一つ選びなさい。**

① 自分が18歳になったので, 高校1年生の後輩に手伝ってもらって選挙運動をする。

② 投票日が部活動の試合日程と重なってしまったので, それを理由に期日前投票をする。

③ 自分と同じ政党を応援している社会人の先輩に頼まれて, 選挙活動に使用するために自分が所属する部活動の部員の連絡先を教える。

Check 資料読解 **教科書p. 96「国政選挙の年齢層別投票率の推移」を見て, 誤っているものを選びなさい。**

① 2000年以降の国政選挙で, 一貫して投票率が最も高いのは60代である。

② 2000年以降の国政選挙で, 最も投票率が高かったのはどの年代も2009年衆院選である。

③ 18歳選挙権は2017年国政選挙から始まったが, 世代別投票率では10代が最も低かった。

④ 年代別投票率では一貫して20代が最も低い。

Try **SNSなどインターネットの普及と世論形成について述べた文章のうち, 正しいものを, 次の①〜⑤のうちからすべて選びなさい。**

① SNSで発信される情報も, テレビ・新聞などと同様に報道倫理についての組織的なチェックを受けているといえる。

② インターネット上では, フェイク・ニュースが拡散される危険性が高い。

③ フェイク・ニュースにだまされないためには, ネット以外の複数の情報源に照らして, ファクト・チェックをおこなう必要がある。

④ SNSは便利さが最優先なので, 情報の多少の不正確性は問題にすべきではない。

⑤ インターネット上の情報のみに頼っていると, 関心のなかった重要な問題や多様な意見に触れにくくなるという問題が生じる。

●この章の学習をまとめてみよう。（→p.160）

Check ✔ 重要用語

1．政治機構と国会

❶国民が選んだ代表者によって構成される議会を通じて，国民の意思を決定する政治のあり方。　❶＿＿＿＿

❷権力の濫用を防ぎ，国民の権利を守るために，国家権力を立法権，行政権，司法権の三つに分けること。　❷＿＿＿＿

❸憲法には，国会は「唯一の立法機関」であるとともにどんな機関であると明記されているか。　❸＿＿＿＿

❹国会の議決は，原則として衆参両院の一致によって成立するが，両院の議決が異なったとき，国会の意思決定を円滑におこなうために，衆議院の議決をもって国会の議決とすること。　❹＿＿＿＿

❺国会がもつ，国政全般に対して調査をおこなう権限。　❺＿＿＿＿

❻政党に所属する議員は，政党の決定に従う必要があるということ。　❻＿＿＿＿

2．行政権と行政機能の拡大

❼国務大臣を任免して閣議を主宰し，内閣を代表して行政機関の指揮監督をおこなう役職。　❼＿＿＿＿

❽議会の信任に基づいて内閣が組織され，内閣が国会に対して責任を負う制度。　❽＿＿＿＿

❾中央省庁の官僚が，立法や政策の立案など，国政において大きな役割を果たしている政治。　❾＿＿＿＿

❿高級官僚などが，退職後に，勤務していた官庁と関連する政府系機関や民間企業に再就職すること。　❿＿＿＿

⓫一般の行政機関から独立して職権を行使できる合議制の決定機関。　⓫＿＿＿＿

3．公正な裁判の保障

⓬裁判は政治的な圧力や干渉を受けずに，法に基づいて公正におこなわなければならないとする原則。　⓬＿＿＿＿

⓭司法権の独立を守るため，裁判官は良心に従って独立して裁判をおこない，憲法と法律のみに拘束されるという原則。　⓭＿＿＿＿

⓮法律や命令などの国家の行為が，憲法に違反していないかどうかを審査する権限。　⓮＿＿＿＿

⓯高度に政治的な事件については，違憲審査権は及ばないという考え方。　⓯＿＿＿＿

⓰最高裁判所の裁判官が適任かどうかを国民の投票によって審査すること。　⓰＿＿＿＿

⓱衆参両院議員で組織され，ふさわしくない行為をした裁判官を審査し，辞めさせることができる裁判所。　⓱＿＿＿＿

⓲司法制度改革の一環として2009年から実施されている，市民も参加する，刑事裁判の制度。　⓲＿＿＿＿

4．地方自治と住民福祉

⓳都道府県や市町村など，その地域で住民福祉のための公共事務や，住民の生活を支えるための多くのサービスをおこなう団体。　⓳＿＿＿＿

⓴国に対して地方公共団体が独自の権限をもって，その地域の政治を自主的におこなうこと。　⓴＿＿＿＿

❷❶住民が選挙した首長や議会を中心に，地域の政治を住民自らの意思に基づいておこなうこと。　㉑ _____

❷❷政治的な機能をできるだけ地方に分散させるため，機関委任事務の廃止などを内容とする，1999年に成立した法律。　㉒ _____

❷❸地方議会で定めた条例によっておこなわれ，法的な拘束力はもたないが，その地方で重要な争点になっている問題について，投票によって住民の意思を政治に反映させようとする方法。　㉓ _____

5．政党政治

❷❹政治上の主義や政策において一致し，国民的利益の実現をめざして結成された団体。　㉔ _____

❷❺政権を担当しておらず，政権に対する批判勢力としてチェック機能の役割を果たしている政党。　㉕ _____

❷❻政党の活動費を国庫から補助する法律。　㉖ _____

6．選挙制度

❷❼1選挙区から2名以上の議員が選出される選挙区制。　㉗ _____

❷❽1選挙区から1名の議員が選出される選挙区制。　㉘ _____

❷❾政党の得た得票総数に比例した数の議員を選出する方法。　㉙ _____

❸⓿落選者に投じられた，議席に生かされない票。　㉚ _____

❸❶1994年から衆議院選挙に導入された，小選挙区制と比例代表制を組み合わせた選挙制度。　㉛ _____

❸❷選挙制度に関する法律で，普通，平等，直接，秘密などの原則を保障する一方，選挙運動の制限などを明記している法律。　㉜ _____

7．世論と政治参加

❸❸新聞，テレビなど，大量の情報を大衆に伝達するためのもの。　㉝ _____

❸❹資金力や組織力を用いて議会や官庁に圧力をかけ，自分たちの利益を促進しようとする集団。　㉞ _____

❸❺選挙にさいし，その動向が注目される，特定の支持政党をもたない人々のこと。　㉟ _____

❸❻福祉や環境保全などの活動をおこなう民間の非営利団体。　㊱ _____

演習問題

1　刑事事件に関わる法制度や裁判手続きに関する記述として最も適当なものを，次の①～④の内から一つ選べ。

①　刑事裁判では，裁判官の下で当事者が妥協点を見つけて訴訟を終結させる和解が行われることがある。

②　検察官による不起訴処分の当否を審査する検察審査会の審査員は，裁判官から選出される。

③　有罪判決が確定した後であっても，一定の条件の下で，裁判のやり直しを行う制度がある。

④　被害者参加制度の導入に依って，犯罪被害者やその遺族は，裁判員として裁判に参加できるようになった。

〈2021年大学入学共通テスト　現代社会本試第一日程〉

2 裁判員制度の概要を記述した次の文章中の ア ～ ウ に入る語句の組合せとして最も適当なものを，下の①～⑧のうちから一つ選べ。

　　日本の裁判員制度とは，国政選挙の有権者から， ア 選ばれた裁判員が イ について，裁判官と共に事実を認定し，評決をする制度である。裁判員に選ばれた者は正当な理由がない限り辞退することはできないが，学生などには一般に辞退が認められている。裁判員には審理への出頭義務や ウ が課せられ，これらの義務違反に対しては罰則も設けられている。

① ア 選挙によって 　イ すべての刑事事件 　ウ 氏名の公表義務
② ア 選挙によって 　イ すべての刑事事件 　ウ 守秘義務
③ ア 選挙によって 　イ 特定の刑事事件 　ウ 氏名の公表義務
④ ア 選挙によって 　イ 特定の刑事事件 　ウ 守秘義務
⑤ ア 無作為に 　イ すべての刑事事件 　ウ 氏名の公表義務
⑥ ア 無作為に 　イ すべての刑事事件 　ウ 守秘義務
⑦ ア 無作為に 　イ 特定の刑事事件 　ウ 氏名の公表義務
⑧ ア 無作為に 　イ 特定の刑事事件 　ウ 守秘義務

〈2009年センター試験現代社会　本試〉

3 次のA～Dの各文の複数の下線部の内，1つに誤りがある。その誤っている語を適切な語句に訂正しなさい。

A 民主政治は国民主権を原理としているが，実際には国民のすべてが政治に参加する間接民主制は不可能である。そこで，代表者を選んで議会を組織し，国民の意思を反映させる代表民主制が採用されている。そして，日本国憲法において，三権分立制の立法，行政，司法の三権のなかでも，とりわけ国会に「国権の最高機関」たる地位を与えているのは，国の民主政治を，国民の意思を最も反映する議会を中心に実現しようとする議会制民主主義の考え方に基づくからである。

B 国会は二院制によって構成され，国会の議決には衆参両院の意思の合致が必要であるが，法律案や予算の議決においては参議院の優越が認められ，そして，内閣不信任決議権は衆議院だけに与えられている。また，両議院には，広く国政を調査するための国政調査権が与えられている。

C 選挙制度は，1つの選挙区から1名の議員を選出する小選挙区制と，1つの選挙区から2名以上の議員を選出する大選挙区制，それから，政党に投票して各政党の得票数に比例して議席数を配分する中選挙区制とに分けられる。わが国の衆議院選挙では小選挙区比例代表並立制が採用されている。

D 裁判所は，他の国家機関から干渉を受けることなく公正な裁判をおこなわなければならないという憲法の番人の原則と，裁判官の身分保障を定め，すべての裁判官はその良心に従い，憲法と法律にのみ拘束されるという裁判官の独立の原則から成り立っている。ただし，最高裁判所の裁判官に関しては，適任かどうかを審査する国民審査の制度が定められている。

A	×		B	×		C	×		D	×	
	○			○			○			○	

4 次の架空の政党であるＡ～Ｄ党の政策集を読み，下の表にまとめてみよう。それらの分析を基にして，自分ならどの政党に投票するかを考えてみよう。

Ａ党　政策集
・原子力発電所を積極的に活用します
・防衛費を削減して，財政を立て直します
・自動車産業を国有化して貿易黒字を増やします
・奨学金の対象者と金額を増やして，誰でも学ぶことができる社会をめざします
・同一労働同一賃金で平等な働き方を実現します

Ｂ党　政策集
・農業を守るために農家の補助金を増やします！
・公務員の人数を減らして，財政再建！
・学校からいじめをなくします！
・長時間労働のない働き方に改革します！
・ストップ温暖化！

Ｃ党　政策集
・外国人労働者を活用して，人材不足を解消することをめざします
・TPPやRCEPなどの自由貿易をさらに進めます
・オール電化で効率的なエネルギー利用
・所得税増税による財政適正化をめざします
・高校中退者を減らす教育改革を実現します

Ｄ党　政策集
・女性が働きやすい社会を実現します
・幼児教育の無償化を実現します
・消費税を増税して，みんなの力で財政再建
・ロボット技術が成長の源！　技術の開発や育成に予算を重点的に配分します
・さらなる省エネを推進し，エネルギーを大切に

	Ａ党	Ｂ党	Ｃ党	Ｄ党
エネルギー政策				
財政改革				
産業・貿易				
教育				
雇用・労働				

自分ならどの政党に投票するか。　[　　　　　]党

なぜその政党に投票することにしたか，理由を書いてみよう。

1 経済主体と経済活動の意義

▶教科書 p.102〜103

① _____

② _____

③ _____

④ _____

⑤ _____

⑥ _____

⑦ _____

⑧ _____

⑨ _____

⑩ _____

⑪ _____

⑫ _____

⑬ _____

⑭ _____

⑮ _____

⑯ _____

⑰ _____

⑱ _____

人間と経済活動

・私たちの生活にはさまざまな（①　　　　　）（形のある生産物）や
（②　　　　　　　）（形のないもの）が必要

・（③　　　　　　）…生産，分配，消費の一連の過程
　→人々の（④　　　　　　）と交換を通じて営まれる

・土地，労働力，資本を（⑤　　　　　　　　　）という

経済主体と経済循環

・（⑥　　　　　　）…企業などに労働力を提供して賃金・給与を得るか，事業を営み所得を得て，（⑦　　　　　）や（⑧　　　　　）をおこなう

・（⑨　　　　　　）…労働力を用いて財やサービスを生産し，利益を得る

・（⑩　　　　　　）…税金を財源に，民間企業が提供できない財やサービス
（＝⑪　　　　　　　）を提供

・以上三つの（⑫　　　　　　　　）の相互のやりとりのうえに，現代経済が成立

経済活動の意義

・家計，企業，政府にとって資金や（⑬　　　　　）には限りがある
　→各経済主体は，所得や資源をどのように（⑭　　　　　）するかの問題に
　　　直面

・資源の効率的な配分は経済活動に共通の課題
　→（⑮　　　　　　）と（⑯　　　　　　　）は対立することがある
　→効率と公平のバランスを考える必要

・（⑰　　　　　　　　　）…Aを選んだらBを選べないというように両立できない関係

・（⑱　　　　　　　）…（⑰）の状況で，選ぶ機会を失い犠牲にした部分

>>> （⑬）
石油や土地などの天然資源のほか，労働力や技術，情報，時間なども資源に含まれる。
（→教p.102❷）

正誤問題　次の文が正しい場合には○，誤っている場合には×を（　）に記入しなさい。

1．企業は，労働力を用いて財やサービスを生産し，その販売を通じて最大限の利益（利潤）を得ようとする。　（　　　　）

2．医療や運輸などは財にあたり，食べ物や洋服などはサービスにあたる。　（　　　　）

3．限りある資源について，その効率的な配分を追求すると，人々の所得や待遇などの公平性の達成につながる。　（　　　　）

4．生産の三要素とは，土地，労働力，政府の三つのことである。　（　　　　）

Work ①下の表の（A）と（B）にあてはまる語句を答えなさい。また，①～⑤に入る語句を語群より選び，その記号を解答欄に記しなさい。ただし，同一の番号の箇所には同一の語が入る。

〈語群〉　ア　補助金　　イ　賃金　　ウ　税金
　　　　　エ　公共財　　オ　資本

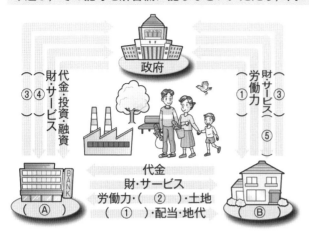

A			B	
①	②	③	④	⑤

②トレード・オフの関係に該当するものを，次の①～④のうちからすべて選びなさい。

① 手元に5000円あるときに，5000円のゲームソフトを買うか，5000円の服を買うかで悩む。

② 文化祭でのクラスの出し物を検討するさいに，参加者が少なかったために出し物をあきらめた。

③ 高校卒業後に，大学に進学せずに就職した。

④ 手持ちのお金で買い物をする際に，足りない分を友達から借りた。

Check 資料読解 ①財を次の①と②のように配分した場合，効率性と公平性はどう対立するのか，次の文中の空欄にあてはまる語句を語群から選んで答えなさい。

①高値で購入できる人に多く配分　　　②すべての人に等しく配分

　①の場合を考えると，（ア　　　　　　　　　）であっても高い値段を出せなければ買えないという（イ　　　　　　　）の問題が生じる。また，②の場合を考えると，その財が（ウ　　　　　　）な人にも配分され，（エ　　　　　　）となってしまう。

〈語群〉　必要　　不必要　　非効率　　不公平

②以下の各文が「高値で購入できる人に多く配分」の特質を表現する場合は①を，「すべての人に等しく配分」の特質を表現する場合は②をそれぞれ（　　　）内に書きなさい。

a．公平性の面は達成されるが，効率性の面は達成されない。　　　　　　　　（　　　　　　）

b．効率性の面は達成されるが，公平性の面は達成されない。　　　　　　　　（　　　　　　）

Try 三つの経済主体のうち，どの経済主体が効率性の他に公平性という視点を持つだろうか，理由も含めて書きなさい。

2 経済社会の変容

▶教科書 **p.104～105**

① _____

② _____

③ _____

④ _____

⑤ _____

⑥ _____

⑦ _____

⑧ _____

⑨ _____

⑩ _____

⑪ _____

⑫ _____

⑬ _____

⑭ _____

⑮ _____

⑯ _____

⑰ _____

⑱ _____

⑲ _____

⑳ _____

㉑ _____

資本主義経済の成立と変容

・現在の経済のしくみ：（① 　　　　　　　　　＝市場経済）

　…産業革命を経て19世紀に確立

・（①）の特徴

（② 　　　　　　　　　　）	個人・私企業の利益追求が原動力
（③ 　　　　　　　　　　）	生産手段は企業などが私的に所有
（④ 　　　　　　　　　　）	労働者は労働力を売り賃金を得る

・（⑤ 　　　　　　　　　　　　）…イギリスの経済学者。市場での自由競争により経済が調整され，社会の富が増える過程を「（⑥ 　　　　　　　）」と表現

・19世紀，各国政府は原則的に経済に不介入

・1929年からの（⑦ 　　　　　　　　）が深刻な不況をもたらす

　→アメリカ…（⑧ 　　　　　　　　　）政策

・（⑨ 　　　　　　　）…イギリスの経済学者。（⑩ 　　　　　　　）の原理を唱え，それまでの（⑪ 　　　　　　　　＝レッセ・フェール ）を改め，政府の政策的介入による景気と雇用の安定化を主張

・（⑫ 　　　　　　　　　）の思想…第二次大戦後多くの国で採用

　→混合経済体制が確立（「（⑬ 　　　　　　　　）」ともいわれる）

・1970 年代に財政赤字が問題化→政府事業民営化による財政規模縮小，規制緩和を唱える（⑭ 　　　　　　　）があらわれ「（⑮ 　　　　　　　　）」を求める

社会主義経済の形成と変容

・（⑯ 　　　　　　　　）…ドイツの思想家，貧富の格差，恐慌に資本主義の矛盾を見出し，[⑰ 　　　　　　　]を提唱

・（⑰）経済の特徴

　{（⑱ 　　　　　　　　　　）…生産手段は社会全員の共有物とする

　（⑲ 　　　　　　　）…政府の計画に基づき品目や生産量を決定する

・ソ連などの社会主義経済は破綻し，中国も（⑳ 　　　　　　　　）政策を進め社会主義市場経済へ

グローバリゼーションの進展

・（㉑ 　　　　　　　　　　）…ヒト・モノ・カネが国境をこえ世界をかけめぐる傾向

　→経済格差拡大の懸念も

>>> （⑩）の原理

ケインズは，国全体の生産量・雇用量は（⑩）量によって決まること，そして自由放任経済のもとでは，（⑩）量が労働者全員を雇用できる量（完全雇用）に達しない可能性があることを示した。

（→教p.105＊2）

正誤問題　次の文が正しい場合には○，誤っている場合には×を（　）に記入しなさい。

１．修正資本主義が，自由放任主義を改め政府の政策的介入をおこなうことの目的は，景気と雇用の安定をはかるためである。　（　　　　）

２．マルクスが提唱した社会主義は，生産手段の私有のもとで，分配の平等をはかるものであった。

（　　　　）

３．社会主義経済は，アメリカやイギリス，日本などで採用された。　（　　　　）

４．グローバリゼーションは，個人や企業の活動を世界に広げる一方，先進国と発展途上国間の経済格差を拡大させるおそれがある。　（　　　　）

Check 資料読解　①教科書p.104■「資本主義と社会主義の変遷」及び教科書本文を参考にして，次の各文は下の①〜④の経済のどの段階の説明文となるか答えなさい。また，その各段階が，効率・自由を重視する経済（考え方）の場合はAを，公平・平等を重視する経済（考え方）の場合はBを書きなさい。

①　1970年代以降の財政赤字に対し，民営化や規制緩和を唱え「小さな政府」を求めた。

②　マルクスが貧富の格差や恐慌に資本主義の矛盾を見出し，これにかわる政治経済思想として提唱した。

③　18世紀から19世紀にかけての資本主義であり，市場による調整や自由放任主義を特徴とする。

④　それまでの自由放任主義を改め，政府の政策的介入による景気と雇用の安定化をはかる考え方。

	説明文	考え方
産業資本主義		
修正資本主義		
新自由主義		
社会主義経済		

②教科書 p.105 Active「政府の規模と公務員の割合の国際比較」　日本は他の先進諸国と比較するとき，大きい政府といえるか小さな政府といえるか。あなたの考えとその理由を書きなさい。

日本は（　　小さな政府　／　大きな政府　）

3 市場のしくみ・ 4 市場の失敗

▶教科書 p.106〜109

市場の働き

・（①　　　　　）の役割…財やサービスの価格と生産量の決定

・価格上昇→消費者の（②　　　　　）量減少，企業の（③　　　　　）量増加→価格を引き（④　　　　　）

　※価格低下の場合はその逆の動き

　価格が変動することで（⑤　　　　　＝需要と供給が一致する価格）へ

・（⑥　　　　　＝**市場の自動調整作用**）

　…市場が商品の価格を（⑤）へ導く性質

独占と寡占

・市場の効率性…企業が互いに（⑦　　　　　）しているときに発揮される

・（⑧　　　　　）…価格が下がらないよう企業どうしが取り決める行為

　→（⑨　　　　　）で禁止，（⑩　　　　　）が監視

・19世紀後半，少数大企業が市場を支配する（⑪　　　　　）・**独占**の傾向

・寡占市場…優位にある企業が（⑫　　　　　＝**価格先導者**）となり，価格競争回避の傾向へ

　→（⑬　　　　　＝広告・宣伝，サービスなどの競争）が強化される

・管理価格…（⑬）のもと価格競争が回避され固定的になる価格

・近年，技術革新（＝⑭　　　　　）により寡占市場で品質・価格の激しい競争

情報の非対称性

・製品の価格や品質に関する情報を，売り手，買い手ともに偏りなくもつ必要性

　→実際には企業側に情報が偏る傾向（＝⑮　　　　　）

外部性

・（⑯　　　　　＝負の外部性）…市場の外部で生じる経済問題（＝**外部性問題**）のうち環境問題など，不利益が発生する場合

　→市場メカニズムによる解決を期待できないため，政府の対策が必要

公共財の供給

・教育，警察，消防などのサービスは，（⑰　　　　　）として政府が直接供給する必要がある

---

①

②

③

④

⑤

⑥

⑦

⑧

⑨

⑩

⑪

⑫

⑬

⑭

⑮

⑯

⑰

⋙ **市場の種類**

財・サービスが取引される市場を財（商品）市場，労働力が取引される市場を労働市場，資金の貸し借りなどがおこなわれる市場を金融市場という。

（→教p.106❶）

正誤問題　次の文が正しい場合には○，誤っている場合には×を（　）に記入しなさい。

1．財やサービスが取引される場所を金融市場という。　（　　　）

2．環境問題などの外部不経済は，市場メカニズムが機能しない市場の失敗の一例にあげられる。

　（　　　）

3．プライスリーダーがでて価格競争が回避されるようになると，広告・宣伝・サービスなどの非価格競争が強化される。　（　　　）

4．企業どうしが合併などによって一体化し，独占的な支配力を得ようとすることをカルテルという。　（　　　）

①リンゴの価格と需要量，供給量の関係が下の表に示されるような場合，下の図中に需要曲線，供給曲線を描き入れなさい。またこのグラフに関する下の文中の空欄に適切な語句を入れなさい。

価格（円）	40	70	100	130	160
需要量（個）	2500	2000	1500	1000	500
供給量（個）	500	1000	1500	2000	2500

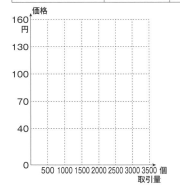

左図の縦軸ではかっているのは，価格と数量のうち（①　　　　　）である。もし価格が130円なら需要量は（②　　　　　）個，供給量は（③　　　　　）個となり，差し引き（④　　　　　）個余る。この余りを（⑤　　　　　）といい，生産者は価格を下げて販売しようとする。

　左図では均衡価格は（⑥　　　　　）円に，取引量は（⑦　　　　　）個となる。

②リンゴが豊作で下表のように供給量が増えた場合の新しい供給曲線を上図に描き入れなさい。

価格（円）	40	70	100	130	160
新供給量（個）	1500	2000	2500	3000	3500

♥Opinion　　市場の効率性と公平性はどのように調整されるべきかという点に関して，教科書には二つの意見が紹介されている。「所得を失った人…」から始まる意見をＡ，「困った人…」からはじまる意見をＢとして，効率性を重視する意見はＡ，Ｂのどちらか。また，あなたはＡ，Ｂのどちらの意見が妥当と考えるか，話しあってみよう。

効率性を重視する意見…　　[　　　　]　　　あなたが妥当と考える意見…　　[　　　　]

[　　　　　　　　　　　　　　　　　　　　　　　　　　　　　　　　　　　　　]

✂Active　　企業活動を独占禁止法などによって規制することの是非について，以下の文章を読んであなたの意見を書きなさい。

　かつて自由競争の時代には公正な取引と自由な競争は国の企業への規制なしに成り立っていた。しかし寡占・独占が成立すると価格競争が回避される傾向が現れる。すなわち寡占・独占の企業活動を自由（無規制）にすると公正な取引と自由な競争が阻害されることが起こる。寡占・独占企業への無規制を重視するか，公正な取引と自由な競争を重視し独占禁止法などによる規制を重視するかの選択が迫られる。

[　　　　　　　　　　　　　　　　　　　　　　　　　　　　　　　　　　　　　]

5 現代の企業

▶教科書 p.110〜111

①＿＿＿＿＿＿＿＿
②＿＿＿＿＿＿＿＿
③＿＿＿＿＿＿＿＿
④＿＿＿＿＿＿＿＿
⑤＿＿＿＿＿＿＿＿
⑥＿＿＿＿＿＿＿＿
⑦＿＿＿＿＿＿＿＿
⑧＿＿＿＿＿＿＿＿
⑨＿＿＿＿＿＿＿＿
⑩＿＿＿＿＿＿＿＿
⑪＿＿＿＿＿＿＿＿
⑫＿＿＿＿＿＿＿＿
⑬＿＿＿＿＿＿＿＿
⑭＿＿＿＿＿＿＿＿
⑮＿＿＿＿＿＿＿＿
⑯＿＿＿＿＿＿＿＿

⑰＿＿＿＿＿＿＿＿
⑱＿＿＿＿＿＿＿＿
⑲＿＿＿＿＿＿＿＿
⑳＿＿＿＿＿＿＿＿

企業の種類

・（①　　　　　　　）…国や地方自治体が資金を出して運営

（②　　　　　　　）…個人や私的な団体が出資し，事業から得た利潤を出資者間で分配

・会社法による会社…（③　　　　　　　　　）・合名会社・合資会社・合同会社

株式会社

・（④　　　　　　　　）…合名会社のように倒産した場合，出資者が会社の負債をすべて引き受ける

・株式会社…資本金を小口の（⑤　　　　　）に分け，多くの人から出資をつのる。出資者（＝⑥　　　　　）は出資額に応じて（⑦　　　　　＝会社が上げた利益の分配）を受け取る

※会社倒産のとき，株主は出資金を失うのみの責任…（⑧　　　　　　　　）

→株式会社は多数の出資者を集め，大規模な会社設立が可能に

・（⑨　　　　　　　）…株式会社の最高決定機関

株主は（⑨）にて専門の経営者（（⑩　　　　　　　））を選出

→経営を委託（＝⑪　　　　　　　　　　）

（⑨）の議決権は，所有する株式数に応じる

（⑨）では定款の変更，吸収合併，会社の解散なども決定される

企業の変容

・こんにちの企業

…経営多角化のため，異なる業種の会社を合併・買収（＝⑫　　　　　　　）

→（⑬　　　　　　　　　　＝複合企業）となる企業が増加

経営が世界的規模の（⑭　　　　　　　　）も増加

・（⑮　　　　　　　　）…事業活動のコントロールのため他社の株式を保有する会社

・（⑯　　　　　　　　　　　＝企業統治）

…経営者の行動が株主の利益に反しないよう管理・監督

経営内容を公開する（⑰　　　　　　　　　　　　）も一般的傾向

※株主の利益の保護は株式会社の原則

　　→従業員の賃金・雇用の不安定化というマイナスの傾向の指摘も

企業の社会的責任

・（⑱　　　　　　　　　　　　＝CSR）を問う声が高まる

→企業をすべての利害関係者（⑲　　　　　　　　　　　）にとって意義ある存在とするため，責任や義務のあり方を問い直す

企業には法令遵守（＝⑳　　　　　　　　　　　　）の徹底，従業員の待遇改善，地域社会への貢献，環境への配慮などが求められる

次の文が正しい場合には○，誤っている場合には×を（　）に記入しなさい。

1．所有（資本）と経営の分離とは，現代の株式会社において，出資者（株主）があまり経営に関与せず，経営は専門の経営者に委託することをいう。　　（　　　　）

2．近年コーポレート・ガバナンス（企業統治）の強化が進められているのは，従業員の待遇改善や消費者の保護などをめざすためである。　　（　　　　）

Check 資料読解 教科書p.110 ❷「株式会社の主なしくみ」を参考に，次の図の空欄A～Fに適する語句を語群から選択しなさい。また，下のア～カの文で，A～Fの語句に関係の深いものの番号を（　　　）に記入しなさい。

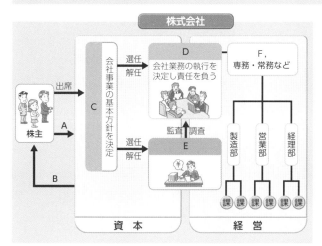

A		（　　　）
B		（　　　）
C		（　　　）
D		（　　　）
E		（　　　）
F		（　　　）

〈語群〉　①　株主総会　　②　監査役
　　　　　③　代表取締役社長　④　出資
　　　　　⑤　配当　　　　⑥　取締役会

ア　株式会社の最高決定機関であり，専門の経営者（取締役）の選任，定款の変更，吸収合併などを決定する。

イ　株式会社を代表する権限を有する取締役のこと。取締役会で選定され，会社の業務を執行する。

ウ　株主が株式を購入すること。このことは，株式会社が必要な資本金を多くの人から募るために小口にわけたもの（株式）を購入する，ということを意味する。

エ　株主総会において選任される合議体で，会社の業務執行について決定し責任を負う。

オ　会社があげた利益の分配をいい，株主はその出資額に応じてこれを受け取る。

カ　株式会社において取締役の職務執行を監査するためにおかれる機関で，株主総会で選任される。

Work 教科書p.113「会社を作るとしたら何が必要になる？」を参考に，空欄にあてはまる語句を答えなさい。

1．自分で会社をはじめること…（　　　　　　　）
2．土地（教室）や生産設備（机や調理器具）などにかかる費用…（　　　　　）
3．会社経営に必要な資金のこと。借入金や株式などによる出資金を含む…（　　　　　）
4．売上金から原材料費と人件費を差し引いた額…（　　　　　　）
5．4.の額から機械設備の減価償却費などを引いた額…（　　　　　）

6 国民所得

▶教科書 p.116〜117

GDP・GNI

① _____

② _____

③ _____

④ _____

⑤ _____

⑥ _____

⑦ _____

⑧ _____

⑨ _____

⑩ _____

⑪ _____

・（①　　　　　　＝国内総生産）…1 年間に（②　　　　　　）で生産された生産物の価格から，原材料など（③　　　　　　　　）の価格を差し引いた（④　　　　　　　）の合計

・（⑤　　　　　　＝国民総所得）…日本の国民や企業が，国内・国外で生産した付加価値の合計

2000年に，それまで利用されていた（⑥　　　　　　＝国民総生産）にかわって導入された指標。（⑥）が生産物の付加価値合計をあらわすのに対し，（⑤）はこれを所得の側からとらえたもの

・（⑦　　　　　　　　　　）…製造過程で失われた機械価値の消耗分

→GDPとGNIには，（⑦）が含まれている。また，財・サービスの価格には，消費税などの（⑧　　　　　　）が含まれ価格を高くし，逆に（⑨　　　　　　）が出ている場合はその分だけ価格を安くしている

・（⑩ NI ＝　　　　　　　）…GNI から（⑦）を差し引き，（⑧）と（⑨）を調整した指標。賃金，利潤，地代・利子，税金などに分配される

・（⑪　　　　　　　　　）…国民所得には，生産国民所得，支出国民所得，分配国民所得があり，これらが必ず等しくなる関係

正誤問題　次の文が正しい場合には○，誤っている場合には×を（　）に記入しなさい。

1．GDP（国内総生産）は，1年間に，国内で生産されたすべての生産物の価格を合計したものをいう。
（　　　　）

2．GNI（国民総所得）は，1 年間に，日本国籍をもった個人や企業が，国内および国外で生みだした付加価値を合計したものをいう。　（　　　　）

Quiz　次のうち，日本のGDPに含まれるものを選びなさい。

①　東京で働く米国人Aさんの所得

②　ニューヨークで働く日本人Bさんの所得

③　北京で働く米国人Cさんの所得

☐

Work　①国民所得の相互関連を示す下図にある（　）に適する語句を，解答欄に記しなさい。

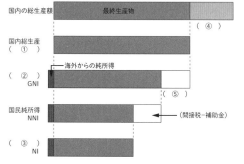

①	（　　　　　　　）
②	（　　　　　　　）
③	（　　　　　　　）
④	（　　　　　　　）
⑤	（　　　　　　　）

2 以下の数値が与えられた場合の，それぞれの経済指標の金額ア～エを求めなさい。

国内の総生産額	1500	国内総生産（GDP）	=	ア	兆円
固定資本減耗	300	国内純生産（NDP）	=	イ	兆円
中間生産物	200	国民総所得（GNI）	=	ウ	兆円
海外からの純所得	100	国民所得（NI）	=	エ	兆円
間接税	50				
補助金	30				

（単位：兆円）

3 以下の図を見て，各問に答えなさい。

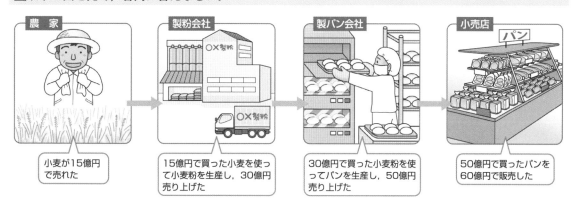

| 農　家 | 製粉会社 | 製パン会社 | 小売店 |

| 小麦が15億円で売れた | 15億円で買った小麦を使って小麦粉を生産し，30億円売り上げた | 30億円で買った小麦粉を使ってパンを生産し，50億円売り上げた | 50億円で買ったパンを60億円で販売した |

問1　農家の付加価値はいくらか。　　　　　　　　　　　　　　　　　　　　　　（　　　　　　　）億円

問2　製粉会社の付加価値はいくらか。　　　　　　　　　　　　　　　　　　　　（　　　　　　　）億円

問3　製パン会社の付加価値はいくらか。　　　　　　　　　　　　　　　　　　　（　　　　　　　）億円

問4　小売店の付加価値はいくらか。　　　　　　　　　　　　　　　　　　　　　（　　　　　　　）億円

問5　GDP（付加価値総額）はいくらか。　　　　　　　　　　　　　　　　　　（　　　　　　　）億円

Check 資料読解 教科書p.116 1 「国民所得の相互関連」　支出国民所得で最も大きい割合を占めるものを答えなさい。

最も大きい割合を占めるもの（　　　　　　　　　　）

Try　GDP（国内総生産）からNI（国民所得）を算出することを説明する次の文中の空欄にあてはまる語句を答えなさい。

　GDPは，1年間に国内で新たに生み出された価値の合計である。新たに生み出された価値を
（ア　　　　　　　　　　）という。GDPは1年間に国内で生産された生産物の価格から，原材料費などの
（イ　　　　　　　　　　）を差し引いた（ア）の合計として求められる。これに対し，日本の国民や企業が
国の内外で生み出した付加価値の合計を（ウ　　　　　　）（国民総所得）という。

　GDPやGNIには，製造過程で機械などが消耗しその価値の一部を失った分（エ　　　　　　　　）
が含まれている。GDPから（エ）を差し引いたものがNDP（国内純生産）である。

　また財・サービスの価格には，消費税などの（オ　　　　　　）が含まれていて価格を高くしており，
また補助金が出ている場合は価格を安くしている。このため，GNIから（エ）を差し引き，（オ）と補助
金を調整した指標がNI（国民所得）である。

7　経済成長と国民の福祉

▶教科書 p.118～119

①
②
③
④
⑤
⑥
⑦
⑧
⑨
⑩
⑪
⑫
⑬
⑭
⑮
⑯
⑰
⑱

経済成長と景気変動

・（①　　　　　　　）…GDPの値が大きくなること

→（①）の1年間の増加率（②　　　　　　　　）

・（①）をもたらす要因

　ⅰ）企業が，新しい技術を導入しようとおこなう（③　　　　　　）（資本蓄積）…最大の要因

　ⅱ）一定の教育・技能水準をもった多数の（④　　　　　）の存在

　ⅲ）所得分配の公平性…労働者の所得が低く，製品への需要が少ないと経済成長を左右

【資本主義経済の景気変動】

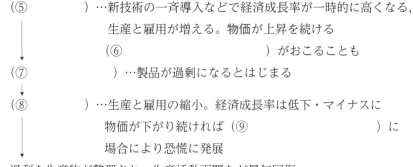

（⑤　　　　　　　）…新技術の一斉導入などで経済成長率が一時的に高くなる，生産と雇用が増える。物価が上昇を続ける
（⑥　　　　　　　　　）がおこることも

（⑦　　　　　　　　）…製品が過剰になるとはじまる

（⑧　　　　　　　）…生産と雇用の縮小。経済成長率は低下・マイナスに
物価が下がり続ければ（⑨　　　　　　　　）に
場合により恐慌に発展

過剰な生産物が整理され，生産活動再開など景気回復へ

資本主義経済は（⑩　　　　　　　）を繰り返す

景気循環の周期	名　称	おもな原因
約4年（短期波動）	キチンの波	在庫の変化
約10年（中期波動）	（⑪　　　　　　　）の波	設備投資の変動
約20年	クズネッツの波	住宅などの建てかえ
約50年（長期波動）	（⑫　　　　　　　）の波	技術革新など

・（⑬　　　　　　　　　）指数…消費財の物価をあらわす指数

フローとストック

・（⑭　　　　　　　）…GDPのようなある一定期間の経済活動の流れ
・（⑮　　　　　　　）…ある一時点で計測できる資産の蓄積量

　（⑯　　　　　　　）…（⑮）のうち天然資源を除き，土地・建物など有形資産と対外純資産を合計したもの

　（⑰　　　　　　　　）…道路，鉄道，上下水道など人々が共通して利用するもの。日本では生活関連の（⑰）の整備に遅れ

豊かさとGDP

・GDPの限界…自然環境破壊などが反映されない，「豊かさ」を感じるもののすべてが含まれてはいない

・NNW（＝⑱　　　　　　　）…余暇や自由時間をプラス，環境破壊をマイナスの要因としてGDPに加算

》》（③）

機械設備の増設や工場規模の拡大など，生産を拡大させる目的でおこなわれる投資。

》》物価

財・サービス価格の平均値のこと。消費財の物価は（⑬）指数で，機械設備や原材料費など，生産活動に関係する財の物価は，企業物価指数であらわされる。（→教p.118＊2）

- ⑲（　　　　　　　　　　　）…GDPから環境対策費用など差し引いたもの
- ⑳（　　　　　　　　　　　　）…経済的・環境的側面のほか，貧困や社会的
  不平等などの社会的側面も考慮した指標

⑲ _____

⑳ _____

正誤問題　　次の文が正しい場合には○，誤っている場合には×を（　）に記入しなさい。

1．日本では，産業関係の社会資本の整備が，生活に関連する社会資本に比べて，立ち遅れているといわれる。　（　　　　）

2．NNW（国民純福祉）は，余暇や自由時間をプラス要因，環境破壊などをマイナス要因としてGDPに加算し，国民生活を福祉的側面から評価しようとする。　（　　　　）

3．GDPが測定できるものは，経済の規模や経済的な豊かさに限られる。　（　　　　）

4．GDPは1国ごとの指標のため，国際的な比較には用いることができない。　（　　　　）

Work　　①教科書 p.119 ■「景気変動の四局面と波動の種類」を参考に，下の図および文中の空欄にあてはまる語句を答えなさい。

左の景気変動の局面（a）は，新技術を導入しようと企業が一斉に（e＝資本蓄積）をおこなうことでもたらされる。よって，局面（a）では生産と雇用は（f）る。

a		b		c	
d		e		f	

②教科書p.119②「国富とGDPの関係」を参考に，次の図の空欄a～eに適する語句を，解答欄に記入しなさい。

a	
b	
c	
d	
e	

Try　　経済的な豊かさと幸福との関係を，教科書p.119「豊かさとGDP」などを見て考えてみよう。

8 金融の役割　　　　　　　　　　　　　▶教科書 p.120〜121

①
②
③
④
⑤
⑥
⑦
⑧
⑨
⑩
⑪
⑫
⑬
⑭
⑮
⑯

>>> **公債**
国や自治体が発行する債券。（→教p.121❶）

>>> **護送船団方式**
船団が最も遅い船に速度を合わせるように，弱小の金融機関でも破綻しないようにする競争規制。（→教p.121❸）

金融とは
・（①　　　　　　）…資金に余裕のある経済主体と，資金が必要な経済主体が資金を融通しあうこと
・（②　　　　　　）…資金の貸し手と借り手が取引をおこなう場
1年未満の資金取引は（③　　　　　　　），1年以上の資金取引は**長期金融市場**でおこなわれる
資金の需要と供給は（④　　　　　）の変動を通じて調整される

銀行と信用創造
・銀行は預金の一部を（⑤　　　　　　）として残し，残りを利子をとって貸し出す（融資）
・（⑥　　　　　　）（**預金創造**）…銀行が信用により最初の預金の何倍もの融資をおこなうこと
→社会全体の通貨量（＝⑦　　　　　　　　）が増加

証券会社と保険会社
・（⑧　　　　）会社…株式などの有価証券を売買したい人や会社の仲立ちをして，証券取引所などを通じて取引を成立
・（⑨　　　　）会社…人々から保険料としてお金を集め，病気になった場合には保険料を支払うが，資産運用など金融機関としての役割も

間接金融と直接金融
・（⑩　　　　　　　）…銀行などの金融機関が間に入る融資
　（⑪　　　　　　　）…企業が株式・社債を発行して資金調達
・（⑫　　　　　　）…企業が株式で集めた資金
　（⑬　　　　　　）…社債発行や借り入れで集めた資金

金融の自由化と国際化
・日本でも金融の国際化を背景に（⑭　　　　　　　　）が進行
・1990年代後半から（⑮　　　　　　　　）実施
・（⑯　　　　　　）…金融機関が破綻した場合の預金払い戻し制度。2005年解禁
→一つの金融機関につき保護される限度が預金元本1000万円とその利子に

正誤問題　次の文が正しい場合には○，誤っている場合には×を（　）に記入しなさい。
1．企業が株式や社債を発行して，証券市場で個人や企業から資金調達をおこなうことを，間接金融という。（　　　）
2．日本のマネーストックでは，現金通貨の割合は約30%である。（　　　）

Work ①日本では多様な金融機関が金融市場を構成して活動している。下の表のa～fにあてはまる語句を語群から選び，下の文中の空欄に適するa～fの記号を入れなさい。bとcの順序は問わない。

中央銀行	（ a ）		

中央銀行	（ a ）
普通銀行	（ b ），地方銀行，第二地方銀行，（ c ）
長期金融機関	信託銀行
中小企業金融機関	（ d ），信用組合，労働金庫，商工組合中央金庫
証券金融機関	（ e ），証券金融会社
その他	（ f ），損害保険会社，信販

a			
b			
c			
d			
e			
f			
①		②	

上のa～fのうち，規模が大きい銀行で全国や海外に営業拠点をもつものは（　①　）であり，株式・社債などを扱うものは（　②　）である。

〈語群〉　ゆうちょ銀行　　生命保険会社　　証券会社　　日本銀行
　　　　　信用金庫　　都市銀行

②信用創造に関する以下の文中の（ア）～（キ）にあてはまる数字を答えなさい。

　X社が現金500万円をA銀行に預けたとする。支払準備率を10％とすると，A銀行は支払準備金（**ア**）万円を除いた（**イ**）万円を融資に使える。これをY社が借りてB銀行に預けたとする。B銀行は支払準備金を除いた（**ウ**）万円をZ社に貸し，Z社はこれをC銀行に預けたとする。この場合，ＡＢＣ各銀行への預金総額は（**エ**）万円となる。（**エ**）万円からはじめのA銀行への預金500万円を引いた（**オ**）万円が信用創造で作られた預金通貨である。……融資はその後も続くので，理論上，最初の預金額の1／支払準備率倍の（**カ**）万円まで預金を増やすことができる。最初のA銀行への預金額をさし引くことで得られる信用創造された額は（**キ**）万円となる。

ア	イ	ウ	エ	オ	カ	キ

Try　次の文章を完成させ，直接金融と間接金融のメリットとデメリットを考えてみよう。

　企業が（**ア**　　　　　）や社債を発行し，（**イ**　　　　　　　）を通じて，個人や企業から直接資金を調達することを（**ウ**　　直接金融　／　間接金融　）という。また，〔**エ**　　　　　〕などの金融機関が，預金者から預かったお金を融資することを（**オ**　　直接金融　／　間接金融　）という。この場合，預金者と融資を受けた個人や企業の間に直接の貸借関係はない。

　（**イ**）では，業績のよい優れた企業に多くの資金が集まるので，経済の効率性が高まるのは
（**カ**　　直接金融　／　間接金融　）のほうであるとされる。

（メリット）
（デメリット）

❾ 日本銀行の役割

▶教科書 p.124〜125

① _____

② _____

③ _____

④ _____

⑤ _____

⑥ _____

⑦ _____

⑧ _____

⑨ _____

⑩ _____

⑪ _____

⑫ _____

⑬ _____

⑭ _____

⑮ _____

⑯ _____

>>> (⑬)
金融機関どうしが担保なし
で短期資金を貸し借りする
取引での，期間が翌日まで
の金利。
（→教p.124＊1）

中央銀行の働き

・日本の中央銀行…（①　　　　　　　　）（日銀）

・日銀の働き

（②　　　　　　　）	市中銀行から預金を預かり，市中銀行に資金を貸し出す
（③　　　　　　　）	政府資金の出し入れをおこなう
（④　　　　　　　）	唯一，紙幣（日本銀行券）を発行できる

・金本位制度…紙幣は金と交換できる（⑤　　　　　　　　）

・（⑥　　　　　　　　）（現在）

　…紙幣は金と交換できない（⑦　　　　　　　）で，供給量を日銀が政策
　　的に調整

金融政策

・（⑧　　　　　　　）…日銀が，（⑨　　　　　　　　）を調整し，景気・
　物価の安定をはかること

　⎰（⑩　　　　　　　）：景気が悪いとき，通貨供給量を増やして金利を下げる
　⎱（⑪　　　　　　　）：景気過熱時，通貨供給量を減らし，金利を上げる

・（⑫　　　　　　　　＝オープン・マーケット・オペレーション）

　…日銀が民間金融機関と国債などを売買して通貨供給量を調整

　政策金利（＝⑬　　　　　　　　　　）を誘導し，景気の安定化を
　はかる

・以前は金融政策の中心であった（⑭　　　　　　　）操作は金利の自由化
　でその役割を変えた。また，**預金準備率操作**も実施されていない

・近年の景気後退期…政策金利を実質0％に下げる（⑮　　　　　　　）政策
　や，金利ゼロの下でも資金を大量に供給する（⑯　　　　　　　）政策な
　どを実施

・2013年に消費者物価上昇率を前年比2％とする目標（インフレターゲット）
　を明確化

正誤問題　　次の文が正しい場合には○，誤っている場合には×を（　）に記入しなさい。

1．日本銀行の役割の一つに，唯一の「発券銀行」として社債を発行するという働きがある。
　（　　　　）

2．量的緩和政策とは，金融機関が貸し出し用の資金を十分にもつように，金利がゼロになっても金融市
　場に資金を大量に供給する政策のことである。　　（　　　　）

3．日本はマイナス金利を導入したことはない。　　（　　　　）

4．景気が過熱しているとき，日銀は国債などを買い入れ，金融市場へ流れる資金量を増やす。
　（　　　　）

Work 下の公開市場操作に関する図中の（a）～（f）については解答欄の適切な方を○で囲み,（g）と（h）については,適切な語を記しなさい。

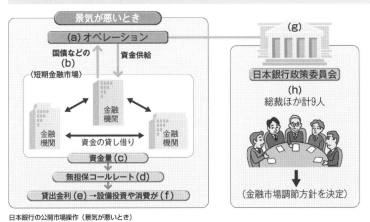

日本銀行の公開市場操作（景気が悪いとき）

a	資金供給・資金吸収
b	買い入れ・売却
c	増加・減少
d	上昇・低下
e	上昇・低下
f	増加・減少
g	
h	

Check 資料読解 教科書p.124 ■「公定歩合・コールレートと貸出約定平均金利の推移」 景気変動と金利の変化に着目し,公定歩合や無担保コールレートがどのように推移しているか。それぞれ,上昇または下落のいずれかを書きなさい。

1985年からの景気後退期… _____

1987年からの景気上昇期… _____

1990年からの景気後退期… _____

Try 景気の変動と日本銀行の金融政策にどのような関連があるか,次の文中の空欄にあてはまる語句を語群から選んで答えなさい。

　日本銀行は金融政策により通貨供給量を調整し,景気や物価の安定をはかる。景気が悪いときは通貨供給量を増やし金利を下げるという（**ア**　　　　　　　　）を実施し,景気が過熱するときには通貨供給量を減らして金利を上げるという（**イ**　　　　　　　　）を実施する。これらの政策を実施する中心的手段が（**ウ**　　　　　　　）（オープン・マーケット・オペレーション）である。（**ウ**）とは,日銀が民間金融機関との間で国債などを売買して通貨供給量を調整し,政策金利（（**エ**　　　　　　　　　））を誘導して景気の安定化をはかろうとすることである。

　また近年の景気後退期には,ゼロ金利政策や量的緩和政策などの金融緩和策を試みてきている。さらに2016年1月には（**オ**　　　　　　　　）政策の導入が決定された。

〈語群〉無担保コールレート　　金融緩和　　マイナス金利　　公開市場操作　　金融引き締め

10 財政の役割と租税

▶教科書 p.126〜127

① _____

② _____

③ _____

④ _____

⑤ _____

⑥ _____

⑦ _____

⑧ _____

⑨ _____

⑩ _____

⑪ _____

⑫ _____

⑬ _____

⑭ _____

⑮ _____

⑯ _____

⑰ _____

財政と財政政策

・（①　　　　　　　）…所得格差や景気変動による雇用の不安定などの問題に対し，政府がおこなう経済活動

・財政の機能

　a.（②　　　　　　　　　　）…道路や公園などの公共財を供給

　　財政の（③　　　　　　　　　）ともいう

　b.（④　　　　　　　　　）…所得が高くなるほど高税率となる

　　（⑤　　　　　　　　）制度をとり，集めた税金を（⑥　　　　　　　）給付に用いる

　c.経済の安定化

　　…裁量的（伸縮的）財政政策（＝⑦　　　　　　　　　　　　　）により景気の安定化をはかる

　　不況期…減税や（⑧　　　　　　　　　）を増やし，有効需要を大きくする

・（⑤）は，景気の自動安定化装置（＝⑨　　　　　　　　　　　　　　　　）の役割もはたす

・（⑩　　　　　　　　　　　　　　）…景気安定のため，政府の財政政策と中央銀行の金融政策を適切に組み合わせること

歳入と歳出

・政府の収入を歳入，支出を歳出という

・（⑪　　　　　　　　　　）…政府の一般的活動に当てる予算

　（⑫　　　　　　　　　　）…特定の事業に当てる予算

　（⑬　　　　　　　　　　）…生活環境整備や中小企業融資をおこなう。かつては，郵便貯金，国民年金などを財源とし，「第二の予算」といわれた

　→2001年以降は，債券を発行して資金調達をおこなうことが原則

租税の種類

・国税（中央政府の財源になる）と地方税（地方政府の財源になる）

・（⑭　　　　　　　　）…税の納入者と実際の負担者が一致する税

　（⑮　　　　　　　　）…税の納入者と実際の負担者が一致しない税

・累進課税など所得の多い人がより多く税を負担…（⑯　　　　　　　　　）

　同程度の所得の人が同程度の税を負担…（⑰　　　　　　　　　）

　間接税は脱税の問題は生じづらい

　→所得の少ない人ほど，所得に占める税負担の割合が高くなる逆進性の問題が生じる

>>> 税金の種類

所得税…個人が1年間で得た給料などの収入に対して課税されるもの

法人税…会社などが得た利益に対して課税されるもの

相続税…亡くなった人の遺産を受け継ぐときに，その金額に応じて課税されるもの

住民税…教育・福祉・防災など地域社会の生活に必要な費用を住民が負担するもの

正誤問題 次の文が正しい場合には○，誤っている場合には×を（　）に記入しなさい。

1．不況時の裁量的（伸縮的）財政政策（フィスカル・ポリシー）とは，減税をおこなったり，財政支出を増やしたりすることで，有効需要を大きくし，不況からの脱出をはかるものである。（　　　）

2．消費税は，制度のなかに組みこまれた，景気の自動安定化装置（ビルト・イン・スタビライザー）の役割もはたしている。（　　　）

Check 資料読解 ①教科書p.126①を参考に，課税所得が600万円の場合の課税額はいくらか計算しなさい。

式 _____ | 　　　　　　　　円 |

②教科書 p.126 ②「一般会計の歳入・歳出の比較」を見て，①大きく増えた歳出項目を選び，教科書 p.160 の内容や，p.129「国債累積問題」から②その理由を考えなさい。また，③歳入の変化に見られる特徴を答えなさい。

①（　　　　　　　　）費	②日本の（　　　　　　　　）が急速に進んだから
③税収では（ア　　　　　）税の割合が増え，また，税収の不足を補うために（イ　　　　　　　　）が発行されている。	

③次の表の空欄にあてはまる語句を入れ，以下の設問に答えなさい。

	消費税	所得税
長　所	（①　　　　　　　）がおきにくい	（②　　　　　　　　　　　）で高所得者から税を多く徴収し，再配分できる
短　所	低所得者ほど所得に占める税負担の割合が大きくなる（③　　　　　　）がある	税収が（④　　　　　　）の変動に左右されやすい

・所得に応じて，公平な税負担になりやすいのは（ア　消費　／　所得　）税
・税を漏れなく集めやすいのは，（イ　消費　／　所得　）税

Try 財政の意義を人間の尊厳や平等，公正の観点から考えてみよう。

11 日本の財政の課題

▶教科書 p.128〜129

①＿＿＿＿＿＿＿＿＿＿

②＿＿＿＿＿＿＿＿＿＿

③＿＿＿＿＿＿＿＿＿＿

④＿＿＿＿＿＿＿＿＿＿

⑤＿＿＿＿＿＿＿＿＿＿

⑥＿＿＿＿＿＿＿＿＿＿

⑦＿＿＿＿＿＿＿＿＿＿

⑧＿＿＿＿＿＿＿＿＿＿

⑨＿＿＿＿＿＿＿＿＿＿

⑩＿＿＿＿＿＿＿＿＿＿

⑪＿＿＿＿＿＿＿＿＿＿

⑫＿＿＿＿＿＿＿＿＿＿

⑬＿＿＿＿＿＿＿＿＿＿

税制改革の動向

・（①　　　　　　　　　）…租税のあり方を実情にあわせ，税率変更や租税の新設・廃止をおこなうこと

・1989年の消費税導入，所得税減税→直接税と間接税の比率
（＝②　　　　　　　　　）を大きくかえた

・近年，（③　　　　　　　　　　　）が増加→税制と社会保障の総合的な改革の議論→消費税増税

・東日本大震災の復興経費のための所得税などの臨時増税や，地球温暖化防止のための（④　　　　　　　　　　　　　　＝環境税）を導入

財政危機と財政構造改革

・租税で必要な歳出をまかなえないときは，不足分を（⑤　　　　　）の発行で補う

・財政法は原則的に国債の発行を禁じている
（⑥　　　　　　　　　）…道路や港湾などの建設を目的とするもので，財政法が例外的に認めている

・（⑦　　　　　　　　　）…一般的な支出に当てるための国債
→本来禁止されていたが，1975年に特例として認められ（＝⑧　　　　　　　　），その後国債発行額は急増

・（⑨　　　　　　　　　）…歳入に占める国債の割合
（⑩　　　　　　　　）…国債の元金・利子などの支払経費
→日本は（⑨）が高く，また歳出に占める（⑩）の割合も高い
→予算の多くが国債の返済に使われると，柔軟な財政政策ができなくなる
（＝⑪　　　　　　　　　　　　）
→（⑫　　　　　　　　　）が重要課題に

・（⑬　　　　　　　　　　　　　）（基礎的財政収支）…歳入・歳出のうち，公債（国債）にかかわる部分を除いた収支

>>> ⑬

収支が均衡していれば，租税などの歳入だけで歳出をまかなうことができる。日本では，基礎的財政収支を黒字にすることが当面の課題である。
（→教p.128＊1）

正誤問題　次の文が正しい場合には○，誤っている場合には×を（　）に記入しなさい。

1．日本は，外国に比べ，歳入に占める国債の割合（国債依存度）が低く，歳出に占める国債費の割合も低い。　（　　　　）

2．日本では軽減税率は導入されていない。　（　　　　）

3．プライマリー・バランスとは，歳入・歳出のうち，公債（国債）にかかわる部分を除いた収支をいい，日本では当面この部分の黒字化が課題である。　（　　　　）

Check 資料読解　①教科書p.128 ■「申告納税者の所得税負担率」　以下の文中の空欄にあてはまる語句を答えなさい。

　申告納税者の所得税負担率は，所得が（ア　　　　　）億円をこえるあたりから所得に占める税の割合が低下している。一方，所得金額における，（イ　　　　　　　　）等の占める割合が増加していく。

2 教科書p.128 2 「法人税率の推移」について，以下の文章で誤っているものを選びなさい。

① 法人税率は，80年代を最高に，段階的に引き下げられてきている。

② 法人税率は，2010年以降は横ばいで推移している。

③ 法人税率は，90年代以降上げられたことはない。

④ 法人税率は，45%をこえたことはない。

※Try　国債累積問題　1 教科書p.126 2 「一般会計の歳入・歳出の比較」を参考に，赤字国債の発行が急増した主な原因，及びそう考える根拠を書きなさい。

（主な原因）
（根拠）

2 教科書p.128〜 p.129を参考にして，以下の問いに答えなさい。

問1　「日本の財政が深刻な状況にある」というのはどういうことを意味しているか。

　日本の財政は（ア　　　　　　）で必要な歳出をまかなえず，その不足分を（イ　　　　　　）の発行などで補っている。その結果（イ）残高は増加を続けGDPの約（ウ　　　　　）倍に達している（２０２３年度末）。日本は外国に比べ（イ）依存度が高く，歳出に占める（エ　　　　　　）の割合も高い。予算の多くが国債の返済に使われると，柔軟な財政政策ができなくなる。これを（オ　　　　　　　　　）という。

問2　国債で集めた資金を現在の世代がすべて消費に使う場合，恩恵と負担はどうなるか。

問3　建設国債のような使われ方をした場合，恩恵と負担はどうなるか。

●この章の学習をまとめてみよう。（→p.160）

☑ **振り返りチェック**

● **時事ノート　国債累積問題**

1️⃣教科書 p.129 のグラフ「財政の歩み」の内容を読み取った次の文章の二つの〔　　　〕に同じ数字を記入しなさい。

　　赤字国債の発行がゼロだったのは〔ア　　　　　　〕年代初頭⇒急増したのは〔イ　　　　　〕年代後半から

2️⃣教科書 p.129 の本文から，内容を読み取ろう。

【増え続ける「借金」】

　　2023年度現在　国債残高〔ア　　　　　〕兆円　…　国民１人当たり約858万円

　　地方債を合わせた長期債務残高〔イ　　　　　〕兆円以上はGDPの約〔ウ　　　　　〕倍

【国債の累増はどんな問題を引き起こすか】

　本文の内容と照らし合わせて，正しいものをすべて選び番号を書きなさい。　　　エ〔　　　　　〕

　　① 国債返済用の税金を払うのは，将来の子どもたち，孫たちになる可能性がある。

　　② 道路や港，公営病院は国債発行の資金を使わず，現役世代の税金でまかなうべきである。

　　③ 国債残高が増え続けると，国債価格が暴落して金融市場を混乱させる危険性がある。

　　④ 租税負担の不公平感が解消されてきており，国債返済問題と税負担との直接的な関係はない。

● **財政再建をどのように進めるべきか**

　教科書 p.130 ■「日本の税収と歳出の推移」と❷「政府の総支出と租税収入の国際比較」を読み取ってみよう。

　問１　■から，一般会計歳出と税収の差が大きく開きだしたのは〔　　　　　　〕年で，その差が最も大きかったのは〔　　　　　〕年である。　　　＊〔　　〕に適切な年（５年刻み）を記入しよう。

　問２　❷から，政府の総支出と租税収入の差が最も小さい国は〔　　　　　　　〕で，租税収入の比率が20％以下なのは〔　　　　　〕とアメリカである。　　　＊〔　　〕に国名を記入しよう。

Check 資料読解　　■教科書 p.130 の，財政再建に関する5人の会話から，以下の主張に近い人物は誰か読み取ってみよう。

　① 歳出減が必要。特に歳出で最大の割合を占めている社会保障費の削減をはかるべきである。

　② 歳入増を優先させ，そのために税金をあげるべき。増税にともない，社会保障を充実させる。

　③ 歳入増を優先させ，そのためには経済成長を実現して税収増をはかるべきだ。

　　　　　　　　　　　　　　① 〔　　　　　〕 ② 〔　　　　　〕 ③ 〔　　　　　〕

2️⃣教科書 p.131 のグラフから，以下のことをチェックしてみよう。

問１❸ 「歳出の推移」より，①2000年に上位３番以内に入っており，その後，横ばいである費目，また②2000年以降，下がっていった費目は何か，確認しよう。

　　　　　　　　　　　　　　① 〔　　　　　　　　　〕 ② 〔　　　　　　　　　〕

問２❹ 「歳出の主な使途」を参考として，①公共事業費をさらに削減した場合，特に近年の気象状況を考えると，どのような弊害が生じるか指摘してみよう。

②地方交付税をさらに削減した場合，特に過疎地域の立場を考えると，どのような弊害が生じるか指摘してみよう。

（空欄）

問3 5 「税目別にみた税収の推移」より，所得税や法人税の特徴に比べた消費税の特徴を指摘してみよう。

（空欄）

問4 6 「租税負担率の国際比較」より，すべての国で上位二つを占めている課税は何か。

〔　　　　　　　と　　　　　　　〕

Try 1 あなたは，歳出減と歳入増のどちらを優先すべきだと考えますか。会話文や資料を参考にして，自分の意見をまとめてみよう。

①自分の立場は歳入増と歳出減のどちらですか

②自分の立場の根拠となる資料や，考え方を書いてみよう

2 増税する場合，どの税の税率を上げるべきだと考えますか。また，増税の一方で，税の公平性という観点から税率を引き下げることも検討できる税もあるか，教科書 p.126〜128，131 から根拠となる資料をあげながら話しあってみよう。

自分の考え	他の人の考え
①税率を上げるべき税	①
② ①の根拠となる資料を選んでみよう	②
③税率の引き下げを検討できる税	③
④ ③の根拠となる資料を選んでみよう	④

Check ✔ 重要用語

1．経済主体と経済活動の意義

❶家計，企業，政府という現代の経済活動の三つの担い手。　❶

❷経済において，Aを選んだらBを選べないというように両立できない関係。　❷

2．経済社会の変容

❸市場での自由競争により経済が調整されていく過程を「見えざる手」と表現したイギリスの経済学者。　❸

❹貨幣支出をともなう（購買力のある）需要のことで，ケインズはこの需要の不足をうめるため，政府の政策的介入を主張した。　❹

❺1970年代以降にあらわれた，「小さな政府」を求め，政府事業の民営化，規制緩和などを唱える主張。　❺

❻貧富の格差や恐慌などに資本主義の矛盾を見出し，その解決のために社会主義を提唱したドイツの思想家。　❻

3．市場のしくみ　4．市場の失敗

❼規模の経済性を背景に，少数の大企業が市場を支配する傾向。　❼

❽ある企業が価格を決めると，その価格に他社も従い，価格競争が回避されるようになるが，その価格先導者としての企業。　❽

❾所得の不平等，公共財の供給，公害・環境破壊など市場が機能しないところで生じる問題。　❾

5．現代の企業

❿事業に必要な資本金を，株式の発行により多くの人から募る会社。　❿

⓫会社倒産のとき，株主は出資金を失うのみという責任を負うこと。　⓫

⓬出資者が会社経営を直接せず，専門の経営者に委託する状態。　⓬

⓭経営多角化をはかるため，異なる業種の会社を合併・買収すること。　⓭

6．国民所得

⓮1年間に，国内で生産された生産物の価格から，中間生産物の価格を差し引いた付加価値の合計。　⓮

⓯日本の国民や企業が，国内外で生みだした付加価値の合計。　⓯

⓰⓯から固定資本減耗を差し引き，間接税と補助金を調整した指標。　⓰

⓱生産国民所得，支出国民所得，分配国民所得が必ず等しくなる関係。　⓱

7．経済成長と国民の福祉

⓲1年間のGDPの増加率。　⓲

⓳資本主義経済が，好況・景気後退・不況・景気回復という景気の局面を繰り返し変動すること。　⓳

⓴国富のうち，道路・鉄道・上下水道など人々が共通して利用するもの。　⓴

㉑GDPに，余暇や自由時間をプラス要因，環境破壊などをマイナス要因として加算し，国民生活を福祉的側面から評価しようとする指標。　㉑

8．金融の役割

㉒金融市場のうち，1年未満の資金取引がおこなわれる場。　㉒

㉓銀行がその信用により，最初に預けられた預金の何倍もの融資をおこなうことができること。　㉓

㉔社会全体の通貨量。　㉔

㉕銀行などの金融機関が間に入っておこなわれる金融。　㉕

㉖金融機関が破綻した場合の預金の払い戻しについて，一つの金融機関につき預金元本1000万円とその利子までが保護される制度。　㉖

9. 日本銀行の役割

㉗現在のように不換紙幣が流通し，その供給量を中央銀行が政策的に調整している通貨制度。　㉗

㉘景気が悪いときに，通貨の供給量を増やして金利を下げること。　㉘

㉙日銀がおこなう，民間金融機関との間で国債などを売買して通貨供給量を調整し，景気の安定化をはかろうとする操作。　㉙

㉚金融機関どうしが，担保なしで短期資金を貸し借りする取引で，期間が翌日までの金利。　㉚

㉛金融機関が貸し出し用の資金を十分にもつように，金利がゼロになっても金融市場に資金を大量に供給する政策。　㉛

10. 財政の役割と租税

㉜政府が，一般の道路や公園などを，適切に供給する機能。　㉜

㉝所得が高くなるにつれ，高い税率がかかる税制度。　㉝

㉞政府が，景気の安定化をはかるため，景気の状況に応じて，財政支出の増減などをおこなう財政政策。　㉞

㉟税金の納入者と，実際の負担者が一致する税。　㉟

㊱累進課税制度における税負担のように，所得の高い人が税を多く負担するという形の公平さ。　㊱

11. 日本の財政の課題

㊲租税に占める直接税と間接税の比率。　㊲

㊳建設国債とは異なり，税収不足を補うため，一般的な支出に当てるために発行される国債。　㊳

㊴歳入に占める国債の割合。　㊴

㊵国債の元金・利子などの支払経費。　㊵

㊶歳入・歳出のうち，公債（国債）にかかわる部分（国債発行による収入や国債費による支出）を除いた収支。　㊶

演習問題

1 次の会話文中の下線部ⓐにおける先生の問いかけを踏まえ，　A　と　B　に入る発言として最も適当なものを，次の①〜④のうちから一つ選べ。

　先　生：他にも，政府には大事な働きがあるよ。多くの一般道は国や自治体が作ったものだけど，一般道には二つの特徴的な性質がある。第一に，渋滞していない限り，ある人が道路を通っても，それによって他の人が通れる道路の量が減ったりはしないよね。こういう性質のことを「非競合性」と呼ぶよ。第二に，一般道のあちこちに料金所を置くのは無理だから，通行料を支払った人にしか道路を使わせない，ということはできないね。こういった性質のことを「非排除性」

と呼ぶんだ。では，@この非排除性を念頭において，もし政府が道路を作ることに関与せず，その供給をすべて企業に任せると，何が起きるか考えてごらん。

タカギ：ああ，そうか。　**A**　から，企業は，　**B**　わけですね。

先　生：そのとおり。だから，この一般道のような財は，供給を企業だけに任せると社会にとって望ましくない結果をもたらすので，政府の働きが必要になるんだ。こうした財を「公共財」と言うよ。世の中には他にも，非競合性をもつけど非排除性はもたない財」や「非排除性をもつけど非競合性はもたない財」もあるよ。調べてみよう。

① **A**　一般道を作るためには行政上の複雑な手続きが必要となる

　　B　社会で必要とされる量の道路を作ろうとしない

② **A**　一般道を使う人はお金を支払わない

　　B　社会で必要とされる量の道路を作ろうとしない

③ **A**　一般道を作り過ぎても損をする心配がない

　　B　社会で必要とされる以上に道路を作ろうとする

④ **A**　一般道は世の中のあらゆる人が利用する可能性がある

　　B　社会で必要とされる以上に道路を作ろうとする

〈2021年大学入学共通テスト現代社会　本試第一日程〉

2　以下の図の①～④にあてはまる金融商品名を語群から選んで答えなさい。

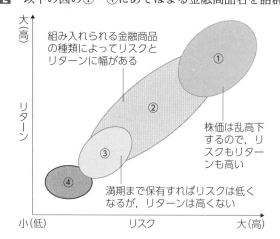

語　群	投資信託	株式	預貯金	債券
①				
②				
③				
④				

3　日本のGDPに含まれるものを次の**A**～**C**からすべて選んだとき，その組合せとして最も適当なものを，下の①～⑧のうちから一つ選べ。

　A　日本のプロ野球でプレーするアメリカ人選手に球団が支払った年俸

　B　日本人アーティストがイギリスで行ったコンサートの興業収入

　C　日本の温泉地を訪れた中国からの観光客が旅館に支払った宿泊料

① AとBとC　　② AとB　　③ AとC　　④ BとC

⑤ A　　⑥ B　　⑦ C　　⑧ 日本のGDPに含まれるものはない

〈2021年大学入学共通テスト現代社会　本試第一日程〉

4 Aさんは図書館で，アダム・スミスの『国富論（諸国民の富）』の原書 An Inquiry into the Nature and Causes of the Wealth of Nations（初版は1776年刊）をみつけ，著者の有名な言葉「見えない手」が教科書で紹介されていたことを思い出した。そこで，その個所（『国富論』第4編第2章の一部）を訳してみることにした。それが，次の訳文である。訳文が正しいとの前提のもとでこの文章を読み，文章中の　　X　　に入る文として最も適当なものを，下の①～④のうちから一つ選べ。

　どの社会でも毎年の収入は，常に，その社会の勤労が毎年生産する生産物の交換価値に正確に等しい，というよりも，正確にはその交換価値と同一物なのである。そのため，各個人が，自分の資本を自国の産業の維持のために使おうとして，しかも，その産業の生産物の価値が最大になるように運営しようとして精一杯努力するとき，各個人は必然的に，その社会の毎年の収入をできるだけ大きくしようと努力していることになる。実際にはその人は，ほとんどの場合，公共の利益を増やそうと意図しているわけではないし，自分が社会の利益をどれくらい増やしているのかを知っているわけでもない。その人は，外国の産業よりも国内の産業に対する支援を選ぶことによって自分自身の安全だけを目指し，生産物の価値が最大になるようなやり方でその産業を運営することによって自分自身の利益を追求しているだけなのだけれども，他にも多くの例があるように，その人はこのようにして，ある見えない手に導かれて(led by an invisible hand)，意図していなかったある目的を推し進めることになるのである。その人がそれを目指していないことが，社会にとって常により悪いということにはならない。　　X　　。私は，公共の利益のために商売をするふりをしている人たちが良いことをたくさんしたという話を，まだ聞いたことがない。

注：文章中の「交換価値」と「価値」は，どちらも価格のこと。

① 　なぜなら，誰もが自分の勤労は暗黙のうちに社会の利益につながっていると考えているし，他の人からそう期待されればますます勤労に励もうとするからである

② 　その人が，社会の利益を増やそうと意図する場合よりも，自分自身の利益を追求することの方が，より効果的に社会の利益を増やすということは，頻繁に起こる

③ 　社会の利益を害してしまえば，人々から非難されて自分自身の利益を増やせなくなるから，普通の人はそうならないようにいつも周囲を気づかっている

④ 　なぜなら，公共の利益を追求するのは為政者の仕事であって，普通の人々は自分の利益だけを追求して産業を運営すれば義務を果たしたことになるからである

〈2018年大学入学共通テスト試行調査　現代社会〉

1 戦後日本経済の成長と課題

▶教科書 p.132〜133

① _____
② _____
③ _____
④ _____
⑤ _____
⑥ _____
⑦ _____
⑧ _____
⑨ _____
⑩ _____
⑪ _____
⑫ _____
⑬ _____
⑭ _____
⑮ _____
⑯ _____
⑰ _____
⑱ _____
⑲ _____
⑳ _____
㉑ _____
㉒ _____

日本経済の復興と高度経済成長

・経済の民主化…第二次世界大戦後，GHQが中心に実施した政策の一環
　（①　　　　　　　　）…軍国主義の基盤と考えられた財閥の解体
　（②　　　　　　　　）…小作制度を廃止し，農地を分配
　（③　　　　　　　　　）…労働三法の制定など
・政府による経済改革
　（④　　　　　　　　　　）…鉄鋼や石炭などの基幹産業の生産力増強をはかる
　→1950年代はじめに経済は戦前の水準回復
・（⑤　　　　　　　　）のはじまり…年平均（⑥　　　　）％の高い成長率
　→都市の過密と地方の過疎，（⑦　　　　　）など社会問題を生みだす

安定成長からバブル経済へ

・1973年　第1次（⑧　　　　　　　　　　）…原油価格が4倍に高騰
　→翌年，経済成長率が戦後はじめてマイナスを記録
・1979年　第2次（⑧　　　　　　　　）
・経営合理化や産業構造の転換などにより，1980年代には年平均4〜5％の
　（⑨　　　　　　　）の実現
　→輸出の活発化によりアメリカとの（⑩　　　　　　　　）が起きる
・1985年（⑪　　　　　　　　）合意…アメリカの貿易赤字を食い止めるため，
　ドル高是正をはかる
　→円高進行→日本製品の輸出競争力が落ちて（⑫　　　　　　　　）に
・超低金利政策→豊富な資金が土地や株式に→（⑬　　　　　　　）景気

バブル崩壊と長期不況

・1990年代…政府の地価抑制政策や金融引き締め→バブルの崩壊→多額の
　（⑭　　　　　　　）発生
　→貸し渋りによる中小企業の倒産や金融機関の破綻
・企業は人員整理を含む大胆な（⑮　　　　　　　　　　＝組織再
　編）をおこなう→戦後最悪の失業率
・90年代の不況は「（⑯　　　　　　　　　　）」ともいわれた

構造改革と実感なき好景気

・1990年代後半，政府による積極的財政支出
　↓（⑰　　　　　　　）の発行
　（⑱　　　　　　　　）…行政経費の節約や公的事業の（⑲　　　　　　）
・（⑳　　　　　　　）で企業間の競争を促進
・2002年〜08年　戦後最長の好景気「実感なき景気回復」
　低い成長率，人員整理しやすい（㉑　　　　　　　　　）の増加，低い正社
　員の賃金
・2008年　アメリカ発の（㉒　　　　　　　）…世界的な景気後退
　→失業率の上昇，非正規雇用の雇い止めや賃金低下

>>> （⑤）
（⑤）の要因として，企業が海外技術の導入をはじめ，積極的な設備投資をおこなったこと，国民の購買力が向上したこと，安価で質の高い労働力を確保できたことなどがある。
（→教p.132❶）

1．GHQ が戦後の日本に対して実施した主な経済民主化政策は，農地改革，財閥解体，労使関係の民主化である。　（　　　　　）

2．高度経済成長の原因として，国内での新技術の開発，海外からの積極的な資金の導入，高価だが質の高い労働力を確保できたことなどがあげられる。　（　　　　　）

3．第1次石油危機のあと，日本は経済成長率がマイナス成長になったが，第2次石油危機のあと1980年代にはマイナス成長にはならず，安定成長を実現した。　（　　　　　）

4．プラザ合意後に日本は急激な円安にみまわれたが，不況対策のための低金利政策の結果，地価や株価が高騰するバブル景気が発生した。　（　　　　　）

Check 資料読解 ①教科書p.132 ■「経済成長率の推移」 長期的に見て成長率はどのように変化してきたのか，次の文中の空欄にあてはまる語句を答えなさい。

高度経済成長期の1956〜73年度の平均成長率は（ア　　　　　）％，石油危機からバブル景気までの1974〜90年度の平均成長率は（イ　　　　　）％，バブル崩壊以降の1991〜2022年度の平均成長率は（ウ　　　　　）％であり，長期的に見ると，成長率が段階的に（エ　　　　　）してきたことがわかる。

②教科書p.133 ❷「企業の倒産件数・負債総額と失業率の推移」と本文を参考に，1990年代に倒産件数が急増したのはなぜか，理由としてあてはまるものを次の①〜⑤のうちからすべて選びなさい。

① 多額の不良債権を抱えた金融機関が貸し渋りをおこなった。

② 1985年にドル高是正をはかるプラザ合意が結ばれた。

③ 経営資金を調達できなくなった多くの中小企業が倒産した。

④ アメリカ発の金融危機の影響で，日本経済はマイナス成長となった。

⑤ 企業は，人員整理を含む大胆なリストラクチャリング(組織再編)をおこなった。

③教科書p.133 ❸「名目賃金・実質賃金・消費者物価指数の推移」と本文を参考に，賃金が低下している理由や，好景気が実感できない理由について，次の文中の空欄にあてはまる語句を答えなさい。

低賃金で人員整理のしやすい（ア　　　　　）が増え，正社員の賃金や給与も（イ　　　　　）抑えられた。一方で，（ウ　　　　　）は賃金ほど低下しておらず，（エ　　　　　）賃金が増加傾向に転じた際も，それ以上に上昇しているため，（オ　　　　　）賃金が低い水準にあり，好景気が実感できない。

Try 2000年代になって景気が拡大しても経済成長率が伸び悩んでいるのはなぜだろうか，考えてみよう。

2　転機に立つ日本経済

▶教科書 **p.134〜135**

①_____

②_____

③_____

④_____

⑤_____

⑥_____

⑦_____

⑧_____

⑨_____

⑩_____

>>> 合計特殊出生率
一人の女性が一生の間に産む子どもの数のこと。この数値が 2.08 を下回ると人口減少がはじまるとされるが、現在日本は 1.4 前後で推移している。
（→教p.160＊1）

これからの経済社会

・2011 年（①　　　　　　　　），（②　　　　　　　　）原子力発電所事故

　→日本の社会と経済に甚大な被害

　→復興に要する費用を分かちあい、21世紀の経済社会のあり方を考える必要性

・新型コロナウイルス感染症にともなう経済的損失や所得格差の拡大への対処

・2022年からのロシアの（③　　　　　　　　）侵攻

　→エネルギー資源や農産物などの価格が高騰

人口減少への対応

・少子高齢化の進展

　→（④　　　　　　　　）の減少，（⑤　　　　　　　　）の増大

　　　・女性労働力の活用
　　　・高齢者の継続雇用
　　　・（⑥　　　　　　　　）の受け入れ拡大

格差問題の解消／競争力の維持

・都市と地方，労働者間の格差の拡大

　→消費活動の低迷や，（⑤）の増大により，経済成長の抑制

・急速に進展する経済のグローバル化

　→国際競争力を持った産業分野や企業の育成，世界に貢献できる人材育成

・2018年（⑦　　　　　　　　）

　…貿易の活性化が見込まれる一方，国内農業への脅威も懸念

　　　→公正な貿易ルールを維持しながらの新たな競争力の開拓

新しい技術への対応

・人工知能（⑧　　　）の開発…従来の産業構造を大きく変化

　期待：労働力不足を補い，生産力を向上させることで，低賃金の解消や国際競争力の維持

　懸念：多くの職業への導入による失業の増加や格差の拡大

格差から貧困へ

・日本の相対的貧困率…OECD加盟国のなかでも（⑨　　　　　　）

　→（⑩　　　　　　）の貧困率も高く，先進国の中でも上位にある

　→進学や職業選択の幅が狭まり，不安定な生活に陥るおそれも

正誤問題　次の文が正しい場合には○，誤っている場合には×を（　）に記入しなさい。

１．日本では，少子高齢化の進展にともない，社会保障費の増大が予想されている。　（　　　　）

２．人工知能の開発により，生産性が向上し，低賃金の解消や国際競争力の維持に貢献することが予想されている。　（　　　　）

３．日本の相対的貧困率はＯＥＣＤ各国に比べて低い数値である。　（　　　　）

Check 資料読解　①教科書p.134 **1**「日本の人口構成と将来推計」　少子高齢化が進行し働く現役層が減少していくとどのような課題が生じるのか，教科書 p.160 を確認し，次の文中の空欄にあてはまる語句を答えなさい。

少子高齢化が進行すると，社会保障制度について次の問題が指摘される。第一に（ア　　　　　　　　　）の予算不足，第二に（イ　　　　　　）制度の維持への不安，第三に（イ）や健康保険について，（ウ　　　　　　　）や給付水準に格差が生じている問題，第四に（エ　　　　　　　　），とくに高齢者の（オ　　　　　　　　）の充実が必要である。一方，少子化への対応として，子育てや教育にかかる経済的負担を社会的に共有していく政策も必要となってくる。

②教科書p.134の資料 **2**「ジニ係数の国際比較」と教科書p.105「政府の規模と公務員の割合の国際比較」を対比し，政府の大きさが格差にどう影響するのか，以下の文章を完成させなさい。

「政府の規模と公務員の割合の国際比較」で，大きい政府と読みとれる（ア　　　　　　　　）や（イ　　　　　　　　）は，「ジニ係数の国際比較」を見てみると，格差が（ウ　小さい　／　大きい　）とわかる。反対に，ジニ係数が大きいアメリカ，イギリス，日本は，（エ　　　　　　）政府といえる。つまり，（オ　　　　　）政府は格差を縮小するための政策を実施するために，（カ　　　　　　　）が増加し，政府支出は（キ　増える　／　減る　）ということがわかる。

Active　現在の課題をふまえて，今後の日本経済はどのような豊かさを実現していくべきか，
①「財やサービスが豊富であること」，②「企業活動・技術革新が活発であること」，③「税金の負担が軽いこと」，④「所得格差が小さいこと」，⑤「子どもや高齢者が安心して暮らせること」，⑥「社会保障が充実していること」，
の中から，あなたが重視すべきだと考えるものを１つ選んで話しあってみよう。

（自分の意見）

（他の人の意見）

3 経済社会の変化と中小企業・ 4 農業と食料問題 ▶教科書 p.136〜139

①＿＿＿＿＿＿＿＿
②＿＿＿＿＿＿＿＿
③＿＿＿＿＿＿＿＿
④＿＿＿＿＿＿＿＿
⑤＿＿＿＿＿＿＿＿
⑥＿＿＿＿＿＿＿＿
⑦＿＿＿＿＿＿＿＿
⑧＿＿＿＿＿＿＿＿
⑨＿＿＿＿＿＿＿＿
⑩＿＿＿＿＿＿＿＿
⑪＿＿＿＿＿＿＿＿
⑫＿＿＿＿＿＿＿＿
⑬＿＿＿＿＿＿＿＿
⑭＿＿＿＿＿＿＿＿
⑮＿＿＿＿＿＿＿＿
⑯＿＿＿＿＿＿＿＿
⑰＿＿＿＿＿＿＿＿
⑱＿＿＿＿＿＿＿＿
⑲＿＿＿＿＿＿＿＿
⑳＿＿＿＿＿＿＿＿

中小企業の現状

・中小企業…大企業の（①　　　　　）や（②　　　　　）企業として部品の製造や加工をおこなうなど
・中小企業の定義は業種ごとに異なる
　例）（③　　　　　）…従業員300人以下，資本金3億円以下
・経済の（④　　　　　）…中小企業はさまざまな面で大企業との間に格差が存在するという問題
・厳しい経営環境…海外進出した製造業に納入する部品が（⑤　　　）の影響を受ける
　↔（⑥　　　　　）が進めば，輸入する原材料費が高騰
・（⑦　　　　　）が進まず，存続が困難になる中小企業も

新しいビジネスモデル

・（⑧　　　　　）…高い専門性や技術力を発揮して成長
・環境や福祉分野…NPOやNGO，（⑨　　　　　）の活躍
　→新しいビジネスモデルを生みだす企業の出現

日本農業の現状

・農家数，農業就業人口ともに減少が続く
・（⑩　　　　　）法の制定（1961年）…大規模農家育成，米作中心からの転換をめざす
　→経営規模が小さいまま兼業化が進む
　→1999年（⑪　　　　　）基本法（**新農業基本法**）へ
・（⑫　　　　　）制度で米の価格を規制し，（⑬　　　　　）で生産調整
　→（⑭　　　　　）法施行（1995年）…米の価格と流通の原則自由化
・GATTの（⑮　　　　　）合意，米について国内消費量の一定割合を（⑯　　　　　）（**最低輸入量**）として輸入することに合意
　→米の輸入関税化（1999年〜）

食料安全保障

・低い日本の食料自給率…「（⑰　　　　　）」参加にともない，さらに低下するという声もある
・（⑱　　　　　）の観点から自給率向上を求める意見も

これからの農業

・2009年（⑲　　　　　）改正…農地の集約化で大規模経営
・NPOや個人の参入…（⑳　　　　　）化で収入の安定化

≫（①），（②）
（①）は，製造過程の一部を請け負うこと。（②）は，商品売買，技術提供，融資，役員派遣などで大企業の傘下に入ること。

≫（⑬）
稲の植え付けを制限したり，ほかの農作物の栽培に変更したりすることで，米の生産量を抑える政策。（→教p.138❶）

・食の安全性，環境への負担を考慮する消費者…国産食料を求める消費者の増

　加や，（「㉑　　　　　　　　」）運動の広がり

㉑ _____

正誤問題　　次の文が正しい場合には○，誤っている場合には×を（　）に記入しなさい。

１．日本の中小企業は，大企業に比べ一般に生産性が低く，賃金や労働時間，休暇日数など労働条件も及

　ばない場合が多いが，この状況を経済の二重構造という。　　　（　　　　　）

２．1961年に制定された農業基本法では，大規模農家の育成による農業所得の安定的な向上をめざした

　が，兼業化で経営規模の拡大は実現しなかった。　　　（　　　　　）

３．食料安全保障の観点から，食料を外国から輸入する政策が進められている。　　　（　　　　　）

Work　下のグラフを読み取って，文中の空欄にあてはまる語句を答えなさい。

企業数	中小企業99.7%
従業者数	68.8%
製造業付加価値額	47.5%
卸売業付加価値額	59.9%
小売業付加価値額	54.1%

・中小企業は事業所数では全体の99.7％を，従業員数では68.8％を，製造業付加価値額では47.5％を占めるが，逆の見方をすると，事業所数わずか（**ア**　　　　）％の大企業が，従業員数の（**イ**　　　　）％，製造業付加価値額の（**ウ**　　　　）％を占めることになる。

Check 資料読解　①教科書p.136**3**「企業規模別の格差」　次の問いに答えなさい。

　問1　以下の文中の空欄にあてはまる語句を答えなさい。

　　製造業における中小企業は，従業人数（**ア**　　　　）人以下，資本金（**イ**　　　）億円以下の企

業をいう。

　問2　賃金，設備投資率(資本装備率)，生産性の指数は，企業規模が小さくなるにつれてどうなるか。

　問3　賃金において，30〜49人規模の企業は1,000人規模の企業のおよそ何％か。

　　　　　　　　　　　　　　　　　　　　　　　　　　　　　　　およそ　　　　％

　問4　設備投資率(資本装備率)において，50〜99人規模の企業は1,000人規模の企業のおよそ何％か。

　　　　　　　　　　　　　　　　　　　　　　　　　　　　　　　およそ　　　　％

②教科書p.138**2**「主な国の食料自給率の推移」の表から，日本において見られる傾向を読み取って

　みよう。

5 消費者問題

▶教科書 **p.140〜141**

① _____

② _____

③ _____

④ _____

⑤ _____

⑥ _____

⑦ _____

⑧ _____

⑨ _____

⑩ _____

⑪ _____

⑫ _____

⑬ _____

⑭ _____

⑮ _____

⑯ _____

⑰ _____

⑱ _____

⑲ _____

>>> **フィッシング詐欺**
偽の電子メールから偽の
ホームページに接続させた
りするなどの方法で，クレ
ジットカード番号，アカウ
ント情報（ユーザーID，
パスワードなど）といった
個人情報を盗み出す行為の
こと。

広がる消費者問題

・現実の経済…企業が商品の品質や産地などの情報をもつ
・消費者は企業を信用して商品を購入せざるを得ない
・（①　　　　　　　　）…消費者の判断を誤らせる（②　　　　　　　），商
品の添加物・消費期限についての（③　　　　　　　），（④　　　　　　）
商法・（⑤　　　　）請求などの悪質な行為

消費者行政

・消費者主権の意識の高まり→消費者運動が盛んに
　背景：アメリカの（⑥　　　　　　　　）大統領の（⑦　　　　　　　）
　…安全を求める権利，知らされる権利，選ぶ権利，
　（⑧　　　　　　　　　　　）権利
・消費者行政

1968年	消費者保護基本法制定…消費者から苦情や相談を受けつける （⑨　　　　　　　　＝消費者）センターの設置 ※2004年（⑩　　　　　　　　）法に改正…従来の （⑪　　　　　　　）の姿勢から，（⑫　　　　　　　　　　） と自己責任を重視する姿勢に転換
1995年	（⑬　　　　　　　　＝PL）法の施行 （⑭　　　　　　　）…企業側の過失の証明なく損害賠償を求め られる。欧米には（⑮　　　　　　　　）がある （⑯　　　　　　　　）制度…一定の期間内で契約の解 除ができる
2001年	（⑰　　　　　　　　）の施行…不当な勧誘に対する契約の取 り消しが可能に
2009年	（⑱　　　　　　　　）の設置…消費者問題を包括的に扱う行政機関

契約の権利と責任

・（⑲　　　　　　　　）法の考え方…消費者が事業者より不利な立場にある
　ことが前提
　※消費者に事業者と対等の自立した契約主体となることを求める
・契約の自由→誠実に実行する責任が生じる
　契約を結ぶときは慎重に考える必要…自立した消費者になるための最初の条
　件

正誤問題　次の文が正しい場合には○，誤っている場合には×を（　）に記入しなさい。

１．ケネディ大統領が示した消費者の４つの権利とは，安全を求める権利，選ぶ権利，知らされる権利，契約解除の権利である。　（　　　　　）

２．製造物責任法では，消費者が企業側の過失を証明できた場合のみ，損害賠償を受けることができる。（　　　　　）

３．契約を結ぶのは個人の自由であるが，いったん契約を結んだ場合，それを誠実に実行する責任が生じる。　（　　　　　）

Work　①教科書 p.142〜143「契約を学ぶ」を参考に，次の文が正しい場合には○，誤っている場合には×を（　）に記入しなさい。

１．B君はA商店から，商品を購入する権利を口約束で結んだが，書面を交わしていないため，契約は成立していない。（　　　　　）

２．B君はギターのコピーモデルを本物と勘違いし購入した。B君に重大な過失がない場合，契約は取り消すことができる。（　　　　　）

３．未成年であっても，一度契約を締結したら，一切取り消すことはできない。（　　　　　）

②教科書 p.144〜145「こんなときどうする？」を見て，次の事例に対する対応策を答えなさい。

①　架空請求があった場合…料金は（**ア**　　　　　　　　　　）。問い合わせをしない。

②　フィッシング詐欺で暗証番号を入力してしまったら…すぐに（**イ**　　　　　　　　　）に電話をしてカードの利用を停止する。

③　英会話教室で契約解除ができない…法律で（**ウ**　　　　　　　　　　　）や中途解約が可能。

④　アポイントメントセールスにあった場合…クーリング・オフの対象なので（**エ**　　　　　　　　　　　）を必ずとっておく。

Try　以下の語句を説明しながら，消費者の権利と責任を考えてみよう。

①消費者基本法

②無過失責任

③欠陥の推定

6 公害の防止と環境保全

▶教科書 p.146〜147

① _____

② _____

③ _____

④ _____

⑤ _____

⑥ _____

⑦ _____

⑧ _____

⑨ _____

⑩ _____

⑪ _____

⑫ _____

⑬ _____

⑭ _____

⑮ _____

⑯ _____

⑰ _____

⑱ _____

⑲ _____

経済成長と公害

・（①　　　　　　　　）事件

…足尾銅山の鉱毒による渡良瀬川の汚染に対し，（②　　　　　　　　）らが反対運動

・公害発生の原因…生産を優先させる企業，産業や経済発展を優先させた政府

・四大公害訴訟…熊本と新潟の水俣病，（③　　　　　　　　），四日市ぜんそく→いずれも（④　　　　　　）側が勝訴

公害防止から環境保全へ

・環境保護行政の進展

・1967年（⑤　　　　　　　　　　）制定，1971年（⑥　　　　　　　）設置

・（⑦　　　　　　　　　　）…被害者は故意や過失の証明なしに企業に賠償を求められる

・（⑧　　　　　　　　　　＝PPP）…公害防止費用は汚染者が負担する原則

・環境基準…濃度規制に加え（⑨　　　　　　　）も

・1993年（⑩　　　　　　　　　）の制定，2001年環境庁が（⑪　　　　　　）に格上げ

・1997年（⑫　　　　　　　　　　＝環境影響評価法）の制定

循環型社会の形成

・生活型公害の深刻化

…有害な化学汚染物質，（⑬　　　　　　　　　＝石綿）による被害

・ゴミ問題への対処…各種のリサイクル法（容器包装や家電製品）

2000年（⑭　　　　　　　　　　　　）の制定

→（⑮　　　　　　）の原則…廃棄物発生抑制（＝⑯　　　　　　　　），再利用（＝⑰　　　　　　　　），再資源化（＝⑱　　　　　　　　），そのうえで残る廃棄物は安全・適正な最終処分

・消費者に求められる（⑲　　　　　　　　　　　　）としての消費行動

>>> アメニティ
歴史的な街並みや良好な都市景観，環境の快適性などをさす概念。
（→教p.147＊3）

正誤問題　次の文が正しい場合には○，誤っている場合には×を（　）に記入しなさい。

1. 1960年代に企業を相手に起こされた四大公害訴訟は，すべて原告被害者側が勝訴し，その後，行政の責任を問う訴訟も起こされた。（　　　）

2. 日本の公害対策では，環境基準は濃度規制のみなので，総量規制の実施が検討されている。（　　　）

3. 循環型社会形成推進基本法では，廃棄物を減らす3Rが定められているが，そのなかで最優先すべきはリサイクル（再資源化）である。（　　　）

公　　害	(a)	富山イタイイタイ病	新潟（b）	熊本（b）
発生地	三重県	富山県	新潟県	熊本県
被　　告	昭和四日市石油など6社	三井金属鉱業	昭和電工	チッソ
原　　因	工場排出の硫黄・窒素酸化物	亜鉛精錬副産物の（c）	工場廃液中の（d）	工場廃液中の（d）
判決日	1972年7月	1972年8月	1971年9月	1973年3月
判　　決	いずれも（e）勝訴			

a		b		c	
d		e			

Check 資料読解 教科書p.147 **2** 「公害苦情件数の推移」　1972年度と2020年度を比較して最も増えた公害はなんだろうか。

（　　　　　　　　）

Try　　なぜ環境保全と経済発展の両立をめざすべきなのか，教科書 p.30「大規模開発をおこなうべきか」の学習を振り返り，以下の各問いに答えなさい。

問1　教科書 p.30 右段でミキが，「豊かな自然を守り，次世代に継承する義務は市にも住民にもある」という発言をしている。これに対するケンの応答を書きなさい。

問2　問1のケンの応答に対するミキの意見を書きなさい。

問3　問2に対するケンの応答を書きなさい。

問4　問1～3もふまえて，あなたの意見を書きなさい。

7 労働問題と労働者の権利

▶教科書 p.148〜149

① ___
② ___
③ ___
④ ___
⑤ ___
⑥ ___
⑦ ___
⑧ ___
⑨ ___
⑩ ___
⑪ ___
⑫ ___
___
⑬ ___
⑭ ___

>>> 公務員の労働三権
公務員は，法律によって団結権と団体交渉権が制限され，団体行動権（争議権）は認められていない。かわりに，人事院（地方公務員は人事委員会）の給与改善などの勧告制度がある。（→教p.148❶）

労働基本権の確立
・憲法第27条 (① 　　　　　　)，第28条　労働三権の保障 ((② 　　　　)・団体交渉権・(③ 　　　　　))
→労働基本権を守るための労働三法

労働三法
・(④ 　　　　　　) …賃金，労働時間，休日・休暇，解雇手続きなどで最低基準を定める
※使用者の守るべき事項，(⑤ 　　　　　　) の設置，罰則規定なども定める
・(⑥ 　　　　　　) …労働組合の設立，労使対等の交渉，労働協約の締結
※ (⑦ 　　　　　) など正当な争議行為は法的責任を問われない
※使用者の労働組合に対する (⑧ 　　　　　) の禁止
・(⑨ 　　　　　) … (⑩ 　　　　　) による斡旋・調停・仲裁

職場の人権
・性による職場差別をなくすために
(⑪ 　　　　　　) （1986年施行）
…労働者の雇用，採用，昇進，定年など労働条件で男女差別の禁止
→1997年改正：(⑫ 　　　　　　) 防止義務と違反企業への罰則規定
※男女を問わず (⑬ 　　　　)，介護休業をとれる環境整備の必要性
→育児休業法の制定（1991年）（1995年に育児・介護休業法に改正）
・外国人労働者に対する差別解消
例：(⑭ 　　　　　　) で来日した外国人の低賃金・長時間労働への対策

Work ①教科書 p.148 ❶「労働基準法の主な内容」を参考に，次の文が正しい場合には○，誤っている場合には×を（ ）に記入しなさい。
1．解雇予告は10日前までにおこなえばよい。（　　）
2．時間外労働に対しては割増賃金を支払わなければならない。（　　）
3．A社の労働時間は1日あたり7時間15分なので，休憩時間は45分でよい。（　　）
4．産前産後の休業は4週間まで認められる（　　）

②教科書 p.149「アルバイトの権利とは」を読み，次の文が正しい場合には○，誤っている場合には×を記入しなさい。
1．アルバイトは残業や深夜労働を命じられた場合，割増賃金を要求できない。（　　）
2．アルバイトは年次有給休暇が保障されていない。（　　）

③教科書p.150「求人票を見てみよう」の求人票から，次の内容を読み取りなさい。

①　雇用形態は（　　　　　　　）

②　職種は（　　　　　　）

③　就業時間は（　　　　　　　　　から　　　　　　　　　　）

④　賃金のなかで基本給は（　　　　　　　　円）

⑤　年間休日数，有給休暇（最大）は（　　　　　　日）（　　　　　　日）

④教科書 p.152「こんなときどうする？－労働問題－」を読み，次の文が正しい場合には○，誤っている場合には×を（　）に記入しなさい。

１．会社の業績がさがったため，労働者の同意を得ずに賃金を減らした。（　　　　）

２．Aさんの年休を認めると，会社の業務に著しい支障が生じるため，年休時季を変更してもらった。
（　　　　）

Check 資料読解　教科書 p.149 ②「女性の年齢別労働力率の国際比較」を見て，以下の各問いに答えなさい。

問1　日本に見られる傾向を読み取りなさい。

問2　なぜ問1のような傾向になっているのか，教科書 p.38 を参考に，次の文中の空欄にあてはまる語句を答え，正しい方を選択しなさい。

　　教科書p.38 ②「育児休業取得率の推移」をみると，2022年で女性の取得率は（ア　　　　　　）％，男性の取得率は（イ　　　　　　）％であり，（ウ　男性　／　女性　）が育児休業を取得する率が圧倒的に高い状態がつづいている。この女性の側が育児をする期間に（エ　　　　　　　）をとることが多いことが，女性の労働力率の一時低下につながっていると考えられる。

Try　①どうすれば職場における男女差別を解消できるのか，教科書 p.38 を参考に，次の文中の空欄にあてはまる語句を語群から選んで答えなさい。

　　職場における男女差別の解消には，まず，男女の（ア　　　　　　　）の取得率の差を縮小できるようにする必要がある。そのためには，「（イ　　　　　）は女性の役割」という意識を変えることが必要である。ノルウェーなどでは（ウ　　　　　　　　）制度が実施され効果をあげている。また，（エ　　　　　　　）を実現するために，（オ　　　　　　　　　　　）がとられることもある。

〈語群〉　育児　　パパ・クオータ　　実質的平等　　有給休暇　　仕事
　　　　　ポジティブ・アクション　　機会の平等　　育児休業

②教科書p.38の右段「●どうやって実現するか」を参考に，実現のための方策について考えてみよう。

8 こんにちの労働問題

▶教科書 p.154〜155

①＿＿＿＿＿＿＿

②＿＿＿＿＿＿＿

③＿＿＿＿＿＿＿

④＿＿＿＿＿＿＿

⑤＿＿＿＿＿＿＿

⑥＿＿＿＿＿＿＿

⑦＿＿＿＿＿＿＿

⑧＿＿＿＿＿＿＿

⑨＿＿＿＿＿＿＿

＿＿＿＿＿＿＿

日本的雇用形態

・欧米の雇用…専門の職種単位での雇用

　→人員削減のさいは配置転換ではなく解雇

・日本の雇用…職種を限定せず採用。企業内教育で技能習得

　→定年まで同じ企業に勤める（①　　　　　　　）

　　勤続年数に応じた（②　　　　　　　　）

　　企業ごとに組織される（③　　　　　　　　）

　　　　　　　　　　　　　　　　　　　日本型雇用慣行

雇用の流動化

・バブル崩壊後の不況や産業構造の変化で日本的雇用慣行を見直す傾向

・90年代以降，（④　　　　　　　　　）の増加

　パートタイマー，アルバイト，派遣社員，（⑤　　　　　　）など

　※（④）…低賃金，不安定な雇用で正社員との格差が問題

　→働いているにもかかわらず，貧困に近い生活を余儀なくされる

　　（⑥　　　　　　　　　）の問題

・雇用の流動化状況での中高年への対応…（⑦　　　　　　　）支援の

　充実化

こんにちの労働環境

・欧米に比べ高くない実質賃金水準

・多い年間労働時間，低い有給休暇取得率，統計にあらわれにくい

　（⑧　　　　　　　　　）→過労死などの問題

・労働と生活の適正なバランス（＝⑨　　　　　　　　　　　）

　の実現へ

》》（④）
・パートタイマー…1週間の所定労働時間が正社員より短い労働者。
・アルバイト…学業や本業のかたわら，臨時に働く者。
・契約社員…正社員とは別の労働契約で働く者。雇用期間の定めがある。
・派遣社員…派遣元企業と雇用契約を結び，要請があった企業（派遣先企業）に派遣され，そこでの指揮・命令に従い業務をおこなう労働者。

正誤問題　次の文が正しい場合には○，誤っている場合には×を（　）に記入しなさい。

1．伝統的な日本的雇用形態とは，終身雇用制，能力別賃金，産業別労働組合の三つであり，この伝統はかわりつつある。　（　　　）

2．労働者派遣法は1985年の制定以来，改正を重ねているが，派遣業務の範囲は拡大していない。（　　　）

3．2006年の男女雇用機会均等法の改正によって，男女双方への差別が禁止となった。　（　　　）

Work　教科書p.154 ■「賃金格差」を見て，次のグループを1か月あたりの賃金の高い順番に並べ替えなさい。

（男性正社員・正職員，男性その他，女性正社員・正職員，女性その他）

（①　　　　　　　　）→（②　　　　　　　　　）→

（③　　　　　　　　）→（④　　　　　　　　　）

教科書 p.155 **3**「年間労働時間の国際比較」を参照して，1日8時間労働とするとき，日本人はドイツ人より何日多く働いていることになるのか，次の手順で計算してみよう。

*日数は小数点以下四捨五入。

①日本人の年間労働時間 　[　　　　　] 時間
②ドイツ人の年間労働時間 [　　　　　] 時間
③日本人はドイツ人より何日多く働いていることになるのか。

式 ＿＿＿＿＿＿＿＿＿＿＿＿＿＿＿＿＿＿＿＿＿＿＿＿＿＿＿＿　約 [　　　] 日

Try **1**安定した雇用か，多様な働き方か，それぞれのメリットとデメリットを考えるため，以下の各問いに答えなさい。

問1　日本で生まれた，原則的に定年まで同じ会社に勤める制度を何というか。

[　　　　　　] 制

問2　問1の制度のメリットとデメリットを述べなさい。

メリット	デメリット

問3　不安定な雇用の下での「多様な働き方」のメリットとデメリットを述べなさい。

メリット	デメリット

2教科書p.156「望ましい働き方を実現するために」　ベーシック・インカムについて考え方を整理し，メリットとデメリットについて考えてみよう。

ベーシック・インカム…（ア　　　　　）や家族の（イ　　　　　）や（ウ　　　　　）の有無などに関係なく，一律の（エ　　　　　）を保障する制度。

メリット	デメリット

9 社会保障の役割・ 10 社会保障制度の課題　▶教科書 p.158〜161

① _____

② _____

③ _____

④ _____

⑤ _____

⑥ _____

⑦ _____

⑧ _____

⑨ _____

⑩ _____

⑪ _____

⑫ _____

⑬ _____

⑭ _____

⑮ _____

⑯ _____

⑰ _____

⑱ _____

⑲ _____

>>> ベバリッジ報告
社会保険と公的扶助を柱に、イギリスの全国民に、最低限度の生活水準（ナショナル・ミニマム）を保障することを社会保障の目的にした。
（→教p.158＊1）

社会保障制度の発展

・社会保障制度の歴史

　1601年　イギリスの（①　　　　　　　）

・19世紀末　ドイツの（②　　　　　　　　　）が作った社会保険制度

・世界恐慌後（1935年）　アメリカの社会保障法

・1942年　イギリスの（③　　　　　　　　　）提唱による社会保障計画

　→「（④　　　　　　　　　　　　）」の社会保障制度

日本の社会保障制度

・社会保障制度の形態…全国民単一の（⑤　　　　　　　　　　　）型と職業や所得階層で制度が異なるヨーロッパ大陸型

　※日本は混合型で租税と（⑥　　　　　　　）が財源

　（⑦　　　　　　　）…医療保険，年金保険，雇用保険，労災保険，介護保険

　（⑧　　　　　　　）…生活保護とほぼ同義。生活，教育，住宅，医療，出産，生業，葬祭，介護

　（⑨　　　　　　　）…児童，高齢者，母子家庭，障がい者などへ援助，支援

　（⑩　　　　　　　）…感染症予防，母子保健，公害対策，し尿処理

●年金制度の広がり

　1961年（⑪　　　　　　　　　　　）が実現

　1986年　基礎年金制度の導入

　※年金財源の調達は，積立方式から（⑫　　　　　　　）へ

日本の社会保障制度の問題点

・少子化の進行…（⑬　　　　　　　　　）の低迷

・高齢化…（⑭　　　　　）歳以上の高齢者の割合の増加

・制度の問題点

　1．社会保障関係の予算不足

　2．年金制度維持への不安…（⑮　　　　　　　　　）で現役世代への負担が過大に

　3．職業ごとに異なる加入制度…保険料や給付水準の格差

　4．社会福祉…（⑯　　　　　　　），デイサービスのための施設や人員不足

福祉社会をめざして

・社会保障の目標…（⑰　　　　　　　　　　　）の実現

　→バリアフリーや生活用具などへの（⑱　　　　　　　　　　　）の採用

・貧困や格差をなくし（⑲　　　　　　　　　）の充実も

次の文が正しい場合には○，誤っている場合には×を（　）に記入しなさい。

1．国民が疾病・老齢・失業・労働災害などにあった場合，一定の基準で現金や医療サービスを給付する
日本の社会保障制度は，公的扶助である。　　（　　　　　）

2．日本の合計特殊出生率は，2005年に1.26まで低下した。　　（　　　　　）

3．日本の年金制度は，世代間扶養の考え方にもとづく積立方式を基本とする。　　（　　　　　）

Work　教科書 p.158 本文および■「社会保障制度のあゆみ」を参考にして，空欄に適切な語句を右
の語群から選び，記号で答えなさい。

1601年	（英）	エリザベス（①　　　　　）制定
1883年	（独）	ビスマルクによる初の（②　　　　　）制定
1935年	（米）	（③　　　　　）制定
1942年	（英）	（④　　　　　）報告
1950年	（日）	（⑤　　　　　）（新）制定
1958年	（日）	（⑥　　　　　）（新）制定
1959年	（日）	（⑦　　　　　）制定

＜語群＞
ア．ベバリッジ
イ．社会保障法
ウ．社会保険制度
エ．国民年金法
オ．国民健康保険法
カ．生活保護法
キ．救貧法

Check 資料読解　教科書p.160■「人口の高齢化とその重み」，■「社会保障給付費の推移」を参考に，
次の文中の空欄にあてはまる語句を答えなさい。

①　少子高齢化を背景に，とくに高齢者の（ア　　　　　）費，（イ　　　　　），介護などに要する費
用は年々増加している。

②　少子高齢化は，将来の年金受給者の増加と現役労働者の減少をもたらす。そこで（ウ　　　　　）
方式を基本として年金給付額をそのままにしておくと，現役世代の負担が次第に課題になって，年金
制度が維持できなくなる可能性がある。

Try　①税金中心のしくみと，社会保険中心のしくみとの違いを，社会の責任，個人の責任という
語句を使って説明してみよう。

②公的年金制度について，以下の文章は社会保険方式について述べられたものか，税方式について述べ
られたものか答えなさい。

①　一定期間にわたって保険料を支払い，支払い実績に応じた年金が支給される。

②　支払い実績ではなく国内の居住年数などを条件として，年金が給付される。

③　現役世代だけでなく国民全体で負担する。

④　現役世代のみが負担する。　　　　　　　　　　　　　社会保険方式　□

⑤　低年金者や無年金者がうまれる。

⑥　財源を確保するために増税が必要となる。　　　　　　　税方式　□

●この章の学習をまとめてみよう。（→p.160）

✓ 振り返りチェック

●時事ノート「格差から貧困へ」（教科書p.135）

1 本文とグラフ「相対的貧困率の国際比較」から読み取ろう。

問1　相対的貧困率とは何か，本文を参考に説明しよう。

〔　　　〕

問2　グラフ中で，相対的貧困率が日本より高い国はどこか。　　　　　　　　〔　　　　　　　　〕

問3　2015年現在，先進国の中でも高い日本の子どもの貧困率はどのくらいか。　　〔　　　　　　〕％

※相対的貧困の状態にある18歳未満の子どもの割合

●10.社会保障制度の課題（教科書p.160）

1 資料2「社会保障給付費の推移」を参考にして，次の文章の空欄に適当な数値または語句を書きなさい。

2020年現在，社会保障給付費は総額で〔A　　　　　　　　〕兆円をこえ，とくに高齢化にともない

〔B　　　　　　　〕と〔C　　　　　　　〕給付で70％をこえている。

2 資料3「生活保護世帯（類型別割合）の推移」を参考にして，次の文章の空欄に適語を書きなさい。

2005年から急激に割合が増えたのは若年者が多い〔A　　　　　　　　　　〕で，2010年以降は

〔B　　　　　　　　　〕の割合が急増している。

3 資料2と3から読み取った医療や年金，生活保護費用の負担を担う生産年齢人口の占める割合はどう推
移し，今後高齢者に対する割合はどうなっていくか。資料1「人口の高齢化とその重み」を参考にして，
次の文章の〔A〕と〔B〕に数値を書きなさい。

現時点で約〔A　　　　　　〕％まで減少し，2065年には生産年齢人口〔B　　　　　〕人で1人の高齢者
を支える。

●時事ノート「年金制度改革」（教科書p.161）

1 現役世代の負担を減らすため，現在どのような措置をとっているか，本文からまとめてみよう。

〔　　〕

2 基礎年金の財源を社会保険方式から税方式に変更する議論に関して，次の文のなかで税方式を説明して
いるものを二つ選びなさい。　　　　　　　　　　　　　　　　　　　　　　　　　〔　　　　　　〕

A　各人が自分の人生におけるリスクに，自らの備えで対応するもの

B　個人のリスクを社会全体で共有するもの

C　この方式にすると，低年金者や無年金者があらわれる

D　負担と給付の関係が不明確になり，場合によっては不公平感が生じる

●これからの福祉社会を考える（教科書p.162〜163）

Check 資料読解　　1 資料1「社会保障の国際比較」を参考にして，次の文章の空欄に適語を書きな
さい。

国民負担率ではスウェーデンで〔A　　　　　　　　〕の比率が大きく，ドイツやフランスでは
〔B　　　　　　　　　〕の比率が比較的大きい。また社会保障給付費では，個人に直接支払われる
〔C　　　　　　〕の比率が比較的大きいドイツやフランスに対して，スウェーデンでは〔D　　　　　　　　〕
の比率が最も大きな割合を占めている。こうした状況から，「北欧型」と「ヨーロッパ大陸型」の制度
を特徴づけることができる。

② 会話文の中でミキさんが授業料の指摘をしているが，資料❸「教育支出の国際比較」から，教育支出の中で公費支出の割合が高い割合を占める国を三つあげてみよう。

〔　　　　　　　　　　　　　　　　　　　　　　　　　　〕

③ 会話文の中でケン君が失業中の兄の苦労を指摘しているが，❷「政策分野別社会支出の国際比較」から，積極的雇用政策や失業の項目に多く支出している国をあげ，日本のおよそ何倍か考えてみよう（小数点以下四捨五入）。

国名〔　　　　　　　〕　およそ〔　　　　〕倍

④ 資料❶「社会保障の国際比較」と❹「諸外国の福祉政策」を参考にして，右のマトリクス表に関して答えなさい。

問1　日本より国民負担率が低く，社会保障給付費も低いアメリカは，A〜Dのどの位置にあると考えられますか。〔　　　〕

問2　スウェーデンはA〜Dのどの位置にあると考えられますか。〔　　　〕

問3　今後の日本はA〜Dのどの方向に進めるべきだと考えますか。〔　　　〕

```
                    高福祉
                      ↑
                      │
          A           │          B
                      │
  低負担 ←────── 日本 ──────→ 高負担
                      │
          C           │          D
                      │
                      ↓
                    低福祉
```

🖊Try　①あなたは，今後日本は，どのような分野への支出を充実させていくべきと考えますか。会話文のほか，格差や貧困問題なども振り返り，根拠となる資料をあげながら自分の意見をまとめてみよう。

①どのような分野への支出を充実させるべきと考えますか

②自分の立場の根拠となる資料や，考え方を書いてみよう

② そのうえで，必要となる財源について，社会全体で負担する税などの公費がよいのか，自己責任による民間保険などの私費がよいのかを検討し，どのような社会をめざすのか，話しあってみよう。

自分の考え	他の人の考え
①財源は公費か私費か	①
②　①の根拠となる資料を選んでみよう	②
③あなたがめざす社会はどのような社会ですか	③

Check ✓ 重要用語

1．戦後日本経済の成長と課題

❶ GHQ がおこなった経済改革の1つ。政府が地主から土地を買い上げ小作制度を廃止し，自作農を創出した。　❶

❷ 1950年代後半から1970年代はじめまでの日本の経済発展。年率約10%という高い経済成長率を実現した。　❷

❸ 1973年，産油国の原油価格値上げで生じた世界的な経済混乱。日本でも原油価格が4倍になり，翌年経済成長率がマイナスになった。　❸

❹ 資産価格が経済の実態を離れて上昇し続ける経済状況。日本では1980年代後半に発生した。　❹

❺ 回収不能となった金融機関などの融資資金。　❺

❻ 企業の業務や組織再編のこと。人員整理が前面に出ると，失業率上昇の原因となる。　❻

❼ 行政経費の節約や公的事業の民営化，規制緩和によって企業間の競争を活発にして経済活性化をはかる，21世紀に入り実行された改革。　❼

2．転機に立つ日本経済　3．経済社会の変化と中小企業

❽ 大企業と中小企業間で，資本装備率や生産性，労働条件などの格差が生じている経済状況。　❽

❾ 高い専門性や技術力を発揮して成長を続ける中小企業。　❾

4．農業と食料問題

❿ 1999年に成立した日本の農業政策の基本法。自給率向上，農村振興，企業の農業への参入などを内容とする。　❿

⓫ 米の過剰生産を解消するため，休耕や転作などにより米の作付け面積を減少させる生産調整。　⓫

⓬ 地元の農産物を，地元で消費しようとする運動。　⓬

5．消費者問題

⓭ 1962年，消費者の4つの権利を示したアメリカの大統領。　⓭

⓮ 欠陥商品による被害の救済を目的に，1995年に制定された法律。企業の過失の証明なしに賠償を受けられる無過失責任が特徴。　⓮

⓯ 訪問販売などで，一定期間であれば，消費者が無条件で契約を解除できる制度。　⓯

⓰ 内閣府の外局として2009年に設置された，消費者行政を一元化するための行政機関。　⓰

6．公害の防止と環境保全

⓱ 1960年代後半，熊本水俣病，新潟水俣病，富山イタイイタイ病，四日市ぜんそくに関しておこされた訴訟。　⓱

⓲ 1967年に制定された，公害対策の総合的推進をはかるための法律。1993年の環境基本法に受けつがれた。　⓲

⓳ 公害防止費用は，汚染者が負担するという原則。　⓳

⓴ 環境に影響を及ぼす可能性がある開発事業について，その影響を事前に調査・予測し，その結果をふまえて開発計画を決定する制度。　⓴

㉑リデュース，リユース，リサイクルの「3R の原則」を定め，廃棄物の削減をめ　㉑
ざして2000年に制定された法律。

7．労働問題と労働者の権利

㉒憲法で定められた，労働者の団結権，団体交渉権，団体行動権。　㉒

㉓労働者の適正な労働条件を守るため，賃金，労働時間，休日・休暇，解雇手続き　㉓
などについて，その最低基準を定めた法律。

㉔使用者が労働組合運動を妨害したり，正当な理由もなく団体交渉を拒否したりす　㉔
る行為。

㉕労働条件の男女格差をなくすために，募集・採用・昇進・定年などで男女間の差　㉕
別を禁止した法律。

8．こんにちの労働問題

㉖企業が定年まで従業員を雇用する制度。　㉖

㉗勤続年数に応じて決まる賃金。　㉗

㉘パートタイマーやアルバイト，派遣社員や契約社員のように，正社員とは異なる　㉘
条件で雇用される制度。

㉙長時間労働を改善するために求められている労働と生活の適正なバランス。　㉙

9．社会保障の役割　10．社会保障制度の課題

㉚イギリスで「ゆりかごから墓場まで」をキャッチフレーズに，全国民に最低限の　㉚
生活保障を実現させた，1942年の報告書。

㉛日本の社会保障制度の柱の１つ。生活・教育・住宅・医療・出産・生業・葬祭・　㉛
介護の８種類がある。

㉜必要な年金給付費用を現役労働者のその年の保険料でまかなう方式。　㉜

㉝１人の女性が一生の間に産む子どもの数。日本では2005年に1.26まで低下した。　㉝

㉞建物や交通機関，あるいは就職条件などで障がい者にとっての障壁を除去してい　㉞
くこと。

㉟健常者・障がい者を問わずすべての人が使いやすいように設計されたデザイン。　㉟

演習問題

1　次の会話文では，生徒Ｘが生徒Ｙ・生徒Ｚに複数の資料を示し，３人で地域条件を踏まえた買い物弱
者問題対策のあり方について議論している。会話文で生徒Ｙと生徒Ｚが異なる意見を示したのは，会話
文中の「**資料**」の解釈に相違があったからだと考えられる。両者は，下の**資料イ**か**資料ウ**のどちらか一
つの**資料**を参考にして主張している。両者による**資料**の解釈の相違を説明した記述として最も適当なも
のを，次の①〜④のうちから一つ選べ。

Ｘ：地域の人口特性や交通条件が異なれば，日常的な買い物での不便や苦労も違ってくると思うんだ。
こうした条件や住民のニーズを踏まえて買い物弱者問題に対処するのが，自治体の重要な役割だと
思うんだよね。

Ｙ：自治体は買い物弱者問題に深く関わるということに慎重であるべきだと，私は思うな。「多くの自
治体では財政状況が厳しい」と先生が言っていたよね。支出を抑えるためにも，自治体はなるべく
介入しない方がいいと思うよ。それに自分たちの生活に関わることなんだから，あくまで住民が知
恵を出し合って自律的に解決方法を探る方が，望ましい対策ができるよ。手元には限られたデータ

しかないのでこの**資料**を基に考えたんだけど，人と人とのつながりが比較的よくみられる地域では，住民の力を活用できる可能性があるんじゃないかな。

Z：住民同士の協働が自然に出来るのに期待するのは楽観的すぎるよ。Ｙさんが見ているその**資料**によれば，人と人とのつながりは，地域によって随分異なると考えられるよね。住民の力を活用するのが難しい地域のことも考えないと。

X：住民同士の協働は大切だけど，例えば近所に住む人同士が知り合うためのきっかけとして，一緒に食事をする機会を作るなど，まずは，人と人とのつながりを開拓する取組みを推進すべき地域もあるということだね。

資料イ　現在の地域での付き合いの程度（平成31年2月）

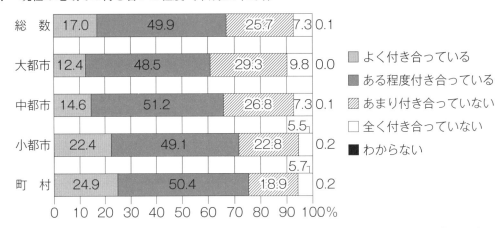

（注）**資料イ**は「あなたは，地域での付き合いをどの程度していますか。この中から１つだけお答えください」という質問に対する回答結果である。大都市とは東京都区部と政令指定都市，中都市とは大都市以外の人口10万人以上の市，小都市とは人口10万人未満の市，町村とは町村部を指す。四捨五入のため，各項目の合計の数値が100％にならない場合がある。

内閣府大臣官房政府広報室『社会意識に関する世論調査』（平成31年2月）により作成。

資料ウ　食料品の買い物で不便や苦労を感じている人の割合と構成比（地域活動への参加度別）

	不便や苦労を感じている人の割合（%）		構成比（%）	
	A地域	B地域	A地域	B地域
総　数	45.3	46.1	100.0	100.0
参加のみならず企画・立案もしている	41.2	43.4	1.9	6.7
自ら進んで参加している	32.9	37.1	10.5	23.4
人に誘われれば参加している	51.5	48.1	12.1	36.9
参加していない	45.6	49.7	75.4	33.0

（注１）Ａ地域は大都市の通勤圏内にある中都市の丘陵団地，Ｂ地域は山地内の山村である。世帯数はＡ地域が約2,400世帯，Ｂ地域が約2,100世帯である。

（注２）「構成比」は，3つの項目の各区分について，それらが各地域全体に占める割合を示している。四捨五入のため，「構成比」の合計が100％にならない項目もある。

① 生徒Ｙは，**資料イ**を基に，地域の人と「よく付き合っている」人の割合が，都市規模の中で町村が最も高いことに着目し，それを根拠にして主張している。それに対して，生徒Ｚは，**資料イ**を基に，地域の人と「よく付き合っている」人の割合が町村でも低下していることに着目し，それを根拠にして主張している。

② 生徒Yは，**資料ウ**を基に，A地域・B地域ともに「参加のみならず企画・立案もしている」人も「参加していない」人も，不便や苦労を感じている人の割合が4割以上であることに着目し，それを根拠にして主張している。それに対して，生徒Zは，**資料ウ**を基に，A地域で地域活動に参加している人の構成比がB地域よりも低いことに着目し，それを根拠にして主張している。

③ 生徒Yは，**資料ウ**を基に，B地域の地域活動に参加している人の構成比がA地域よりも高いことに着目し，それを根拠にして主張している。それに対して，生徒Zは，**資料ウ**を基に，両地域の地域活動に「自ら進んで参加している」人において，不便や苦労を感じている人の割合が他の項目よりも低いことに着目し，それを根拠にして主張している。

④ 生徒Yは，**資料イ**を基に，地域の人と「よく付き合っている」人の割合が高い傾向にある都市規模だけに着目し，それを根拠にして主張している。それに対して，生徒Zは，**資料イ**を基に，地域での付き合いの程度が都市規模の大小によって異なることに着目し，それを根拠にして主張している。

〈2021年大学入学共通テスト現代社会　本試第二日程〉

2 次の五つの折れ線グラフは，日本の経済成長率の推移を10年ごとにまとめたものであり，1960年代，1970年代，1980年代，1990年代，2000年代のいずれかのデータを示している。グラフの横軸は時系列を示しており，例えば1960年代のグラフでは0～9の数字がそれぞれ1960～1969年の各年を表している。縦軸の数値は実質GDPに基づく年ごとの経済成長率を，パーセントで表したものである。1980年代の経済成長率のグラフとして最も適当なものを，次の①～⑤のうちから一つ選べ。

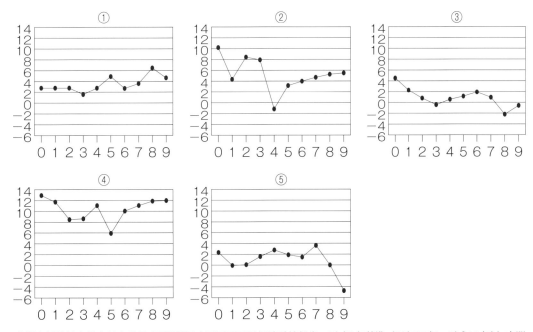

内閣府経済社会総合研究所編『長期遡及主要系列国民経済計算報告—平成2年基準（昭和30年～平成10年）』内閣府経済社会総合研究所[2009（平成21）年度国民経済計算（2000年基準.93SNA）遡及推計」（内閣府経済社会総合研究所Webページ）により作成。　〈2021年大学入学共通テスト現代社会　本試第一日程〉

1 国際社会と国際法

▶教科書 p.168〜169

①＿＿＿＿＿＿＿＿＿

②＿＿＿＿＿＿＿＿＿

③＿＿＿＿＿＿＿＿＿

④＿＿＿＿＿＿＿＿＿

⑤＿＿＿＿＿＿＿＿＿

⑥＿＿＿＿＿＿＿＿＿

⑦＿＿＿＿＿＿＿＿＿

⑧＿＿＿＿＿＿＿＿＿

⑨＿＿＿＿＿＿＿＿＿

⑩＿＿＿＿＿＿＿＿＿

⑪＿＿＿＿＿＿＿＿＿

⑫＿＿＿＿＿＿＿＿＿

⑬＿＿＿＿＿＿＿＿＿

⑭＿＿＿＿＿＿＿＿＿

国際政治の成立

・国家…各国は，（①　　　　　　）を保持し，対等な立場で他国と外交や貿易をおこなう

・（②　　　　　　）…国家間の利益を調整し，国際紛争を未然に防いだり平和的に解決したりする手段。この調整に失敗すれば軍事的衝突（＝③　　　　　）も生じる

国際法の発達

・（④　　　　　　）…外交や貿易に関する国際社会のルール

┌（⑤　　　　　　）…国家間の合意を文書化したもの
│（⑥　　　　　　　）…国際社会の慣行が法として認められたもの
└　　　　　　　　　　成文化されて，条約となるものもある

・（⑦　　　　　　　）…主著：『戦争と平和の法』。「国際法の父」

国際法の変化

・1928年　（⑧　　　　　　　　　　　）（不戦条約）が締結。第二次世界大戦後，（⑨　　　　　　　　　　）が，戦争の違法化をさらに発展させ広く武力の行使まで一般的に禁止

・20世紀，人権保障が国際的に注目されるようになる

　1948年（⑩　　　　　　　　　）の採択…人権保障の共通の基準

　1966年（⑪　　　　　　　　　）の採択（76年発効）…各国を法的に拘束

※領土問題…特定の地域について互いに自国の領土であると主張し対立すること

　　　　独立の歴史や，国境線にかかわる条約の解釈，実効性を伴う支配などが要因
　　　　民族対立や宗教対立を背景とする場合もある

国際政治の変化

・国際政治に法の支配を及ぼそうとする努力が続いている

┌（⑫　　　　　　　　）…国境争いなど，国家間の紛争を裁く機関
│（⑬　　　　　　　　）…民族対立による虐殺など，国際人道法に
└　　　　　　　　　　　違反した個人を裁く機関

・（⑭　　　　　　＝非政府組織）の活動…経済社会開発，環境・人権・軍縮関連の条約作成に関与

≫（①）
国家の政治のあり方を最終的に決定する力をもつという対内的側面と，ほかのいかなる力からも独立しているという対外的側面がある。

正誤問題　　次の文が正しい場合には○，誤っている場合には×を（　）に記入しなさい。

1．第二次世界大戦の反省に基づいて「戦争放棄に関する条約（不戦条約）」が締結された。（　　　）

2．国際刑事裁判所は，集団殺害罪や人道に対する罪など国際法上の犯罪をおかした個人を裁くために設置された。（　　　）

1次の表の（ア）～（ク）にあてはまる語句を答えなさい。

	国際法	国内法
法の種類	（ア），国際慣習法	（イ），法律，条例など
法の主体	（ウ）など	個人など
立法機関	統一的な機関はない。ただし，国家間の合意や，国連での条約案の作成などがある	（エ）
司法機関	当事国が合意した場合に限り，（オ）が管轄する	裁判所が強制的に管轄する。当事者が訴えることによって裁判がはじまる
行政機関	ない。ただし，（カ）が一部補完	（キ）
法の執行機関	ない。ただし，（ク）が一部補完	警察や裁判所など

ア		イ		ウ		エ	
オ		カ		キ		ク	

2教科書p.168 2「主権の及ぶ領域」　図中のA～Eについて，それぞれの名称を以下の表に記入しなさい。また，それらの説明として最も適するものを①～⑤から選び，記号で答えなさい。

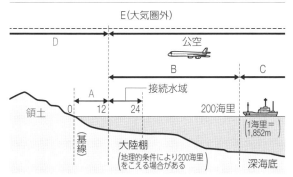

① 基線から200海里より外の海域
② 領海の外にあって，基線から200海里までの海域
③ 基線から12海里以内の海域
④ 領土及び領海の上空で国家主権の及ぶ範囲
⑤ 国家主権の及ばない国際的空間

	名称	説明文		名称	説明文		名称	説明文
A			B			C		
D			E					

Check 資料読解　教科書p.169 5「国連主要人権条約一覧」　日本が未批准の条約や批准年の遅い条約があるのはなぜか考えてみよう。

Try　領土問題をどのように解決すべきか，法の支配という観点から考えてみよう。

2 国際連合と国際協力　　　　　　　　　　　▶教科書 p.170〜171

① _____

② _____

③ _____

④ _____

⑤ _____

⑥ _____

⑦ _____

⑧ _____

⑨ _____

⑩ _____

⑪ _____

⑫ _____

⑬ _____

国際連盟の成立と崩壊

・1920年（①　　　　　　　　　　）発足

　…平和維持の方式として（②　　　　　　　　　　　）を採用，従来は**勢力均衡**

　→議決は全会一致制，（③　　　　　　　）的制裁に限定

　→アメリカなど大国の不参加，日本・ドイツ・イタリアの脱退により形骸化

　　　　　　　　　　　　　　　↓

　第二次世界大戦を防ぐことができずに崩壊

国連と集団安全保障

・1945 年（④　　　　　　　　　　）の成立…国連憲章で（②）の一層の強化をめ

　ざす→戦争およびあらゆる武力の行使の禁止

・（⑤　　　　　　　　　　　　　　）に平和維持のための責任をもたせる（経済制

　裁や軍事制裁などの強制措置をとる権限）

　米・ソ・英・仏・中の５大国が（⑥　　　　　　　　　）

　（⑥）は（⑦　　　　　　　）をもつ　＝（⑧　　　　　　　　　　）の原則

・「（⑨　　　　　　　　　　　　　）」決議…（⑤）が拒否権行使によって本来

　の任務が果たせない場合に，総会が，強制措置をとることについて勧告でき

　ることなどを決議（1950年）

・（⑩　　　　　　　　　　＝ PKO）…停戦監視や国境パトロールなどをおこ

　なう（正式な国連軍はこれまで組織されたことはない）

国際組織の協力ネットワーク

・国連の主要機関

　　国連（⑪　　　　　　　），**安全保障理事会**，（⑫　　　　　　　　　）理事会，信

　　託統治理事会，事務局，（⑬　　　　　　　　　）裁判所

・NGOとの協力

　　国連の専門機関や地域機関が協力　→　国家をこえたネットワークを形成

・国連の課題

　　安保理改革…理事国数の増加や拒否権の制限

　　財政問題…PKO派遣費用の負担

>>> **勢力均衡と（②）**
勢力均衡は，対立する諸国家がそれぞれ同盟を形成し，軍事力を均衡させて平和を維持しようとする政策。（②）は，対立する国々も含めた体制を築き，戦争を法により禁止し，違法な戦争をした国に対し，集団的に制裁を加えることで，平和の維持・回復をはかる政策。（→教p.170コラム）

正誤問題　　　次の文が正しい場合には○，誤っている場合には×を（　）に記入しなさい。

１．国際連合の安全保障理事会が強制措置をとる際には，常任理事国全部の賛成を必要とする。（　　　　）

２．国際連合憲章は，軍事的制裁の手段として平和維持活動（PKO）を明示した。（　　　　）

３．国際連合の表決方法は，総会，理事会ともに全会一致制をとっている。（　　　　）

４．国際連合の制裁措置は，経済的制裁に限られている。（　　　　）

Work　下の国連機構図の, Ａ・Ｂ・Ｃ・Ｄにあてはまる語句を答えなさい。

○ 国連の主要機関
● その他の国連機関
○ 専門機関
◆ 関連機関

※信託統治理事会は1994年から活動休止中

＊ 総会と安全保障理事会に報告

A	
B	
C	
D	

信託統治理事会

軍事参謀委員会
● 常設委員会およびアドホック機関
● 平和維持活動および使節団など
● 国連平和構築委員会
◆ CTBTO包括的核実験禁止条約機関準備委員会
● OPCW化学兵器禁止機関
◆ IAEA国際原子力機関＊
○ ILO国際労働機関
○ FAO国連食糧農業機関
○ UNESCO国連教育科学文化機関
○ WHO世界保健機関
○ IBRD国際復興開発銀行(世界銀行)
○ IDA国際開発協会
○ IFC国際金融公社
○ IMF国際通貨基金
○ ICAO国際民間航空機関
○ IMO国際海事機関
○ ITU国際電気通信連合
○ UPU万国郵便連合
○ WMO世界気象機関
○ WIPO世界知的所有権機関
○ IFAD国際農業開発基金
○ UNIDO国連工業開発機関など
◆ WTO世界貿易機関

主要委員会 ●
人権理事会 ●
他の会期委員会 ●
常設委員会およびアドホック機関 ●
その他の補助機関 ●
国連貿易開発会議UNCTAD ●
国連開発計画UNDP ●
国連難民高等弁務官事務所UNHCR ●
世界食糧計画WFP ●
国連パレスチナ難民救済事業機関UNRWA ●
国連環境計画UNEP ●
国連児童基金UNICEF ●
国連人口基金UNFPA ●
国連地域間犯罪司法研究所UNICRI ●
国連訓練調査研究所UNITAR ●
国連大学UNU ●
国連合同エイズ計画UNAIDSなど ●

機能委員会
地域委員会
その他の機関

(「国際連合の基礎知識」)

Check 資料読解　①教科書p.170①「勢力均衡, 集団安全保障, 集団的自衛権」 勢力均衡にも集団的自衛権にもあてはまる内容を示した以下の文の空欄にあてはまる語句を書きなさい。

　　共同防衛の約束を通じた〔　　　　　　〕を形成する。

---

②次にあげる文は, それぞれＡ勢力均衡, Ｂ集団安全保障, Ｃ集団的自衛権, Ｄ個別的自衛権のうちどれを説明したものか記号で答えなさい。

① 対立する諸国家間で軍備増強・同盟形成を通じて安全を確保しようとする政策。〔　　　　〕

② 自国が攻撃を受けていないにもかかわらず, 同盟など密接な関係をもつ国が攻撃を受けた場合に共同して反撃する権利。〔　　　　〕

③ 対立する国々も含めた包括的な体制を築き, 戦争を法によって禁じたうえで, 違法な戦争をした国に対し, 集団で制裁を加えることで, 平和の維持・回復をはかる体制。〔　　　　〕

④ 他国からの急迫不正な侵害を受けたとき, 自国を守るために必要な措置をとる権利。〔　　　　〕

Try　次にあげる役割や仕事は, 国連のどの専門機関のものか, 語群から選んで空欄に記入しなさい。

①		加盟国における深刻かつ組織的人権侵害に対処する。
②		発展途上国の経済開発を促進し, 南北間格差を是正する。
③		地球規模の環境課題について指導的役割を果たし,各国の協力を促す。
④		世界の労働者の労働条件と生活水準の向上のため, 各国の協力を促す。
⑤		国際金融および為替相場の安定をめざす。
⑥		健康を基本的人権として, その達成をめざす。

〈語群〉

国際労働機関　　　国連貿易開発会議　　　人権理事会

国際通貨基金　　　世界保健機関　　　　　国連環境計画

3 こんにちの国際政治

▶教科書 **p.172〜173**

①＿＿＿＿＿＿＿＿

②＿＿＿＿＿＿＿＿

③＿＿＿＿＿＿＿＿

④＿＿＿＿＿＿＿＿

⑤＿＿＿＿＿＿＿＿

⑥＿＿＿＿＿＿＿＿

⑦＿＿＿＿＿＿＿＿

⑧＿＿＿＿＿＿＿＿

⑨＿＿＿＿＿＿＿＿

⑩＿＿＿＿＿＿＿＿

⑪＿＿＿＿＿＿＿＿

⑫＿＿＿＿＿＿＿＿

⑬＿＿＿＿＿＿＿＿

⑭＿＿＿＿＿＿＿＿

>>> （⑬）編入問題
ウクライナの政権が親ロシア派から欧米寄りに交代したことをきっかけに，2014年に親ロシア派が多数を占める（⑬）で，住民投票と独立宣言を経てロシアへの編入が決議され，ロシアが編入した。しかし，ウクライナ本国をはじめ西側諸国は批判している。

冷戦の終結

・東西両陣営による対立の表面化（＝①＿＿＿＿）

1950年　朝鮮半島で（②＿＿＿＿＿）が勃発

1960年　東南アジアで（③＿＿＿＿＿）が勃発

↓1980年代後半　米ソは対立から協調へ

1989年　米ソ首脳が（①）の終結を宣言

→東欧諸国の民主化，1991年には（④＿＿＿＿）が解体

・安全保障対話の進展

1993年，ヨーロッパで（⑤＿＿＿＿＿）の誕生

→外交，安全保障でも連携を深める

→2009年には（⑥＿＿＿＿）が発効，EU大統領などが誕生し，政治的統合も進む

1994年，アジアで（⑦＿＿＿＿＿＿）が発足

不安定な世界

1991年　クウェートに侵攻したイラク軍を撤退させるために（⑧＿＿＿＿）が勃発

1991年〜　（⑨＿＿＿＿＿）で内戦が勃発。民族対立が激化し，連邦崩壊

2001年　アメリカで（⑩＿＿＿＿）が発生。アメリカは「対テロ戦争」として（⑪＿＿＿＿＿）に報復攻撃

2003年　アメリカは大量破壊兵器を保有しているとして（⑫＿＿＿）攻撃に踏み切った（（⑫）戦争）→結局，証拠は見つからなかった

地域大国の台頭と多極化する世界

・ロシアによる（⑬＿＿＿＿）編入問題や2022年のウクライナ侵攻，さらには中国と周辺国との間に，資源問題を含む領有権紛争が生じている

・北アフリカ周辺で「（⑭＿＿＿＿）」と呼ばれる民主化運動

→エジプトのクーデタやシリア内戦により停滞

正誤問題　次の文が正しい場合には○，誤っている場合には×を（　）に記入しなさい。

1．2001年にアメリカで同時多発テロが発生すると，ソ連はアフガニスタンに侵攻した。（　　）

2．シリアやイラクではイスラム過激派組織が勢力を増して，社会を不安定にしている。（　　）

3．2014年の住民投票で，クリミアのロシア編入が決議された。（　　）

Work　①湾岸戦争に関する以下の文中の空欄にあてはまる語句を答えなさい。

（ア＿＿＿）が国連の（イ＿＿＿＿）から軍事的措置を容認する決議をとり，（ウ＿＿＿）を編成して（エ＿＿＿）軍を破った。

② 下の地図は冷戦終結後の出来事を記した地図である。（A）〜（C）にあてはまる適当な国名を記しなさい。

（A　　　　　　　　　）
（B　　　　　　　　　）
（C　　　　　　　　　）

③ こんにちの国際政治に関連して，　X　に単独行動主義，　Y　にクリミア編入問題に関する文がある。それぞれの正しい文の組合せとして最も適当なものを，次の①〜⑥のうちから一つ選びなさい。

X	ア	アメリカにおける同時多発テロのあと，ブッシュ政権は多国間主義の傾向を強めた。
	イ	アメリカにおける同時多発テロのあと，ブッシュ政権はモンロー主義の傾向を強めた。
	ウ	アメリカにおける同時多発テロのあと，ブッシュ政権は単独行動主義の傾向を強めた。
Y	エ	クリミア編入問題とは，中国による自国へのクリミアの編入強行のことをいう。
	オ	クリミア編入問題とは，ウクライナによる自国へのクリミアの編入強行のことをいう。
	カ	クリミア編入問題とは，ロシアによる自国へのクリミアの編入強行のことをいう。

①　X−ア　　Y−エ　　②　X−ア　　Y−カ　　③　X−イ　　Y−オ
④　X−イ　　Y−カ　　⑤　X−ウ　　Y−エ　　⑥　X−ウ　　Y−カ

Check 資料読解　教科書p.172❷「第二次世界大戦後の主な国際紛争・民族紛争」　冷戦終結後に紛争が多く発生している地域として不適当なものを一つ選びなさい。

①　中東　　　②　旧ソ連　　　③　南米　　　④　アフリカ

Try　こんにちの国際社会において，各国がその国益をこえて解決すべき課題にはどのようなものがあるか，考えてみよう。

4　人種・民族問題

▶教科書 p.174〜175

①
②
③
④
⑤
⑥

⑦
⑧
⑨
⑩

人種問題の展開

・アメリカで，1950〜60年代に（①　　　　　　　）運動の高まり（キング牧師らによる非暴力の抵抗運動）
・南アフリカ共和国で，1991年（②　　　　　　　）政策が廃止され，94年に（③　　　　　　　）が黒人初の大統領に

民族問題と難民

・民族問題…政治的抑圧を受けた民族が，その抑圧からの解放や支配的な民族からの独立や自治を求めることから生じる対立や紛争のこと
・パレスチナ問題…ヨーロッパなどで差別，迫害を受けてきたユダヤ人がパレスチナに（④　　　　　　　）を建国
　→先住のアラブ人は故郷を追われ難民に
　→自らの国家樹立を要求し，（④）との間で紛争が生じている
・ボスニア・ヘルツェゴビナでは，民族間での殺戮（「（⑤　　　　　＝エスニック・クレンジング）」）の発生
・（⑥　　　　　　　）…少数民族のロヒンギャに対する軍事的弾圧
・ロシアやジョージア，アフリカのソマリア，ルワンダなどでも民族対立が発生
・民族対立の結果，母国（生活拠点）を追われた大量の（⑦　　　　）が発生
・（⑧　　　　　　　＝ UNHCR）…難民に国際的な保護を与える機関
　（⑨　　　　　　　　　）の原則…難民条約等が定める，難民を迫害するおそれのある国へ追放したり送還してはならないという原則

民族問題解決に向けて

・ナショナリズム…自分が所属する国家や民族を重視する考え
・多民族国家の現実…支配的な民族による（⑩　　　　　　）主義（エスノセントリズム）があらわれ，（⑪　　　　　　　）は抑圧されがち
・それぞれの民族がもつ固有の文化を尊重しながら共生していく（⑫　　　　）主義に立つことが重要

》》（⑤）
人種や宗教または政治的意見の違いにより迫害を受ける十分な理由があるために国外に逃れた人々。
（→教p.175＊3）

正誤問題　次の文が正しい場合には○，誤っている場合には×を（　）に記入しなさい。

1．1965年に人種差別撤廃条約が採択されたが，日本はいまだに批准していない。（　　　）
2．日本は現在まで800人ほどの条約難民を受け入れているが，欧米に比べて少ない。（　　　）

人種・民族問題に関する記述のうち誤っているものを，次の①〜④のうちからすべて選びなさい。

① 旧ユーゴスラビアのコソボ紛争において，犠牲者救済のためとして多国籍軍が武力介入をおこなったが，その理由として「人道的介入」が掲げられた。

② 公民権運動は，アメリカにおいて黒人が人種差別に抗議して白人と同等の権利を要求した運動である。

③ アパルトヘイトは，南アフリカ共和国で実施されていた白人による黒人支配の人種隔離政策で，1991年に廃止された。

④ それぞれの民族がもつ固有の文化や宗教，生活様式を認め，お互いにそれらを尊重しながら共生していく考え方を，エスノセントリズムという。

```
┌────────┐
│        │
└────────┘
```

Check 資料読解 教科書 p.175 のグラフ「難民と国内避難民の推移」で，難民と国内避難民が急増した時期を確認し，文中の空欄にあてはまる語句を答えなさい。

　東西（ア　　　　　　）終結後は，世界各地で民族問題が噴出した。

　難民や国内避難民が急増したのは，アフリカなどでの紛争が拡大した（イ　　　　　　）年代初めと，2003年の（ウ　　　　　　）戦争後，シリア内戦などが激化した（エ　　　　　　）年代半ば，ロシアによるウクライナ侵攻が開始された2022年である。

Try **①民族問題の解決策について，人間の尊厳と平等の観点から話しあってみよう。**

```
┌──────────────────────────────────────────┐
│                                          │
│                                          │
│                                          │
│                                          │
│                                          │
│                                          │
└──────────────────────────────────────────┘
```

②教科書 p.176「時事ノート　パレスチナ問題」を読んで，以下の表の空欄にあてはまる語句を答えなさい。

第一次世界大戦中	イギリスが，アラブにもユダヤにもパレスチナでの建国を約束
第一次世界大戦後	イギリス，パレスチナを委任統治 →パレスチナへ多数のユダヤ人が移住 →先住していたアラブ人との衝突が激化
1947年	国連によるパレスチナ分割決議
1948年	（ア　　　　　　　　）建国 →アラブ諸国が反発 →（イ　　　　　　　　）勃発
1967年	（ウ　　　　　　　　）勃発
1993年	（エ　　　　　　　　　　　）調印
2002年〜	イスラエル，分離壁建設→現在も対立が続く

5　軍拡競争から軍縮へ

▶教科書 **p.178〜179**

① _____

② _____

③ _____

④ _____

⑤ _____

⑥ _____

⑦ _____

⑧ _____

⑨ _____

⑩ _____

⑪ _____

>>> ＮＰＴ
核兵器非保有国の核兵器の製造および取得と，保有国の非保有国に対する核兵器の供与などを禁じている。（→教p.178＊1）

恐怖の均衡

・（①　　　　　　　）論…核兵器による報復というおどしによって，相手の侵略行為を思いとどまらせようとする理論

・「（②　　　　　　　　）」…米ソが，相手が核兵器で攻撃しても，それに耐えて報復できる能力を整えることで，相手の先制攻撃を抑制できる状態

軍縮の現状と課題

核兵器削減の進展	核拡散防止の取り組み
1987年　INF（＝③　　　　　　　　　　　　）全廃条約	1968年　（④　　　　　　　＝NPT）成立→1995年無期限延長の合意
1991年　戦略兵器削減条約（START）	
2002年　戦略攻撃兵器削減条約（モスクワ条約）	1996年　包括的核実験禁止条約（CTBT）の採択（未発効）
2010年　新STARTが米ロ間で調印	

・（⑤　　　　　　　　）…核兵器の製造や配備などが条約で禁止されている核兵器のない地域

［大量破壊兵器の軍縮］	［通常兵器の軍縮］
1972年　生物兵器禁止条約	1997年　対人地雷禁止条約
1993年　化学兵器禁止条約	2008年　（⑥　　　　　　　　）禁止条約

核廃絶をめざして

1954年	（⑦　　　　　　　）事件…アメリカの水爆実験で日本のマグロ漁船が被爆
1955年	第1回（⑧　　　　　　　　）が日本で開催…原水爆の禁止と被爆者の援護を訴える
1957年	（⑨　　　　　　　　　）…世界の科学者が集まり核廃絶を提言
1978年	（⑩　　　　　　　　　）…核軍拡競争を危惧する非同盟諸国や国際世論の高まりを受けて開催
1996年	国際司法裁判所「**核兵器の使用は一般的に国際法に違反する**」との勧告的意見
2017年	（⑪　　　　　　　　）採択…核兵器の使用，開発，実験，製造などを幅広く禁止→2021年発効

アルジェリア　アルゼンチン　オーストラリア　オーストリア　バングラデシュ　ベルギー　ブラジル
ブルガリア　カナダ　チリ　中国　コロンビア　北朝鮮　コンゴ（民）　エジプト　フィンランド　フランス
ドイツ　ハンガリー　インド　インドネシア　イラン　イスラエル　イタリア　日本　メキシコ　オランダ
ノルウェー　パキスタン　ペルー　ポーランド　韓国　ルーマニア　ロシア　スロバキア　南アフリカ
スペイン　スウェーデン　スイス　トルコ　ウクライナ　イギリス　アメリカ　ベトナム

問1　NPTで，核兵器国（核保有国）とされている国をすべて答えなさい。

（　　　　　　　　　　　　　　　　　　　　　　　　　　　　　　　　　　　　　　）

問2　問1以外の国で，核実験をおこなったことのある国をすべて答えなさい。

（　　　　　　　　　　　　　　　　　　　　　　　　　　　　　　　　　　　　　　）

2️⃣**安全保障のジレンマについて，次の文中の空欄にあてはまる語句を答えなさい。**

　　p.178の表を見ると，軍縮政策について，A国とB国の2国が互いに協調して軍備を削減した場合の安全度はそれぞれ，（**ア**　　　　）点となっている。しかし，自国が削減し，相手側が協調しないと，削減した側は安全度が（**イ**　　　　）点となり，削減しない側の安全度が（**ウ**　　　　）点となると考える。結局，協調しないという選択肢をとると互いに（**エ**　　　　）点となり，自国だけ協調する選択肢をとるよりも安全度は（**オ**　　　　　）なる。

Check 資料読解　下の地図は，世界の非核化を定めた条約を示したものである。空欄にあてはまる地名を答えなさい。

①　＿＿＿＿＿＿＿＿＿＿＿＿＿＿＿＿＿

②　＿＿＿＿＿＿＿＿＿＿＿＿＿＿＿＿＿

③　＿＿＿＿＿＿＿＿＿＿＿＿＿＿＿＿＿

Try　　核兵器禁止条約について，①被爆国日本が核兵器禁止条約に反対した根拠は何か。②自分はどう思うか考えてみよう。

①
②

6 国際平和と日本の役割

▶教科書 p.180〜181

① _____
② _____
③ _____
④ _____
⑤ _____
⑥ _____
⑦ _____
⑧ _____
⑨ _____
⑩ _____
⑪ _____

戦後日本外交の原則

1951年　（①　　　　　　　　　　　　　　）条約…翌52年に独立を回復

　　　　（②　　　　　　　　　　　）条約…独立後も米軍は日本に駐留

1956年　（③　　　　　　　　）宣言…ソ連との国交回復

　　　　（④　　　　　　　）への加盟が実現

・外交の３原則…(1)（④）中心主義，(2)（⑤　　　　　　　）諸国との協調，(3)（⑥　　　　　　　　）の一員としての立場の維持

アジア諸国への責任と協力

アジア地域との関係改善の動向	課題
・ビルマ（現ミャンマー），フィリピンなどと賠償協定の締結 ・対韓国…1965年に（⑦　　　　　　　　） ・対北朝鮮…1991年に国交正常化交渉の開始 ・対中国…1972年に日中共同声明 　　　　　1978年に（⑧　　　　　　　　）	・過去の戦争や植民地支配についての歴史認識の相違 ・領土をめぐる対立

»（③）
両国間で平和条約の締結に関する交渉を継続し，条約が締結されたのちには，歯舞群島および色丹島を日本に引き渡すことが合意された。ソ連を継承したロシアとの平和条約は北方領土問題が解決していないため，未締結のままである。
（→教p.181❺）

・戦後補償…個人が戦争によって被った損害に対して謝罪や補償を要求するもの
　→アジアの近隣諸国の人々などから日本政府に対しておこなわれている

日本の果たすべき役割

・日本は経済大国として，国際社会で果たすべき役割と責任が大きくなった
・自衛隊の海外派遣（国連（⑨　　　　　　　）への参加，人道支援，対米協力）
・（⑩　　　　　　　　　　　＝ODA）その他の経済協力
・地域紛争の解決のための取り組み（国連，NGOなど）
・「（⑪　　　　　　　　　　）」（＝貧困や環境破壊，HIV／エイズなどを，人間の安全を脅かす問題ととらえて効果的に対処すべきとする考え方）に基づく非軍事的な分野での国際貢献

正誤問題　次の文が正しい場合には○，誤っている場合には×を（　）に記入しなさい。

１．日本は，1951年，サンフランシスコ平和条約を結んだことにより，国際連合にも加盟できた。（　　　　）

２．日本は拉致問題を人権侵害と主張しているが，国連は支持していない。（　　　　）

３．日本は1972年の日中共同声明により中国との戦争状態を終結させ，中華人民共和国を唯一の合法政府として認めて国交正常化を実現した。（　　　　）

４．日本は1956年にソ連との間で日ソ共同宣言を締結し，戦争状態の終結と国交回復を果たしたため，平和条約締結交渉は不必要な状態にある。（　　　　）

Check 資料読解 教科書 p.180 **1**「日本の領域と排他的経済水域」を参考にして，次の地図のア～キに適する島の名称を，解答欄に記入しなさい。

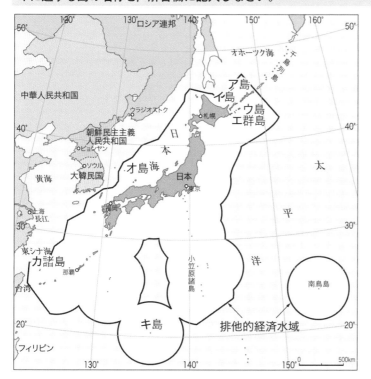

ア		島
イ		島
ウ		島
エ		群島
オ		島
カ		諸島
キ		島

📍Opinion 平和主義の憲法をもつ日本は，国際平和の実現に向けどのような貢献ができるだろうか。自分の意見を書いてみよう。

●この章の学習をまとめてみよう。（→p.160）

Check ✔ 重要用語

1．国際社会と国際法

❶「国際法の父」とされる16世紀から17世紀にかけて活躍したオランダの法学者。『戦争と平和の法』をあらわす。　❶

❷国際法のうち，国家間で合意したもの。　❷

❸国際法のうち，各国の慣行が積み重なってできたもの。　❸

❹国連の常設司法機関。裁判には当事国の合意が必要。　❹

2．国際連合と国際協力

❺国連の安全保障理事会のうち，アメリカ・ロシア・イギリス・フランス・中国のこと。　❺

❻国際連盟が採用した，勢力均衡とは異なる平和維持のしくみ。　❻

❼紛争地域の治安維持や停戦監視,選挙の監視などを目的としておこなわれる活動。略称PKO。　❼

3．こんにちの国際政治

❽1991年，前年にイラクがクウェートに侵攻したことをきっかけに起こった戦争。　❽

❾2010年末，チュニジアではじまった反政府デモをきっかけに，中東・北アフリカの民主化が進んだこと。　❾

❿2001年，国際テロ組織アルカイダがハイジャックした旅客機がニューヨークの高層ビルなどに激突した事件。　❿

4．人種・民族問題

⓫黒人が人種差別に抗議し，白人と同等の権利の保障を要求した運動。　⓫

⓬1948年，ユダヤ人がイスラエルを建国したため，先住する民族が難民化し，その後，対立が続いている問題。　⓬

⓭難民問題に対応している国連の機関。難民に保護を与え，自主的な本国への帰還や第三国への定住を援助している。　⓭

5．軍拡競争から軍縮へ

⓮核兵器による報復というおどしによって，相手の侵略行為を思いとどまらせようとする理論。　⓮

⓯核兵器保有国をそれまでに保有していた米・ソ・英・仏・中の5か国以外に拡大させないことを目的とした条約（1968年調印）。　⓯

⓰地下核実験を含む爆発のともなう核実験を禁じた条約（1996採択，未発効）。　⓰

6．国際平和と日本の役割

⓱1951年に締結された条約。米軍の日本駐留を認めている。　⓱

⓲日本とソ連の国交回復を実現した1956年に発表された宣言。　⓲

⓳貧困や環境破壊，HIV／エイズなどを，人間の安全を脅かす問題ととらえて効果的に対処すべきであるとし，地域の安定化や紛争終結後の社会再建も視野に入れた安全保障の考え方。　⓳

1 国家間の協調的政策の実現について考えるために，次の表であらわされる国家間ゲームを考える。このゲームでは，A国とB国の二つの国家が，互いに相談できない状況で「協調的」もしくは「非協調的」のいずれか一方の政策を1回のみ同時に選択する。そして，各国は表中の該当するマスに示された点数をえる。ここで各国は自国の点数の最大化だけに関心をもつとする。このゲームの表から読みとれる内容として最も適当なものを，下の①〜④のうちから一つ選べ。

		B国	
		協調的	非協調的
A国	協調的	A国に4点 B国に4点	A国に1点 B国に5点
	非協調的	A国に5点 B国に1点	A国に2点 B国に2点

① A国とB国がともに「協調的」政策を選ぶことがゲームの結果となるので，国家間の協調的政策が実現する。

② A国が「協調的」政策を，B国が「非協調的」政策を選ぶことがゲームの結果となるので，国家間の非協調的政策の実現には新たな仕組みが必要である。

③ A国が「非協調的」政策を，B国が「協調的」政策を選ぶことがゲームの結果となるので，国家間の協調的政策の実現には新たな仕組みが必要である。

④ A国とB国がともに「非協調的」政策を選ぶことがゲームの結果となるので，国家間の協調的政策の実現には新たな仕組みが必要である。

〈2011年センター試験政治・経済　本試〉

2 人権の国際的保障に関する次の文章の　A　〜　C　に入る語句の組合せとして最も適当なものを，下の①〜⑥のうちから一つ選べ。

　　人権の国際的保障の本格的展開は，1945年の国連設立を契機としている。国連の設立条約である　A　では，人権尊重についての国際協力を達成することを，国連の目的の一つとして掲げている。

　　これまで国連は，人種差別撤廃条約，女子（女性）差別撤廃条約，児童（子ども）の権利条約，拷問禁止条約など，個別的に各種の条約を起草し，人権理念の実質化を試みている。その出発点に位置づけられるのが，1948年に採択された　B　である。　B　は，すべての国が達成すべき人権の共通の基準を示し，その理念が，　C　として条約化されたと考えられている。

① A−国際人権規約　　B−国際連合憲章　　C−世界人権宣言

② A−国際人権規約　　B−世界人権宣言　　C−国際連合憲章

③ A−国際連合憲章　　B−国際人権規約　　C−世界人権宣言

④ A−国際連合憲章　　B−世界人権宣言　　C−国際人権規約

⑤ A−世界人権宣言　　B−国際人権規約　　C−国際連合憲章

⑥ A−世界人権宣言　　B−国際連合憲章　　C−国際人権規約

〈2010年センター試験政治・経済　追試〉

3 次の文章を読み，以下の問に答えなさい。

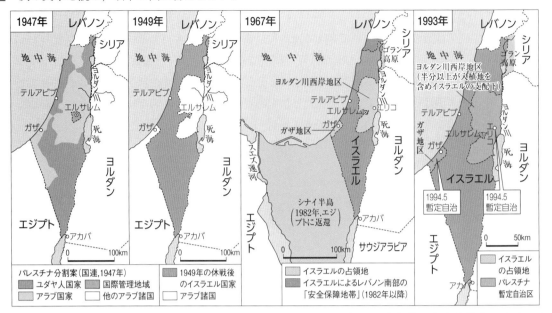

　パレスチナでは4次にわたる中東戦争が発生している。1948年には (a) 第1次中東戦争が発生した。1967年には全パレスチナの解放をめざすパレスチナ難民を中心としたPLOが結成された。国連安全保障理事会は，(b)1967年の第3次中東戦争後，イスラエルの占領地域からの撤退を求めるとともに，中東地域のすべての国の主権と独立を認めた。(c)1993年の（①）は，イスラエルによる占領地からの撤退を見返りにPLOがイスラエルを承認するというものだった。

　これを受けて1996年にはパレスチナ暫定政府が成立した。しかしながら，エルサレムの帰属やユダヤ人入植地などの問題をめぐり，紛争はまだ解決していない。

　近年，アメリカは（②）をイスラエルの首都と認定したりするなど，イスラエルに偏った政策へ転換した結果，情勢は混迷を深めている。

問1 文中の空欄（①）（②）に適する語句を答えなさい。

（①　　　　　　　　　　　　　　　　　）（②　　　　　　　　　　　）

問2 下線部（a）について，この戦争によってどのような変化があっただろうか。1949年の地図から読み取れるものとして正しいものを選び，記号で答えなさい。

　ア．パレスチナにおける国際管理地域が増えた。

　イ．エルサレムは国際管理地域のままである。

　ウ．イスラエル国家の面積が増加した。

　エ．ガザはイスラエル領となった。

問3 下線部（b）について，この戦争によってどのような変化があっただろうか。1967年の地図から読み取れるものとしてすべて選び，記号で答えなさい。

　ア．イスラエルは，ヨルダン川西岸地区とガザ地区を占領した。

　イ．イスラエルは，エジプトの領土の一部を占領した。

　ウ．イスラエルは，シリアの領土の一部を占領した。

　エ．ヨルダンは，イスラエルに占領された。

問4 下線部（c）について，1993年の地図から読み取れるものとして正しいものをすべて選び，記号で答えなさい。

ア． ゴラン高原からイスラエルは撤退した。

イ． ヨルダン川西岸地区は，パレスチナ暫定自治区となった。

ウ． ガザ地区は，イスラエルが占領した。

エ． エジプトやレバノンではイスラエルによる占領はおこなわれていない。

問5 パレスチナ問題の解決に向けて，国際社会はどのように働きかけるべきだろうか，話しあってみよう。

（自分の意見）

（他の人の意見）

4 次の文章は国際的な紛争解決や犯罪処罰の機関に関する記述である。文章中の　**A**　～　**C**　に入る語句の組合せとして最も適当なものを，下の①～⑧のうちから一つ選べ。

　　今日では，国際的な紛争は，武力ではなく平和的な方法で解決しなければならない。平和的な紛争解決手段には　**A**　があり，国家間の紛争を扱う。自由貿易を促進するための　**B**　や国際的な条約に基づく環境保護の制度においては，個別の紛争解決手続が整備されている。また，集団殺害犯罪や戦争犯罪など，　**C**　による国際犯罪を裁く機関として，国際刑事裁判所が設置されている。

① A　常設仲裁裁判所　　B　国連貿易開発会議　　C　個人
② A　常設仲裁裁判所　　B　国連貿易開発会議　　C　国家
③ A　常設仲裁裁判所　　B　世界貿易機関　　　　C　個人
④ A　常設仲裁裁判所　　B　世界貿易機関　　　　C　国家
⑤ A　国際司法裁判所　　B　国連貿易開発会議　　C　個人
⑥ A　国際司法裁判所　　B　国連貿易開発会議　　C　国家
⑦ A　国際司法裁判所　　B　世界貿易機関　　　　C　個人
⑧ A　国際司法裁判所　　B　世界貿易機関　　　　C　国家

〈2014年センター試験現代社会　本試〉

1 貿易と国際収支

▶教科書 p.184〜185

① _____

② _____

③ _____

④ _____

⑤ _____

⑥ _____

⑦ _____

⑧ _____

⑨ _____

⑩ _____

⑪ _____

⑫ _____

⑬ _____

⑭ _____

⑮ _____

⑯ _____

⑰ _____

⑱ _____

私たちの生活と国際経済

・国境をこえた経済取引の拡大…（①　　　　　　）によるモノ（財）の取引，金融や投資などカネ（＝②　　　　　）の取引，ヒト（労働力）や情報の交流，技術の取引など

自由貿易と保護貿易

・（③　　　　　　　　　）説…イギリスの経済学者（④　　　　　　　）による

　…どの国も生産費で優位な財の生産に（⑤　　　　　）

　→同じ労働力で多くの財を生産…（⑥　　　　　　　　）は自由貿易の根拠

・ドイツの経済学者（⑦　　　　　　　）の保護貿易の考え方…途上国の産業育成，自国産業保護

・国際分業と多国籍企業

　（⑧　　　　　　　）…発展途上国が一次産品⇔先進国が工業製品

　（⑨　　　　　　　）…互いに工業製品を輸出しあう貿易

　※先進国と途上国の水平貿易，多国籍企業の（⑩　　　　　　　　）の増加

国際収支

・国際収支…外国との経済取引を貨幣額であらわす

・（⑪　　　　　　　）
- ・貿易・サービス収支
  …輸出入やサービス取引
- ・（⑫　　　　　　　　）
  …投資収益や雇用者報酬
- ・（⑬　　　　　　　　）
  …無償資金援助，国際機関拠出金など

・（⑭　　　　　　　）…資本移転，その他資産

・金融収支…（⑮　　　　　　）や証券投資，（⑯　　　　　　　），金融派生商品，その他投資

・誤差脱漏…統計上の不整合

※経常収支 …外国からの受け取り＞支払い→（⑰　　　　　　），反対の場合は（⑱　　　　　）

金融収支 …自国の対外資産と外国の自国への対外負債が増加→プラス

>>> 輸入と国内産業
貿易自由化によって輸入品が急増すると，競合する国内産業の衰退と失業問題が生じるおそれがある。
（→教p.184❶）

正誤問題　次の文が正しい場合には○，誤っている場合には×を（　）に記入しなさい。

1．リカードは比較生産費説で，各国が生産費の点で相対的に優位な財の生産に特化して，貿易しあうほうが，多くの財を生産できることを明らかにした。（　　　）

2．先進国と発展途上国がたがいに工業製品を輸出しあう貿易を垂直貿易という。（　　　）

3．経常収支には，貿易収支，サービス収支，第一次所得収支，第二次所得収支，金融派生商品が含まれる。（　　　）

Work 教科書p.184 **①** の「比較生産費説とは」を参考に，次の文中の空欄に適当な数字を入れなさい。

「A国には150人の，B国には450人の労働者がいる。特化前，A国では（**ア**）人の労働者で服地1単位を，（**イ**）人の労働者でぶどう酒1単位をつくり，B国は（**ウ**）人で服地1単位，150人でぶどう酒1単位をつくっていた。この時，両国でつくられる服地とぶどう酒は合わせて（**エ**）単位ずつである。もしA国150人の労働者が服地をつくれば，服地（**オ**）単位つくることができ，B国450人の労働者がぶどう酒をつくれば，ぶどう酒3単位をつくることができる。結果として，2つの商品を特化前より（**カ**）単位ずつ多くつくることができる。」

（**ア**　　　　　）（**イ**　　　　　）（**ウ**　　　　　）（**エ**　　　　　）（**オ**　　　　　）（**カ**　　　　　）

Quiz 次のものは，国際収支のどの項目に入るか答えなさい。

①日本の自動車会社が輸出によって得る代金

②日本の銀行が保有する米国債から得る利子

③日本人が配当目的で米国企業の株を購入する代金

①	②	③

Check 資料読解 教科書p.185 **③** 「日本の国際収支」　2000年〜2022年の間に，経常収支のなかで最も倍率の高い項目を答えなさい。

（　　　　　　　　　　　）

Try 教科書p.184〜185を参照し，自由貿易と保護貿易について，それぞれのメリットとデメリットをまとめてみよう。

	自由貿易	保護貿易
メリット		
デメリット		

2 外国為替市場のしくみ

▶教科書 **p.186～187**

① _____

② _____

③ _____

④ _____

⑤ _____

⑥ _____

⑦ _____

⑧ _____

⑨ _____

⑩ _____

⑪ _____

⑫ _____

>>> **外国為替市場**
証券取引所のような特定の取引場所があるわけではなく，基本的には電話回線で結ばれた銀行間の取引市場である。（→教p.186❶）

外国為替市場と為替レート

・（①　　　　　　　）
…国際間の支払いと受け取りを金融機関の決済に振り替える方法
→決済に用いられる（②　　　　　　　　　　）とそれが取引される**外国為替市場**
・（③　　　　　　　　　　＝為替相場）…自国通貨と外国通貨の交換比率
・現在，レートは外国為替市場の需要供給で決まる（④　　　　　　　　　　）
※政府と中央銀行が為替レートの安定化のため，外国為替市場に介入する事がある（＝⑤　　　　　　　　）

円高・円安

（⑥　　　　　　）…円の価値が他国通貨と比べて高い状態
　（⑥）となる事例
　　…日本の輸出増加
　　→獲得した（⑦　　　　　　）が外国為替市場で（⑧　　　　）に交換される
　　　→円需要が高まり，円高・（⑨　　　　　　）へ
　　　例 1ドル＝200円→1ドル＝100円（円高）
（⑩　　　　　　）…円の価値が他国通貨と比べて低い状態
　（⑩）となる事例
　　…アメリカの金利が日本の金利を上回った場合
　　→アメリカで資金を運用する人が増える
　　　→（⑪　　　　　　）需要が高まり，円安・（⑫　　　　　　）へ
　　　例 1ドル＝100円→1ドル＝200円（円安）

正誤問題　　次の文が正しい場合には○，誤っている場合には×を（　）に記入しなさい。

1．貿易や資本取引によって生じる国際間の支払いと受け取りは，現金の交換でなされており，その現金同士を交換する市場が外国為替市場である。（　　　）

2．ドルや円などの主要通貨の為替レートは，外国為替市場における需要と供給の関係で決まってくる。（　　　）

3．1ドル80円から1ドル120円になった場合は円高とよばれる。（　　　）

4．急激な円安が発生した場合，財務省の要請のもと日本銀行は，円を売ってドルを買うことで円相場を下げようとする。（　　　）

教科書p.186「円高・円安」を参照し，次の文中の空欄にあてはまる語句を答えなさい。

① 日本の輸出が増加 → 円に対する [ア] が増加 → [イ] ・ドル安へ

② アメリカの金利＞日本の金利 → [ウ] に対する需要増加 → [エ] ・円安へ

Check 資料読解 教科書 p.186 ■「外国為替のしくみ」の図から正しく読み取れることを次から選びなさい。

① 輸出者Aは輸入者Bの代金支払い後，X銀行から代金を受け取る。

② 輸入者Bは，商品の船積みを確認する前に，Y銀行に代金を支払う。

③ Y銀行は輸入者Bから受け取った代金を，Y銀行にあるX銀行口座に入金する。

[ ]

Try ①教科書 p.187「円高　円安って何？」の図を参照し，円高と円安がもたらす影響をまとめてみよう。

円高	① 輸出品の現地価格（ア　　　　　）→（イ　　　　　）減少→景気悪化
	② 海外投資増加→現地生産の加速・国内産業の（ウ　　　　　）
	③ 輸入品の価格低下→（エ　　　　　）の安定
円安	① 輸出品の現地価格低下→（オ　　　　　）増加→景気加速
	② 製造業が（カ　　　　　）に生産拠点を移す
	③ 燃料や原材料など輸入品の価格上昇→（キ　　　　　）上昇

②現在の日本経済にとって，円高と円安のどちらがより好ましい傾向か，あなたの意見を書いてみよう。

3 第二次世界大戦後の国際経済

▶教科書 **p.188〜189**

① _____

② _____

③ _____

④ _____

⑤ _____

_____

⑥ _____

⑦ _____

⑧ _____

⑨ _____

⑩ _____

⑪ _____

⑫ _____

⑬ _____

⑭ _____

⑮ _____

⑯ _____

⑰ _____

⑱ _____

≫≫ ⑩（SDR）
金やドルに加えて新しく作られた準備資産。国際収支が赤字となった加盟国は，SDRと引きかえに黒字国からドルなど必要な外貨を引きだすことができる。
（→教p.189＊1）

IMF・GATT体制

・1930年代，世界恐慌後の不況
　資本主義列強は（①　　　　　　　　　　　）の形成→第二次世界大戦へ

・1944年　（②　　　　　　　　　　　）協定
　IMF（＝③　　　　　　　　　　　）設立…国際通貨安定
　IBRD（＝④　　　　　　　　　　　世界銀行）設立…戦後復興と開発の資金

・1947年　GATT（＝⑤　　　　　　　　　　　　　　　）の締結
　…貿易の自由化

・IMF協定
　金1オンス＝（⑥　　　　　）ドル
　→ドルとの交換が可能（金・ドル本位制）
　（⑦　　　　　　　　　　）…為替相場の変動幅を平価の上下1％以内に定める
　アメリカの通貨ドルが（⑧　　　　　　　）に

固定為替相場制から変動為替相場制へ

・1960年代の国際収支の悪化
　｛日欧の経済復興によるアメリカの貿易黒字の減少
　｛（⑨　　　　　　　　　　）など軍事支出
　　→外国の中央銀行などの保有ドル総額がアメリカの金準備の総額をこえる
　　→（⑩　　　　　　　　　＝SDR）創設も，ドル下落止まらず

・1971年　（⑪　　　　　　　　　　）…金・ドル交換の停止
　→主要各国は（⑫　　　　　　　　　）へ

・為替相場安定の課題…各国協調の政策が重要
　例：1985年　（⑬　　　　　　　　　）…G5によるドル安に向けた協調介入
　　→その後も，G5にイタリア・カナダを加えた（⑭　　　　　），G20などで政策協議
　　G20は，（⑭）に中国やインドなど新興国が加わる
　　※1975年からは毎年，主要国首脳会議（サミット）が開催

GATTからWTOへ

・GATTの原則…貿易における自由・無差別
　→多角的貿易交渉（＝⑮　　　　　　　　）の実施

・第8回ウルグアイラウンド…サービス，（⑯　　　　　　　　　　），農産物の自由化と国際ルール作り
　1995年，GATTにかわり（⑰　　　　　　　　　＝WTO）の発足

・2001年〜（⑱　　　　　　　　＝ドーハ開発アジェンダ）が開始するも，難問が続出

次の文が正しい場合には○，誤っている場合には×を（　）に記入しなさい。

1．ブレトンウッズ協定で発足したIMFは国際通貨の安定を，IBRDは戦後復興と発展途上国の開発を主要な目的にしていた。（　　　　）

2．ニクソン・ショック後，主要国は変動為替相場制に移行したが，1980年代の為替レートは安定的に推移したため，主要国がレートの調整をする必要性はなかった。（　　　　）

3．GATTでは，多角的貿易交渉によって貿易自由化を推進し，第8回ドーハラウンドでは，サービス，知的財産権，農産物などの貿易分野自由化と国際ルール作りが課題となった。（　　　　）

4．輸入急増による国内産業の被害を軽減するための一時的な緊急輸入制限はダンピングと呼ばれる。（　　　　）

Work　教科書p.188 ②「円相場の推移」　どのように変化してきたのか，下の表の各事項後の円相場の説明として，正しいものを選択肢から選び記号を記入しなさい。

年	事項	記号
1971	ニクソン・ショック	
1985	プラザ合意	
1995	WTO発足	
2001	ドーハラウンド開始	
2008	世界金融危機	

ア　1ドル120円前後の水準を推移した。

イ　急激な円高で1ドル300円に近づいた。

ウ　20世紀中の最高値1ドル79円台を記録した。

エ　1年で円高が100円ほど進んだ。

オ　1ドル100円台を突破し，3年後には再び70円台を記録した。

Opinion　教科書p.189のA～Cのテーマに対して，対照的な2つの意見が示されている。上の意見を①，下の意見を②とした場合，それぞれについてあなたの意見に近い方を選びなさい。また，それを踏まえて，公正な国際貿易とはどのようなものだろうか，話しあってみよう。

A（　　）　　B（　　）　　C（　　）

4 地域的経済統合の進展

▶教科書 **p.190〜191**

①＿＿＿＿＿＿＿＿＿＿

②＿＿＿＿＿＿＿＿＿＿

③＿＿＿＿＿＿＿＿＿＿

④＿＿＿＿＿＿＿＿＿＿

⑤＿＿＿＿＿＿＿＿＿＿

⑥＿＿＿＿＿＿＿＿＿＿

⑦＿＿＿＿＿＿＿＿＿＿

⑧＿＿＿＿＿＿＿＿＿＿

⑨＿＿＿＿＿＿＿＿＿＿

⑩＿＿＿＿＿＿＿＿＿＿

⑪＿＿＿＿＿＿＿＿＿＿

⑫＿＿＿＿＿＿＿＿＿＿

⑬＿＿＿＿＿＿＿＿＿＿

⑭＿＿＿＿＿＿＿＿＿＿

⑮＿＿＿＿＿＿＿＿＿＿

⑯＿＿＿＿＿＿＿＿＿＿

⑰＿＿＿＿＿＿＿＿＿＿

経済統合の動き

・特定の地域でFTA（＝①　　　　　　　　　　）を締結する動き

・ヨーロッパ

　1960年代関税同盟を完成…EC（＝②　　　　　　　　　）

　→1992年末までに，ヒト・モノ・カネ・サービスの自由な移動を実現する
　　（③　　　　　　　　）を達成

　→（④　　　　　　　　　　　　　）（1993年発効）により（⑤　　　　　　）
　　（欧州連合）へ

　→共通通貨（⑥　　　　　　　）導入（1999年），2002年単一通貨圏へ

　→中・東欧など旧社会主義諸国も参加し，現在（⑦　　　　）か国に

　※2009年ギリシアで（⑧　　　　　　　　　＝債務不履行）が表面化し信用
　　不安拡大

　・南北アメリカ…（⑨　　　　　　　　　　　　　＝NAFTA）と
　　（⑩　　　　　　　　　　　　＝MERCOSUR）
　　※NAFTAは，2020年にUSMCAの発効にともない解消
　・アジア…ASEAN（＝⑪　　　　　　　　　　　　　　）が関税同盟を
　　　めざす
　　　　→AFTA（＝⑫　　　　　　　　　　　　　　）へ
　　　　2012年 RCEP（＝⑬　　　　　　　　　　　　　　）
　　　　交渉開始
　・環太平洋地域…1989年 APEC（⑭　　　　　　　　　　　　　　）
　　　　　　　　　　発足
　　　　2006年（⑮　　　　　　　）環太平洋パートナーシップ
　　　　協定交渉開始→11か国で協定に署名・発効

※地域的経済統合が増加する理由：グローバル化した競争への対応
　本来の多角的自由貿易体制の形成を困難にする危険性

日本のFTA／EPA

・EPA（＝⑯　　　　　　　　　　）…ヒトや資本，情報交流も含む

・日本…2002年（⑰　　　　　　　　　　　）とEPA締結後，各国と交渉を進
　めている

>>> **財政危機への対処**
財政赤字問題はアイルランド，ポルトガル，スペイン，イタリアなどほかの加盟国にも波及し，ユーロに対する信認が揺らぎ，ユーロ安を招いた。（→教p.190❶）

正誤問題　　次の文が正しい場合には○，誤っている場合には×を（　）に記入しなさい。

1．市場統合を実現したEUだが，東欧の旧社会主義諸国は加盟していない。（　　　）

2．21世紀に入りアジアや太平洋地域では，ASEAN主導の経済連携協定や環太平洋地域全体にまたがる
　経済連携協定を結ぶ動きもはじまっている。（　　　）

3．日本はアジア太平洋経済協力会議（APEC）に参加しているが，特定の国や地域との自由貿易協定
　（FTA）や経済連携協定（EPA）は締結していない。（　　　）

Work　①教科書p.190 **1**「ヨーロッパ統合の歩み」　次の表の空欄にあてはまる語句を語群から選び，記号で答えなさい。

1952年	（①　　　　）発足
1967年	（②　　　　）発足
1993年	（③　　　　）条約発効，（④　　　　）発足
1999年	（⑤　　　　）導入
2009年	（⑥　　　　）条約
2020年	（⑦　　　　）がEUから離脱

〈語群〉

ア　ユーロ
イ　欧州石炭鉄鋼共同体
ウ　欧州共同体
エ　マーストリヒト
オ　イギリス
カ　リスボン
キ　欧州連合

②教科書p.191 **3**「地域的経済統合」を参考にして，次の図の空欄a～eに適する略語を記しなさい。

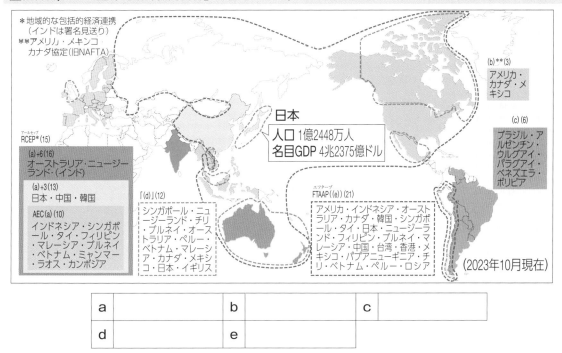

a		b		c	
d		e			

Try　地域的な経済統合がもつメリットとデメリットを考えてみよう。

メリット：

デメリット：

5 国際経済のつながりと課題　　　　▶教科書 p.192〜193

①＿＿＿＿＿＿＿

②＿＿＿＿＿＿＿

③＿＿＿＿＿＿＿

④＿＿＿＿＿＿＿

⑤＿＿＿＿＿＿＿

⑥＿＿＿＿＿＿＿

⑦＿＿＿＿＿＿＿

⑧＿＿＿＿＿＿＿

⑨＿＿＿＿＿＿＿

⑩＿＿＿＿＿＿＿

⑪＿＿＿＿＿＿＿

⑫＿＿＿＿＿＿＿

⑬＿＿＿＿＿＿＿

経済のグローバリゼーション

・（①　　　　　　　　　＝グローバル化）…ヒト，モノ，カネ，サービス，情報などが地球規模で移動

・（②　　　　　　　　）…進出先の工業化，雇用や所得の創出，工業品の輸出で受入国の（③　　　　）獲得

　課題：受入国の（④　　　　　）上昇→工場がより低賃金国に移転→雇用喪失。多国籍企業の母国で（⑤　　　　　　）や雇用喪失のおそれ

●グローバリゼーションと共生の課題

東欧諸国からドイツやイギリスに職を求めて（⑥　　　　）の流入

　→社会的摩擦により，移民排外主義が台頭することも

　　外国人労働者の生活条件を整備する必要性

金融のグローバリゼーション

・金融市場の自由化と対外開放→国際間の資金移動（＝⑦　　　　　）の活発化

　→先進国の投機的な資金が新興市場

　　（＝⑧　　　　　　　　　　　）に大量に流入

・1997年（⑨　　　　）通貨危機

原因：（⑩　　　　　　　　　）による資金移動から（⑪　　　　）の通貨が暴落し経済危機へ→ほかのアジア諸国へ波及

・2008年世界金融危機，経済危機…（⑫　　　　　　　　　　　）を担保とした証券化の破綻

対応策：ヘッジファンドの拠点となる（⑬　　　　　　＝租税回避地）の情報開示。投機目的の短期取引を抑制するために金融取引に課税

・アメリカ発の金融危機以降，BRICS なども含めた G20 で財政赤字の削減，経常収支の不均衡の是正がめざされる

　→不均衡や不安定性は依然として残る

≫（⑧）
中南米，ロシア，東欧，東南アジア諸国など。

≫（⑫）
低所得者向けの住宅ローン

正誤問題　　次の文が正しい場合には○，誤っている場合には×を（　）に記入しなさい。

1．1997年に生じたアジア通貨危機の原因はIMF（国際通貨基金）による過剰な投資にあったとされる。（　　　）

2．多国籍企業の進出は，進出先の工業化を促進し雇用や所得を創出させる一方で，受入国の賃金上昇で，工場をさらに別の国に移転して雇用が喪失するという問題点もある。（　　　）

3．2008年，アメリカのサブプライム・ローンを担保とした証券化の破綻による，世界的な金融危機と経済危機の発生以降，新興国も加わったG20が開催されている。（　　　）

教科書p.193「時事NOTE　国際経済のなかの中国」を読んで，以下の文中の空欄にあてはまる語句を答えなさい。

　中国は，2001年のWTO加盟後は，2009年に輸出世界第1位，2010年にGDPは（ア　　　　　）を抜いて世界第2位となった。さらに，国内所得の拡大により，世界の（イ　　　　　）となっている。
　2013年，習近平国家主席は「（ウ　　　　　　　）」構想を提唱，2019年には123か国が参加している。このための資金供給機関として，2015年に（エ　　　　　　　　　　　）銀行を設立した。

Check 資料読解 教科書p.192❶「世界の貿易額と直接投資の推移」にある先進国の財輸出，新興・途上国の財輸出，世界の対外直接投資が，それぞれ1995年からおよそ何倍になっただろうか。次の文中の空欄にあてはまる語句を答えなさい。

　1995年と2015年を比べてみると，〔ア　　　　　　　〕の財輸出は約4兆ドルから約10兆ドルへ，約〔イ　　　　　〕倍，〔ウ　　　　　　　〕の財輸出は約1兆ドルから約6兆ドルへ約〔エ　　　　〕倍に増えた。世界の〔オ　　　　　　　〕は約0.5兆ドルから約2兆ドルへ約〔カ　　　　　〕倍に増えた。

Opinion 国際的な資本取引に対する金融規制をすべきか，すべきでないか両方の面から考えてみよう。

金融規制はすべきではない
金融規制は必要だ

Try 教科書p.192〜193を参照して，グローバリゼーションには，どのようなメリットとデメリットがあるか考えてみよう。

メリット
デメリット

6 発展途上国の諸課題と日本の役割　▶教科書 p.194〜195

①_____

②_____

③_____

④_____

⑤_____

⑥_____

⑦_____

⑧_____

⑨_____

⑩_____

⑪_____

⑫_____

⑬_____

⑭_____

⑮_____

⑯_____

⑰_____

⑱_____

>>> （⑦）（UNCTAD）
初代事務局長プレビッシュ（1901〜86）は、「援助より貿易を」という理念のもと、発展途上国からの輸入品に対して、関税面で一方的に優遇する一般特恵関税を提唱した。
（→教p.194❷）

南北問題

・（①　　　　　　　　　　　　　　）経済…単一または少数の（②　　　　　　）の輸出に依存する経済

・輸出条件が不安定な（②）、技術や資本不足、教育の遅れ、小規模な国内市場
→南の（③　　　　　　　　　）と北の先進工業国との経済格差拡大→
（④　　　　　　　　　）の発生

新国際経済秩序の樹立への動き

・発展途上国…結束して国際経済体制の変革をはかり、工業化と経済発展をめざす

- ・1960年　（⑤　　　　　　　　　　　　=OPEC）結成…先進国の
（⑥　　　　　　　　　　　）に対抗
- ・1964年　（⑦　　　　　　　　　　　=UNCTAD）の設置
- ・1973年　OPEC諸国の石油価格の引き上げ（=⑧　　　　　　　　　）
- ・1974年　（⑨　　　　　　　　　　　=NIEO）樹立に関する宣言
※資源国有化、交易条件の改善、（⑩　　　　　　　　　　　）の規制、開発金融など

累積債務と南南問題

・開発資金を借りていた非産油国
→1980年代の高金利で利子負担の増大→（⑪　　　　　　　　　）問題の表面化
※国際社会は債務返済の繰り延べ（=⑫　　　　　　　　　　）や一部帳消しで対応

・経済成長を成しとげた（⑬　　　　　　　　　　　　=NIEs）やBRICS
↕　途上国間で広がる経済格差（=⑭　　　　　　　　）
（⑮　　　　　　　　　　　　=LDC）

日本の経済協力と課題

・先進国による発展途上国への援助…（⑯　　　　　　　　　　　）（DAC）を中心におこなわれてきた

・途上国の成長に寄与するもの…（⑰　　　　　　　　　　　）（ODA）の要件を定める

・国連の動き
2000年　ミレニアム開発目標（MDGs）策定
2015年　持続可能な開発目標（⑱　　　　　　　　）採択

正誤問題　　次の文が正しい場合には○，誤っている場合には×を（　）に記入しなさい。

1．発展途上国の主要な輸出品である一次産品は，価格や量の面で輸出条件が安定しており，十分な外貨を獲得できる。（　　　　）

2．1974年，発展途上国は国連で新国際経済秩序樹立に関する宣言を採択したが，そのなかには資源国有化の権利，途上国に不利な交易条件の改善などが含まれる。（　　　　）

3．発展途上国にも1970年代以降工業化を実現したNIEsや，近年成長が著しいBRICSのように，著しい発展をとげた国や地域がある。（　　　　）

Check 資料読解　①教科書 p.192 ②「世界に占めるＢＲＩＣＳの割合と経済成長率の推移」および p.194 ①「対外債務残高と対ＧＮＩ比率」を参照し，次の文中の空欄にあてはまる語句を答えなさい。

　債務残高が大きい〔**ア**　　　　　〕，〔**イ**　　　　　　〕，〔**ウ**　　　　　　　〕，〔**エ**　　　　　　〕は，いずれも〔**オ**　　　　　〕年代に高い経済成長を実現し，ＧＮＩ（国民総所得）が大幅に増加した。そのため債務残高の対ＧＮＩ比は大幅に縮小した。

②教科書 p.195 ③「主要国のＯＤＡ実績額推移と対ＧＮＩ比率」を参照して，日本のＯＤＡの課題は何か読み取り，次の文章の（ア）・（イ）にあてはまる語句を答えなさい。

　日本のＯＤＡの額は，世界有数の規模である。2003年のＯＤＡ大綱によって（**ア**　　　　　），社会福祉，教育などへの協力が重視されるようになった。今後は，こうした（**イ**　　　　　）関連分野への援助をいっそう増やすことが必要である。また，対GNI比率においても，国際目標の（**ウ**　　　　　）％を大きく下回る（**エ**　　　　　）％となっており，その達成をめざすことが必要である。

Try　　国際社会における貧困や格差を解消するために，日本や私たち一人ひとりがなすべきことは何だろうか，考えてみよう。

（日本）
（私たち）

●この章の学習をまとめてみよう。（→p.160）

✓ 振り返りチェック

ＳＤＧｓ（Sustainable Development Goals）：2015年 国連で採択

・2030年までの達成をめざす国際目標。17のゴールと169のターゲットで構成

・子どもも含めた全ての人が，それぞれの立場から目標達成の為に行動することが求められる

　→キーワード「誰一人取り残さない」

Quiz ※（　　）は関連する目標

1. 1日に2.15ドル未満で暮らしている人は，日本の人口と比べてどのくらい？（目標1）

　　①　およそ2倍　　②　およそ4倍　　③　およそ6倍

2. 5歳の誕生日を迎える前に亡くなる子どもの数は？（目標3）

　　①　およそ100万人　　②　およそ500万人　　③　およそ1,000万人

3. 男性よりも女性の国会議員の方が多い国はどこ？（目標5）

　　①　ルワンダ　　②　韓国　　③　フランス

4. どれくらいの食べ物が毎日，捨てられている？（目標12）

　　①　生産された食料の約1/6　　②　生産された食料の約1/3　　③　生産された食料の約2/3

5. 毎年800万トンものプラスチックごみが海に流れているというが，その重さはジェット機何機分？（目標14）

　　①　500機　　②　5,000機　　③　50,000機

　　　　　　1.〔　　　　　〕 2.〔　　　　　〕 3.〔　　　　　〕 4.〔　　　　　〕 5.〔　　　　　〕

Check 資料読解　　　①次の文章の〔 Ａ 〕～〔 Ｊ 〕に適語を書きなさい。

　ＳＤＧｓ目標15「陸の豊かさも守ろう」に関連して，森林減少と一人当たりＧＮＩを関連付けて資料をみると，森林面積減少の大きいブラジル，インドネシアは〔**Ａ**　　　　　　　〕，コンゴ民主共和国は低所得国である。特にブラジルは，名目ＧＤＰで世界の4分の1を占める〔**Ｂ**　　　　　　　〕の一つとして，2000年代に高い経済成長をしてきたことがわかる。ブラジル国内の地域〔**Ｃ**　　　　　〕の解消のためにも，アマゾン川流域の開発が進められてきたといえる。しかしながら，森林開発が進められると，影響が広がる。目標15は正確には，「陸上の〔**Ｄ**　　　　　　〕や森林の保護・回復と持続可能な利用を推進し，砂漠化と土地の劣化に対処し，〔**Ｅ**　　　　　　　〕の損失を阻止しよう」である。アマゾンの〔**Ｄ**〕は世界の酸素の20％を生み出し，10％の世界の〔**Ｅ**〕があるので，アマゾンの消失によって絶滅する生物が増えたり，地球温暖化が進んだりする。すなわち，目標13「〔**Ｆ**　　　　　　　〕及びその影響を軽減するための緊急対策を講じよう」にも関わってくるのである。〔**Ｆ**〕による洪水被害や水不足などは，〔**Ｃ**〕の拡大や紛争の原因に発展することもある。それは，目標6「全ての人が〔**Ｇ**　　　　　　　〕とトイレを利用できるよう衛生環境を改善し，ずっと管理していけるようにしよう」や目標10「国内および国家間の不平等を見直そう」につながっている。

　ＳＤＧｓ目標4「全ての人が受けられる公正で質の高い教育の完全普及を達成し，生涯にわたって学習できる機会を増やそう」に関連して，「初等教育の就学率の低い国」をみると，地域的には〔**Ｈ**　　　　　　　〕の国が多く，南スーダンやリベリアなど紛争や治安が悪化している国が多いこともわかる。また，男女別でみると，多くの国で男性の方が就学率が高く，若者の識字率をみると，例外なく〔**Ｉ**　　　　　　〕の識字率が低い。学校に通えずに働く子ども，すなわち児童労働をなくしていくことは，ＳＤＧｓ目標8「働きがいも経済成長も」に関連する課題であるし，目標5「〔**Ｊ**　　　　　　　　〕平等を実現しよう」では，

すべての女性及び女児の能力の可能性を伸ばすことが掲げられている。社会的につくられた性差で〔J〕フリーを進めていく必要がある。

②SDGsを実現するための方法を考えてみよう。

問1　レジ袋の使用をやめることは，17の目標のどれに最も関係しているか。

① 目標2　飢餓を終わらせ，すべての人が一年を通して栄養のある十分な食料を確保できるようにし，持続可能な農業を促進しよう

② 目標7　すべての人が，安くて安定した持続可能な近代的エネルギーを利用できるようにしよう

③ 目標11　安全で災害に強く，持続可能な都市および居住環境を実現しよう

④ 目標14　持続可能な開発のために海洋資源を保全し，持続可能な形で利用しよう

〔　　　〕

問2　目標12「持続可能な方法で生産し，消費する取り組みを進めていこう」に関係する取り組みとして，適当でないものは何か。

① ノートを購入するとき，リサイクル率の高い紙で作られており，ＦＳＣ認証製品やエコマークのついたものを選ぶ。

② 洋服は，必要でないものはなるべく買わず，買うときには環境に熱心に取り組んでいる企業の製品やフェアトレード製品を選ぶ。

③ 大企業は，なるべく化学物質を使って，効率よく生産し，その情報を定期報告に盛り込む。

④ 先進国は，発展途上国に対して，生産現場における科学的・技術的能力の強化を支援する。

〔　　　〕

問3　次の①〜④は，下のア〜エのどれに関連しているか。適する組合せを答えなさい。

① 発展途上国において，安価なインターネットアクセスを可能にする環境を整備すること

② 薬物の乱用やアルコール依存の防止・治療をすること

③ あらゆる形態の暴力や汚職・贈賄をなくしていく

④ ＯＤＡの目標達成に努め，発展途上国の輸出を増やすなどの政策協調をおこなう

ア：目標3「すべての人に健康と福祉を」　イ：目標9「産業と技術革新の基盤をつくろう」

ウ：目標16「平和と公正をすべての人に」　エ：目標17「パートナーシップで目標を達成しよう」

①〔　　　〕　②〔　　　〕　③〔　　　〕　④〔　　　〕

⚙Try　**SDGsの17の目標からあなたが最も優先的に解決すべきと考えるものを選んで，その理由と自らの行動について書いてみよう。**

①最も優先すべき課題
②その理由
③2030年に向かって，その課題解決のために自分がしていこうと思うこと

「公共」の学習を振り返ってみよう

第1部　公共の扉（教科書p.6〜49）

●自分の生き方，あり方を，これからどのようにしていきたいか改めて見つめなおそう。

第2部　よりよい社会の形成に参加する私たち
1　現代の民主政治と日本国憲法　第1章　日本国憲法の基本的性格（教科書p.54〜75）

●日本国憲法の理念を守っていくために，私たちにどんな態度が求められているか考えよう。

第2章　日本の政治機構と政治参加（教科書p.76〜99）

●選挙のときに有権者として正しい判断をするには，どんなことが重要か考えよう。

2　現代の経済社会と国民生活　第1章　現代の経済社会（教科書p.102〜131）

●日本の財政問題を解決していくためにはどうすればよいか，自分なりに提案しよう。

第2章　日本経済の特質と国民生活（教科書p.132〜165）

●日本経済の課題のうち，最優先で解決すべきことは何か検討しよう。

3国際社会と人類の課題　第1章　国際政治の動向と課題（教科書p.168〜183）

●世界平和に対する自分の考えはどのように変化したか，記述しよう。

第2章　国際経済の動向と課題（教科書p.184〜197）

●世界経済に対する自分の考えはどのように変化したか，記述しよう。

公共
演習ノート

解答編

文章記述式の設問については，
必要に応じて解答例を掲載しました。

実教出版

第1章　社会を作る私たち

1 青年期とは (p.4)

①第二次性徴　②青年期　③通過儀礼
④心理・社会的モラトリアム　⑤エリクソン
⑥延長　⑦自我　⑧ルソー　⑨第二の誕生
⑩存在する　⑪生きる　⑫第二反抗期
⑬心理的離乳期　⑭人生観　⑮レヴィン
⑯マージナル・マン

正誤問題　1．○　　2．○　　3．×

Work 1　ア．エミール　イ．人間
ウ．男性か女性　エ．第二の誕生

2　「自分」を自分で意識したり，「自分」と「自分」以外のものを区別したり，さまざまな自分の要素や体験を一まとめにして1個の「自分」を作り上げたり，また，自分の気持ちや行動，考えなどをコントロールしたりする心の働き。

Check 資料読解　③

Try　(例)・将来どのような職業に就き，どのような社会的責任を果たしていくべきかを考え，模索していく時期(エリクソンの言う心理・社会的モラトリアムの時期)。将来の自分がどのように生きていくかを考える大切な時期だと思う。

・自分らしさを求め，自我にめざめる時期。自分らしい個性や考え，価値観に基づいて行動できるような自己を作り上げていく。そのことによって自分の人生が創り出されていくと思う。

・自分なりの判断や生き方，人生観や世界観を創り出していく時期。他人とぶつかることもあり，自分自身も悩むことの多い，しかし，自己の確立のためには乗り越えていかなくてはならない時期。

2 自己形成の課題(1) 3 自己形成の課題(2) (p.6)

①自己中心　②自己嫌悪　③共感　④アドラー
⑤劣等感　⑥葛藤　⑦適応行動　⑧欲求不満
⑨防衛機制　⑩フロイト　⑪欲求不満耐性
⑫パーソナリティ　⑬ユング　⑭エリクソン
⑮アイデンティティ　⑯ハヴィガースト
⑰アイデンティティの拡散　⑱アパシー

正誤問題　1．×　　2．○　　3．×

Work 1　①生理的　②安全　③所属と愛情
④承認　⑤自己実現　⑥基本的欲求　⑦成長欲求

2　①抑圧　②合理化　③反動形成　④昇華

Check 資料読解　ア．他者　イ．不安

ウ．価値ある人間　エ．共感　オ．劣等感

Try　(例)・他人から信頼されるような存在。⇒他人に対して，はっきりと自分の意思を伝える。そして，他人の意見にも率直に耳を傾け，ともに人間関係を作っていくような態度をもって行動する。

・向上心を持って，常により良い自分を目指すような人。⇒自分が何を求めているか，その実現には何が必要かを考え，行動する。そのうえで，他人と共感しながら前向きに物事に取り組み，劣等感に負けない。

・個性をもって自分らしさを貫いている人。⇒自分とはどのような性格なのかを理解する。自分のもつ信念について把握し，そのような信念をもって行動する自分が周囲から認められるような体験を積み重ねていく。

4 職業生活と社会参加 (p.8)

①自立　②自己実現　③生きがい
④インターンシップ　⑤フリーター　⑥ニート
⑦社会的動物　⑧社会参加　⑨ボランティア

正誤問題　1．×　　2．○　　3．×

Work 正社員　①②④　　フリーター　③⑤⑥

Check 資料読解 1　ア．○　　イ．×　　ウ．×
エ．×

2　省略

Active 省略

5 伝統・文化と私たち (p.10)

①カミ(神)　②八百万神　③アニミズム
④古事記　⑤自ずから　⑥祭り　⑦神道
⑧清き明き心(清明心)　⑨儒学　⑩伊藤仁斎
⑪忠信　⑫誠　⑬国学　⑭惟神　⑮漢意
⑯もののあはれ　⑰福沢諭吉　⑱天賦人権
⑲夏目漱石　⑳内発的開化　㉑外発的開化
㉒自己本位　㉓和辻哲郎　㉔間柄的存在

正誤問題　1．○　　2．○　　3．○　　4．×

Work 1　①受容的　②農耕　③厳しい
④戦闘的　⑤自発的　⑥牧畜

2　①孝悌　②克己　③忠　④恕　⑤信

Try　(例)・日本人は古来より，自然に対する豊かな感性をもち，自然と共存していこうとする生活を営んできた。このような日本人の伝統・文化は，温暖化など地球環境問題に直面している私たちにとって，人間と自然との関係はどうあるべきか考えるときに大きなヒントとなるのではないか。

・人に対して嘘偽りない態度で臨むという伝統的な倫理観は，他人を思いやり，他者と共感できる人間関係を作り出してきた。格差の拡大や分断化が進んでいる

という国際社会にあって，このような共感的なありかたを，人間関係の基本として見直していくべきではないか。

第1章 章末問題 社会を作る私たち (p.12)

Check ／ 重要用語
①通過儀礼(イニシエーション)
②心理・社会的モラトリアム　③第二の誕生
④マージナル・マン(境界人，周辺人)　⑤アドラー
⑥葛藤(コンフリクト)　⑦適応行動
⑧欲求不満(フラストレーション)　⑨防衛機制
⑩欲求不満耐性　⑪マズロー　⑫ユング
⑬発達課題　⑭アイデンティティ(自我同一性)
⑮アイデンティティの拡散　⑯アパシー
⑰インターンシップ　⑱ニート
⑲ボランティア活動　⑳アニミズム
㉑伊藤仁斎　㉒福沢諭吉　㉓間柄的存在

演習問題
1 ①④　**2** ⑥
解説 ①と②のXの反動形成は，抑圧された欲求と正反対の行動をとることなので，Yはどちらも該当しない。③と④の抑圧は，欲求不満や不安を無意識に押さえ込んで，忘却することなので，Yはどちらも該当しない。⑤と⑥の置き換えには，他の欲求に置き換えて満足すること(代償)とより高い価値の欲求に置き換えて満足すること(昇華)があるが，⑤のYは置き換えの例ではない。⑥は代償の例である。

第2章 人間としてよく生きる

1 古代ギリシアの人間観 (p.14)

①よく生きる　②無知の知　③フィロソフィア
④プシュケー　⑤魂への配慮　⑥アレテー
⑦徳は知　⑧知行合一　⑨福徳一致　⑩理性
⑪イデア　⑫エロース　⑬理想主義
⑭正義　⑮感覚　⑯質料　⑰魂　⑱倫理的徳
⑲中庸　⑳知性的徳　㉑社会的動物　㉒正義
㉓全体的　㉔部分的　㉕配分的　㉖調整的
㉗観想
正誤問題 1. ×　2. ○　3. ×　4. ○
Work ①ソクラテスの死　②不正
Try (例)・ソクラテスが言うように，人間の外見や地位や財産がその人の本質ではないと思う。知というものを理性的にとらえ，自己の内面性を常に良いものとするように努めることが人間の人間らしさなのであり，人間にとっての幸福なのだと思う。

・善や正といったものが本当にあるのか，自分にははっきりと答えられないが，善や正を求め続けるということが人間本来のあり方なのだと思う。そのような，本来のあり方を実践できている人が幸福に生きている人なのだと思う。
・人間は理性をもって行動することができる，社会的な動物である(アリストテレス)。社会的動物として正義と友愛をもって人間関係を作り上げていくことが大切だと思う。
・人間は現実の社会の中に生きている。社会の中で，自分らしさを十分に発揮し，徳(人間としての良さ)をもって生きていけることこそ，幸福に生きるということだと思う。

2 科学と人間 (p.16)

①コペルニクス　②ケプラー　③ガリレイ
④ニュートン　⑤F.ベーコン　⑥経験論
⑦デカルト　⑧合理論　⑨帰納法
⑩知は力なり　⑪方法的懐疑
⑫私は考える，それゆえに私はある　⑬演繹法
⑭精神　⑮物体　⑯二元論　⑰機械
⑱環境破壊　⑲人間中心主義
正誤問題 1. ×　2. ×　3. ○　4. ○
Work ①種族　②洞窟　③市場　④劇場
Check 資料読解 **1** ②　**2** ③
Active (例)たとえばインターネットを利用する際にも，新たな犯罪や個人情報の流出などを常に考えて使用することが必要である。ほかにも，科学技術の発達により大量生産が可能となった一方，近年プラスチックゴミが問題となっている。長持ちするという長所が短所にもなりうるといったデメリットにも向き合う必要がある。

3 自由の実現 (p.18)

①善意志　②動機説　③意志の自由　④因果律
⑤仮言命法　⑥定言命法　⑦道徳法則
⑧意志の自律　⑨人格　⑩手段　⑪目的の国
⑫人倫　⑬法　⑭道徳　⑮家族　⑯市民社会
⑰人倫の喪失態　⑱国家
正誤問題 1. ○　2. ×
Work **1** ア．経験論　イ．合理論
ウ．コペルニクス的転回　エ．人格　オ．歴史
カ．絶対精神
2 ア．正　イ．反　ウ．止揚　エ．合
Check 資料読解 **1** ①
2 ア．家族　イ．個人　ウ．市民社会

エ．個人　　オ．個人　　カ．人倫

Try（例）・自由とは，勝手気ままに何でもできるということではなく，自分がなすべきことを自らが選び取ることのできることが本当の自由であると思う。意志の自律をもつことが個人に自由をもたらすのではないか。

・自由とは，単に個人が自由であるというだけでは一面的だ。人間は現実にある社会の中で生きていくのであり，自由とは，その社会の中で実現されていくものではないか。そこには個人の自由も含まれるし，社会における共同といったものも含まれると思う。

4　社会を作る人間 (p.20)

①サルトル　　②実存は本質に先立つ
③人間は自由の刑に処せられている
④アンガージュマン　　⑤ハーバーマス
⑥生活世界の植民地化　　⑦対話的理性　　⑧討議
⑨合意　　⑩コミュニケーション的行為
⑪アーレント　　⑫労働　　⑬仕事　　⑭活動
⑮公共性　　⑯ポリス

正誤問題　１．○　　２．×
Work　ア．マルクス　　イ．資本主義
ウ．労働者階級（プロレタリアート）
Check 資料読解　❶　ア．②　　イ．③　　ウ．⑤
エ．①　　オ．⑥　　カ．④
❷　ア．労働　　イ．仕事　　ウ．活動　　エ．複数
Try（例）・私たちの生きる社会には，依然として多くの問題がある。このような社会に主体的に生きる私たちにとって，自ら進んで社会状況にかかわり，社会の形成に参加していくことが必要であると思う。

・社会は多くの考えや意見を持つ人々から成り立っている。互いの意見を自由に表明しあい，お互いに議論を重ねながら合意を形成していくことが必要だと思う。
・一方的な意見の押し付けや，不十分な合意形成によって社会が作られていくと，人々は社会を作り上げていくことに対して無関心となってしまい，社会に対して責任をもっていこうとする民主主義的パーソナリティは育たないと思う。民主的な社会を作り出すためには声を上げていかなくてはならない。

第2章 章末問題 人間としてよく生きる (p.22)

Check／重要用語
①無知の知　　②知徳合一　　③イデア
④エロース　　⑤アリストテレス
⑥倫理的徳（習性的徳）　　⑦ベーコン　　⑧デカルト
⑨カント　　⑩ヘーゲル　　⑪マルクス

⑫サルトル　　⑬ハーバーマス
演習問題
❶　⑥　　❷　②　　❸　④

第3章　他者とともに生きる

1　人間と幸福 (p.24)

①功利主義　　②結果説　　③ベンサム　　④快楽
⑤最大多数の最大幸福　　⑥ミル　　⑦精神的快楽
⑧質的功利主義　　⑨他者危害原則　　⑩帰結主義
⑪義務論
正誤問題　１．×　　２．×　　３．×　　４．○
Work　❶　①社会規範　　②外部的　　③自然的
④道徳的　　⑤内的
❷　帰結主義　②　　義務論　①
Check 資料読解　ア．快楽　　イ．苦痛　　ウ．快楽
エ．苦痛
Try（例）・医療の使命は救命であり，したがって少しでも助かる可能性があるのならば，もっとも重症で緊急性のある患者から治療を行うべきである。それ以外の優先順位のつけ方をすると，「命を守るべきだ」という本来の目的以外に，「この人は○○だから助けるべきだ」「××だから後回しにしてもよい」といった，また違った判断基準が持ち込まれることにならないか。

・その人の命を守る，ということはその人の究極の幸福を守るということだ。人によってその大切さは変わりがない。であるのなら，１人の命よりも９人の命が優先されるのは当然だ。この例だけでなく，より多い人の命を救う方が結果からみて正しい選択だ。
・「命を守れ」とは誰もあらがうことのできない究極の命令だ。だから，１人だけを救うことも，９人だけを救うことも，ともにとるべきではない。この例では，10人に対して平等に医療資源を分配すべきである。たとえ，それによって多くの人命が失われようと，それはあくまで結果の問題だ。

2　公正な社会をめざして (p.26)

①ロールズ　　②公正としての正義　　③正義の原理
④社会的基本財　　⑤原初状態　　⑥平等な自由
⑦公正な機会均等　　⑧格差原理　　⑨セン
⑩機能　　⑪潜在能力（ケイパビリティ）
⑫リベラリズム　　⑬リバタリアニズム
⑭コミュニタリアニズム　　⑮サンデル
⑯徳倫理学
正誤問題　１．○　　２．×　　３．○

Check 資料読解 ①1 ロールズ…基本的な権利と義務が平等に割り当てられるべきで，不平等が生まれるとしても，それが，最も不遇な人の便益を補正する場合に限られる。
セン…基本財を，人が価値を認める様々なことを行うケイパビリティに変換する能力についても考慮する。
2 ①
Active 省略

第4章 民主社会の倫理

1 人間の尊厳と平等 (p.28)

①尊厳 ②シュヴァイツァー ③ガンディー
④非暴力 ⑤サティヤグラハ
⑥不殺生(アヒンサー) ⑦個人の尊重
⑧少数者(マイノリティ) ⑨寛容
⑩モンテーニュ
⑪私は何を知っているか(ク・セ・ジュ)
⑫男女共同参画社会 ⑬ジェンダー
⑭クォータ制
正誤問題 1．○ 2．○
Work 1 ②
2 機会の平等は，機会が等しく与えられることであり，結果の平等は結果が等しくなるように配分されること。
Check 資料読解 1 ③
2 ア．独断や偏見 イ．差別 ウ．寛容
Active 省略

2 自由・権利と責任・義務 (p.30)

①権利 ②義務 ③自由 ④公共の福祉
⑤自由権 ⑥国家権力 ⑦ボランティア
⑧子どもに教育を受けさせる ⑨勤労 ⑩納税
⑪世代間の正義
正誤問題 1．× 2．○ 3．×
Work 1 成年後見制度
2 他者の自由や権利を侵害しないこと。(他者の人権尊重)
3 公共の福祉
Try 1 (例)・地球温暖化問題→ 現在の私たちの生活をどれだけ豊かにするか，という視点ではなく，未来世代が自然環境を享受して生きていけるためには現在の私たちは何をなすべきかという視点で考える。また，各国それぞれの取り組みではなく，グローバルな取り組みを進める。

・財政問題→ 国債の累積は将来世代に負担を残すことになりかねない。このまま進むと将来世代はどれだけ負担することになるのか，国の歳出には削減することが可能なものはないのかなど，情報公開をして国会はもちろん，国民の間でも広く議論をする。あわせて，現代の世代が負担できるような合理的な税制を議論していく。
2 表現の自由…自分の考えや自分が知った事実を発表する自由
プライバシーの権利…私生活上のことがらをみだりに公開されない権利
(例)・学級新聞に自分の考えなどを掲載するといった表現の自由は，日本国憲法の中の精神の自由の一つとして保障されている，極めて重要な基本的人権の一つである。しかし，このような権利は濫用してはならず，公共の福祉のために利用しなくてはならない(第12条)。みんなのためになると考えたA君であるが，この記事の内容がBさんのプライバシーの権利を侵害し，結果としてBさんが個人として尊重されることなく書かれてしまったことは問題であると思う。個人情報にかかわる問題については，事前に本人にその内容をよく確認してもらってから公開すべきだ。

第3章	章末問題	他者とともに生きる
第4章		民主社会の倫理 (p.32)

Check／重要用語
①功利主義 ②結果説 ③ベンサム ④ミル
⑤リベラリズム ⑥セン
⑦リバタリアニズム(自由至上主義)
⑧男女共同参画社会 ⑨ジェンダー
⑩ポジティブ・アクション ⑪自由権
演習問題
1 問1 ①人工授精 ②体外受精
③出生前診断
問2 (例)・遺伝子疾病のリスクを下げることができる，能力があれば赤ちゃんにとっても社会にとっても有益である。
・障がいをもった子どもが差別されるおそれがある，子供の意見や人権を無視している，人間の尊厳が失われる。
2 問1 ①安楽死 ②尊厳死
問2 ・個人にとって自由であることは最も優先される価値観である。よって，安楽死や尊厳死のように，自分の意思に基づいた選択は認められるべきだと思う。
・尊厳死の範囲が拡大されることが懸念される。また，生きる事を望む事が人間の本質だと考えるので，誰も

が尊厳ある生を営める社会を形成すべきだと思う。

3 問1　経済と政治
問2　・日本における国会議員に占める女性比率が諸外国と比べ非常に低いから。
・日本の女性労働力率はM字カーブとなっており，出産や育児で仕事を離れた女性が，子育てが一段落して仕事に復帰したときに非正規雇用になるケースが多く，その結果賃金が抑えられてしまうから。
問3　パパ・クオータ制度

第5章　民主国家における基本原理

1 民主政治の成立 (p.34)

①政治　②政治権力　③主権　④国家権力
⑤政府　⑥公共　⑦絶対王政　⑧王権神授
⑨市民革命　⑩ブルジョアジー
⑪基本的人権の尊重　⑫国民主権　⑬権力分立
正誤問題 1．○　2．○　3．○　4．×
Work ①権利請願　②権利章典
③アメリカ独立宣言　④フランス人権宣言
⑤チャーティスト運動　⑥ゲティスバーグ演説
⑦ワイマール憲法　⑧「四つの自由」
⑨日本国憲法公布
Check 資料読解 ア．⑦　イ．④　ウ．⑦
エ．⑤　オ．①
Try ア．対立　イ．権力　ウ．共通の利益

2 民主政治の基本原理 (p.36)

①社会契約　②自然権　③ロック　④抵抗権
⑤自由権　⑥社会権　⑦ワイマール
⑧福祉国家　⑨法の支配　⑩マグナ・カルタ
⑪コーク　⑫ブラクトン　⑬法のもと
⑭法治主義　⑮立憲主義
正誤問題 1．○　2．×　3．○
Work ①ホッブズ　②ロック　③ルソー
Check 資料読解 1 ホッブズ　ア．③　イ．④
ロック　ア．①　イ．⑥　ルソー　ア．⑤　イ．②
2 ア．②　イ．③　ウ．①　エ．⑤
Try 自由権 ②③④⑥　社会権 ①⑤

3 民主政治のしくみと課題 (p.38)

①民主政治　②参政権　③普通選挙
④チャーティスト運動　⑤直接民主制
⑥議会制民主主義　⑦ファシズム　⑧多数決原理
⑨少数意見　⑩権力分立　⑪モンテスキュー

⑫抑制と均衡
正誤問題 1．○　2．×　3．○
Work ア．ファシズム　イ．ムッソリーニ
ウ．ナチス　エ．民族主義　オ．暴力
カ．侵略主義　キ．ホロコースト　ク．選挙
Check 資料読解 ア．⑤　イ．②　ウ．①
エ．④　オ．③
Try ア．立憲主義　イ．権力の制約
ウ．個人

4 世界の主な政治制度 (p.40)

①立憲君主制　②議院内閣制　③下院優位
④総辞職　⑤影の内閣　⑥大統領制　⑦拒否権
⑧教書　⑨違憲審査権　⑩全国人民代表大会
⑪国務院　⑫最高人民法院　⑬開発独裁
正誤問題 1．×　2．×　3．○　4．○
Work a．国王　b．首相　c．貴族院
d．議院内閣制　e．大統領　f．大統領選挙人
g．違憲審査権　h．大統領制
Check 資料読解 議院内閣制 ①④
大統領制 ②③
Try 中国 ①③　日本 ②

第5章 章末問題 民主国家における基本原理 (p.42)

Check ／重要用語
①政治権力　②王権神授説　③市民革命
④権力分立　⑤社会契約説　⑥ロック
⑦抵抗権・革命権　⑧基本的人権
⑨マグナ・カルタ　⑩法の支配　⑪法治主義
⑫立憲主義　⑬民主政治(民主主義)
⑭リンカーン　⑮普通選挙制
⑯チャーティスト運動　⑰直接民主制
⑱議会制民主主義(間接民主制)　⑲議院内閣制
⑳影の内閣(シャドーキャビネット)　㉑大統領制
㉒教書　㉓全国人民代表大会
演習問題
1 ⑤　2 ②
解説 生徒Aは議論をすることについて肯定的な立場，生徒Bは否定的な立場である。WとZは生徒Aの発言であることを念頭において考えるとよい。

第2部　よりよい社会の形成に参加する私たち

1　現代の民主政治と日本国憲法

第1章　日本国憲法の基本的性格

1　日本国憲法の成立　(p.44)

①大日本帝国憲法　②外見的立憲　③欽定憲法
④天皇主権　⑤統帥権　⑥臣民ノ権利　⑦法律
⑧大正デモクラシー　⑨男子普通選挙
⑩治安維持法　⑪ポツダム宣言　⑫GHQ
⑬マッカーサー　⑭松本案　⑮マッカーサー草案

正誤問題　1．×　2．○　3．○
Work　①天皇　②国民　③象徴　④統帥
⑤平和　⑥臣民　⑦基本的人権　⑧貴族院
⑨行政　⑩地方自治
Check 資料読解　大日本帝国憲法：臣民
日本国憲法：主権者
Try　ア．(国家)権力　イ．国民　ウ．天皇
エ．臣民の権利　オ．法律

2　日本国憲法の基本的性格　(p.46)

①国民主権　②象徴　③国事行為　④内閣
⑤基本的人権　⑥個人　⑦平和主義
⑧平和的生存　⑨最高法規　⑩憲法尊重擁護
⑪硬性　⑫国会　⑬国民投票　⑭過半数
⑮18

正誤問題　1．×　2．○　3．×　4．×
Work　①ア　②オ　③イ　④カ　⑤ウ
⑥キ　⑦エ
Check　1　ア．総議員　イ．3分の2
ウ．発議　エ．国民投票　オ．過半数
2　②③
Try　ア．権力　イ．多数者の専制
ウ．多数決

3　自由に生きる権利　(p.48)

①自由権　②思想・良心　③三菱樹脂　④信教
⑤国家神道　⑥政教分離　⑦愛媛玉ぐし料
⑧表現　⑨検閲　⑩学問　⑪罪刑法定
⑫冤罪　⑬経済活動　⑭職業選択　⑮財産権
⑯公共の福祉

正誤問題　1．×　2．×　3．○　4．○
Work　①愛媛玉ぐし料　②思想・良心の自由
③信教の自由　④神社神道　⑤公金

⑥政治的信条　⑦宗教的活動
Opinion　1　存続論　①④⑤
廃止論　②③⑥
2　(例)存続すべき
・当事者である犯罪被害者や家族・遺族の心情に配慮した制度作りは重要だと思うから。
・死刑制度があることによって，法規範意識というものが形成され育っていくと考えられる。そうした法規範意識を身につけた故に，皆が死刑というものに近づかないように日常的に生活していくと考えられるから。
　廃止すべき
・日本において冤罪事件はいまだに多く発生しており，誤判によって，人の命が奪われる可能性があるのは許されないから。
・死刑は憲法36条「公務員による拷問及び残虐な刑罰は，絶対にこれを禁ずる」の残虐な刑罰にあたり，人間の尊厳を傷つける刑罰だと思うから。

4　平等に生きる権利　(p.50)

①平等　②法の下　③人種　④性別
⑤機会均等　⑥女性差別撤廃
⑦男女雇用機会均等法
⑧男女共同参画社会基本法　⑨ジェンダー
⑩全国水平社　⑪同和対策　⑫アイヌ文化振興法
⑬アイヌ民族支援法　⑭障害者基本法
⑮ハンセン病

正誤問題　1．○　2．×　3．×　4．×
5．○
Work　1　①③④
2　①男女雇用機会均等法　②日本国憲法第14条
Check 資料読解　ア．④　イ．②　ウ．①
エ．③
Try　(例)個人はみな人間として平等であるという考え方である「個人の尊重」の原理からすると，「人間の尊厳」を脅かす様々な差別は許されないと考えられるから。

5　社会権と参政権・請求権　(p.52)

①社会権　②生存　③健康で文化的　④朝日
⑤プログラム規定　⑥能力　⑦教育を受ける
⑧機会均等　⑨無償　⑩勤労権　⑪労働三権
⑫労働基本権　⑬労働基準法　⑭労働組合法
⑮労働関係調整法　⑯参政　⑰選定・罷免権
⑱普通選挙　⑲国民審査　⑳憲法改正
㉑請願権　㉒裁判を受ける権利

㉓刑事補償請求権

正誤問題 　1．× 　　2．× 　　3．× 　　4．×

Work 　1．勤労権 　　2．請願権

3．教育を受ける権利

Check 資料読解 　②③

Try 　省略

6 新しい人権　7 人権の広がりと公共の福祉 (p.54)

①四大公害 　　②環境 　　③知る 　　④情報公開法

⑤説明責任 　　⑥特定秘密保護法 　　⑦アクセス

⑧プライバシー 　　⑨自己情報 　　⑩個人情報保護法

⑪マイナンバー法 　　⑫自己決定

⑬インフォームド・コンセント 　　⑭世界人権宣言

⑮国際人権規約 　　⑯公共の福祉

正誤問題 　1．× 　　2．× 　　3．× 　　4．○

Work 次の判決と関連する権利を線で結びなさい。

1．『宴のあと』事件 　　・ア．環境権

2．国立マンション訴訟 　　・イ．プライバシーの権利

3．大阪空港公害訴訟 　　・ウ．知る権利

4．『石に泳ぐ魚』事件 　　・エ．自己決定権

Try 　ア．インターネット 　　イ．個人情報

ウ．削除

(例)・個人の負の情報(逮捕歴など)がいつまでも掲載されることは，その個人のプライバシーの権利の侵害につながるため，忘れられる権利については賛成である。

・一方的に削除することは，掲載する側の「表現の自由」や，国民の「知る権利」を侵害することにつながるため，忘れられる権利については反対である。

8 平和主義とわが国の安全　(p.56)

①平和的生存権 　　②戦争 　　③戦力

④国の交戦権 　　⑤朝鮮戦争 　　⑥警察予備隊

⑦保安隊 　　⑧自衛隊 　　⑨長沼ナイキ

⑩必要最小限度の実力 　　⑪文民統制

⑫内閣総理大臣 　　⑬国家安全保障会議

⑭サンフランシスコ平和 　　⑮日米安全保障

⑯基地 　　⑰砂川 　　⑱日米地位 　　⑲ガイドライン

⑳思いやり予算 　　㉑もたず・つくらず・もちこませず

㉒密約

Check 資料読解 　1 　ア．西側 　　イ．ソ連

ウ．冷戦

2 　③④

3 　1946年(D) 　　1954年(B)

1972年(A) 　　2014年(C)

Try 　(例)・他国を攻撃する目的のみに用いられる兵器は「必要最小限度」を超えてしまうので保持できな

いのではないか。(「自衛力」の限度は，国際情勢や技術の水準で変わることがあるため，実際は限界づけられないという指摘もある。)

9 こんにちの防衛問題　(p.58)

①PKO(国連平和維持活動)協力法 　　②カンボジア

③日米安保共同宣言 　　④周辺事態法

⑤海賊対処法 　　⑥テロ対策特別措置法

⑦イラク復興支援特別措置法 　　⑧武力攻撃事態法

⑨国民保護法 　　⑩集団的自衛権

⑪安全保障関連法

正誤問題 　1．○ 　　2．× 　　3．× 　　4．×

Work 　1．日米安全保障条約 　　2．70%

3．日米地位協定 　　4．普天間飛行場

Try 　1 　ア．人間の安全保障 　　イ．食料

2 　①②⑤

第1章　章末問題　日本国憲法の基本的性格 (p.60)

Check ／重要用語

①大日本帝国憲法 　　②マッカーサー草案

③象徴天皇制 　　④基本的人権の尊重 　　⑤硬性憲法

⑥自由権 　　⑦思想・良心の自由 　　⑧表現の自由

⑨人身の自由 　　⑩適正〈法定〉手続きの保障

⑪平等権 　　⑫男女雇用機会均等法

⑬アイヌ文化振興法 　　⑭生存権 　　⑮労働基本権

⑯社会権 　　⑰参政権 　　⑱請求権 　　⑲環境権

⑳知る権利 　　㉑情報公開法 　　㉒アクセス権

㉓プライバシーの権利 　　㉔個人情報保護法

㉕インフォームド・コンセント 　　㉖世界人権宣言

㉗公共の福祉 　　㉘平和主義 　　㉙警察予備隊

㉚日米安全保障条約(安保条約) 　　㉛非核三原則

㉜PKO(国連平和維持活動)協力法 　　㉝海賊対処法

㉞テロ対策特別措置法

㉟イラク復興支援特別措置法 　　㊱有事法制

㊲集団的自衛権

演習問題

1 　⑦

解説 　(i)は，民間企業の参加について，厳しいルールを設け，政策に対する反対意見を取り締まるといったもので，「経済的自由」「精神的自由」をともに尊重しない観点である。よってCとなる。(ii)は，公共交通機関の運営を完全に民間企業に任せ，批判も認めるといった観点である。よって，Aとなる。

2 　問1 すべての人間をかけがえのない個人として尊重すること(個人の尊重)

問2 　①生存権 　　②請願権 　　③教育を受ける権利

問3 （理由）（例）賛成　・日本で暮らす外国人は増加しており，納税も行い，社会生活の一端を担っている。そのため外国人に参政権を付与することには賛成である。

・多文化共生社会において，日本で暮らす外国人の多様な意見を政策に反映するためにも外国人に参政権を付与することは賛成である。

反対　・日本国憲法第15条には「公務員を選定し，及びこれを罷免することは，国民固有の権利である」と明記されているため，日本国籍を有しない外国人に選挙権を付与することは違憲だと思うから。

・外国籍をもつ人たちに選挙権を付与することは，内政干渉にもつながると思うから。

③　問1　省略

問2　省略

問3　（例）・日本は「自衛のための必要最低限度の実力」しかもてない。そのため，他国からの脅威に自衛隊の実力で対応できるのだろうか。在日米軍の力に頼ることやアメリカの核の傘に入ることで安全を確保すべきだ。

・アジア諸国との協力関係を強め，地域の安全保障環境の安定化を図ることが大切だ。

・日本国憲法の平和主義をもとに，対話による平和の実現を求めるべきではないか。

第2章　日本の政治機構と政治参加

1　政治機構と国会　　(p.64)

①国民主権　②代表民主制　③三権分立
④国権の最高機関　⑤立法機関　⑥二院制
⑦不逮捕特権　⑧免責特権　⑨法律案
⑩両院協議会　⑪衆議院の優越　⑫国政調査権
⑬常会　⑭特別会　⑮委員会制度　⑯会派
⑰党議拘束　⑱国会審議活性化法

正誤問題　1．×　2．○　3．×　4．○

Work　ア．⑥　イ．②　ウ．④　エ．⑤
オ．①　カ．③

Check　ア．任期　イ．解散　ウ．民意

Check 資料読解　①④⑤⑦

Try　ア．主権　イ．国民主権　ウ．直接
エ．間接(代表)　オ．全国民

2　行政権と行政機能の拡大　　(p.66)

①内閣　②内閣総理大臣　③国会議員
④過半数　⑤政令　⑥助言と承認
⑦議院内閣制　⑧連帯　⑨不信任決議

⑩総辞職　⑪解散　⑫行政権　⑬官僚
⑭委任立法　⑮許認可権　⑯天下り
⑰国家公務員制度改革　⑱行政手続法
⑲情報公開法　⑳オンブズ・パーソン
㉑行政委員会　㉒行政改革

正誤問題　1．×　2．×

Work　A　内閣府　（　4　）
B　財務省　　　（　3　）
C　厚生労働省　（　1　）
D　環境省　　　（　2　）

Check 資料読解　ア．内閣立法　イ．立法機関

Try　ア．行政手続法　イ．情報公開法
ウ．オンブズ・パーソン(行政監察官)

3　公正な裁判の保障　　(p.68)

①三審　②司法権の独立　③民事　④刑事
⑤行政　⑥違憲審査権　⑦憲法の番人
⑧統治行為論　⑨裁判を受ける権利　⑩公開
⑪国民審査　⑫弾劾裁判所　⑬検察審査会
⑭起訴議決制度　⑮裁判員　⑯18　⑰20
⑱家庭

正誤問題　1．×　2．×　3．○　4．○
5．×

Work　1　ア．高等　イ．控訴　ウ．上告
エ．三審制
2　ア．18　イ．裁判員　ウ．刑事
エ．有罪か無罪か　オ．刑罰　カ．裁判官
キ．6
a．裁判長　b．裁判員　c．検察官
d．被告人

Opinion　消極論　①②④　積極論　③⑤⑥

Try　（例）・裁判所は国民の選挙によって選ばれた機関ではないため，違憲審査権の行使は抑制的であるべきだ。

・憲法は国の最高法規であり，憲法に基づいて政治が行われるという立憲主義の観点から積極的に判断すべきである。

4　地方自治と住民福祉　　(p.70)

①地方公共団体　②民主主義の学校　③住民自治
④団体自治　⑤議会　⑥長　⑦二元代表制
⑧直接選挙　⑨条例　⑩地方分権一括法
⑪機関委任　⑫自治事務　⑬法定受託事務
⑭地方交付税　⑮国庫支出金　⑯直接請求
⑰レファレンダム　⑱イニシアティブ
⑲リコール　⑳住民投票

正誤問題　1．×　2．○　3．×　4．×
Work ア．50　イ．条例　ウ．首長
Check 資料読解 **1** ①④
2 ア．自主財源　イ．地方交付税
ウ．国庫支出金　エ．地方債
オ．三割(四割)自治
Active （例)公正である
　原子力発電所による環境負担は建設地の住民が大きく担うことになる。よって，その地域の住民投票によって決められるべきである
　公正でない
　原子力発電所は国のエネルギー政策の一端を担っている。よって，国民の意見を広く聴くべきである。

5 政党政治 (p.72)

①政党　②綱領　③マニフェスト　④政党政治
⑤与党　⑥野党　⑦二大政党　⑧多党
⑨連立　⑩党員数　⑪官僚　⑫政党助成
⑬55年　⑭自民　⑮細川　⑯民主
⑰ねじれ国会
正誤問題　1．×　2．○　3．×　4．○
Work A．政治資金　B．集票　C．天下り先
D．許認可
Check 資料読解 **1** ②　**2** ②
Try （例)日本の政党における政治資金の内訳は，多くの党で政党交付金が高い割合を示している。日本では長らく自民党が多数党となっており，大政党に多く配布される交付金のあり方によって，少数政党が著しく不利な立場に置かれているのではないか。小規模の政党に多めに配分することで政党間の競争を促し，国民の多様な意見を届かせることが必要だと思う。

6 選挙制度 (p.74)

①参政権　②普通　③18　④平等
⑤大選挙区制　⑥死票　⑦小選挙区制
⑧比例代表制　⑨小選挙区比例代表並立制
⑩非拘束名簿式　⑪不均衡　⑫違憲
⑬アダムズ方式　⑭公職選挙法　⑮戸別訪問
⑯連座制　⑰政治資金規正法
正誤問題　1．○　2．×　3．×　4．×
Work ア．1100万　イ．550万　ウ．367万
エ．275万　オ．220万　カ．500万
キ．250万　ク．167万　ケ．125万
コ．100万　サ．400万　シ．200万
ス．133万　セ．100万　ソ．80万
タ．5人　チ．2人　ツ．1人

Check 資料読解 ①○　②×　③○　④○
⑤×
Try （例)性別や経済力など一定の条件を設けられた下での制限選挙や，有権者によって一票の価値が異なってしまったりすると民意が政治に正確に反映できないから。

7 世論と政治参加 (p.76)

①世論　②マス・メディア　③世論操作
④圧力団体　⑤メディアリテラシー
⑥政治的無関心　⑦無党派層　⑧市民運動
⑨住民運動　⑩NPO(民間非営利組織)
正誤問題　1．×　2．×　3．○　4．○
Work **1** ②　**2** ②　**3** ②
Check 資料読解 ③
Try ②③⑤

第2章 章末問題 日本の政治機構と政治参加 (p.78)

Check／重要用語
①代表民主制(間接民主制)　②三権分立
③国権の最高機関　④衆議院の優越
⑤国政調査権　⑥党議拘束　⑦内閣総理大臣
⑧議院内閣制　⑨官僚政治　⑩天下り
⑪行政委員会　⑫司法権の独立　⑬裁判官の独立
⑭違憲審査権　⑮統治行為論　⑯国民審査
⑰弾劾裁判所　⑱裁判員制度
⑲地方公共団体(地方自治体)　⑳団体自治
㉑住民自治　㉒地方分権一括法　㉓住民投票
㉔政党　㉕野党　㉖政党助成法　㉗大選挙区制
㉘小選挙区制　㉙比例代表制　㉚死票
㉛小選挙区比例代表並立制　㉜公職選挙法
㉝マス・メディア　㉞圧力団体　㉟無党派層
㊱NPO(民間非営利組織)
演習問題
1 ③　**2** ⑧
3 A　×　間接民主制　○　直接民主制
B　×　参議院　○　衆議院
C　×　中選挙区制　○　比例代表制
D　×　憲法の番人　○　司法権の独立
4 （例)

	A党	B党	C党	D党
エネルギー政策	原発推進	温暖化対策を推進	オール電化を推進	省エネの推進
財政改革	防衛費削減	公務員数の削減	所得税の増税	消費税の増税
産業・貿易	自動車産業の国有化	国内農家の保護	自由貿易推進	ロボット技術の開発・育成

教育	奨学金の拡充	いじめ撲滅	高校中退者の抑制	幼児教育の無償化
雇用・労働	同一労働同一賃金	長時間労働の抑制	外国人労働者の導入	女性労働力の活用

2 現代の経済社会と国民生活

第1章 現代の経済社会

1 経済主体と経済活動の意義 (p.82)

①財　②サービス　③経済　④分業
⑤生産の三要素　⑥家計　⑦消費　⑧貯蓄
⑨企業　⑩政府　⑪公共財　⑫経済主体
⑬資源　⑭配分　⑮効率性　⑯公平性
⑰トレード・オフ　⑱機会費用

正誤問題　1．○　2．×　3．×　4．×

Work 1 A　企業　　B　家計
①イ　②オ　③ウ　④ア　⑤エ
2 ①③

Check 資料読解 1 ア．必要　イ．不公平
ウ．不必要　エ．非効率
2 a．②　　b．①

Try (例)家計及び企業は経済の効率性の視点で行動するが，政府はさらに公平性の視点も持つようになっている。従って，政府によって公平性が実現される可能性がある。

2 経済社会の変容 (p.84)

①資本主義経済　　②利潤追求の自由
③生産手段の私有化　　④労働力の商品化
⑤アダム＝スミス　　⑥見えざる手　　⑦世界恐慌
⑧ニューディール　　⑨ケインズ　　⑩有効需要
⑪自由放任主義　　⑫修正資本主義　　⑬大きな政府
⑭新自由主義　　⑮小さな政府　　⑯マルクス
⑰社会主義　　⑱生産手段の共有化　　⑲計画経済
⑳改革・開放　　㉑グローバリゼーション

正誤問題　1．○　2．×　3．×　4．○

Check 資料読解 1

	説明文	考え方
産業資本主義	③	A
修正資本主義	④	B
新自由主義	①	A
社会主義経済	②	B

2 例　小さな政府
　図において，労働力人口に占める公務員の割合は先進国中で低位で，一般政府支出の対GDP比において

も中～低位であり，総合的に見て小さな政府といえる。

3 市場のしくみ　4 市場の失敗 (p.86)

①市場　②需要　③供給　④下げる
⑤均衡価格　⑥市場メカニズム　⑦競争
⑧価格カルテル　⑨独占禁止法
⑩公正取引委員会　⑪寡占　⑫プライスリーダー
⑬非価格競争　⑭イノベーション
⑮情報の非対称性　⑯外部不経済　⑰公共財

正誤問題　1．×　2．○　3．○　4．×

Work 1 ①価格　②1000　③2000
④1000　⑤超過供給　⑥100　⑦1500

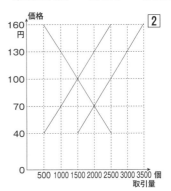

Opinion　効率性を重視する意見… B
（以下略）

Active (例)・独占禁止法で，寡占や独占を規制することにより，事業者は消費者から選ばれる魅力的な商品を供給しようと競争すると思う。競争を勝ち抜いた事業者は，売上げを伸ばして成長し，日本経済の活性化に寄与する考えられる。
・資本主義経済の下では，市場における自由な取引がなされるべきで，法律によって規制されるべきではない。

5 現代の企業 (p.88)

①公企業　②私企業　③株式会社　④無限責任
⑤株式　⑥株主　⑦配当　⑧有限責任
⑨株主総会　⑩取締役　⑪所有と経営の分離
⑫M&A　⑬コングロマリット　⑭多国籍企業
⑮持株会社　⑯コーポレート・ガバナンス
⑰ディスクロージャー　⑱企業の社会的責任
⑲ステークホルダー　⑳コンプライアンス

正誤問題　1．○　　2．×

Check 資料読解 A　④，ウ　　B　⑤，オ
C　①，ア　　D　⑥，エ　　E　②，カ

F ③，イ
Work 1．起業　　2．固定費　　3．資本金
4．粗利益　　5．純利益

6 国民所得 (p.90)

①GDP　　②国内　　③中間生産物　　④付加価値
⑤GNI　　⑥GNP　　⑦固定資本減耗　　⑧間接税
⑨補助金　　⑩国民所得　　⑪三面等価の原則
正誤問題 1．×　　2．○
Quiz ①
Work 1 ①GDP　　②国民総所得
③国民所得　　④中間生産物　　⑤固定資本減耗
2 ア．1300　　イ．1000　　ウ．1400
エ．1080
3 問1 15　　問2 15　　問3 20
問4 10　　問5 60
Check 資料読解 民間消費
Try ア．付加価値　　イ．中間生産物
ウ．GNI　　エ．固定資本減耗　　オ．間接税

7 経済成長と国民の福祉 (p.92)

①経済成長　　②経済成長率　　③設備投資
④労働者　　⑤好況　　⑥インフレーション
⑦景気後退　　⑧不況　　⑨デフレーション
⑩景気変動　　⑪ジュグラー　　⑫コンドラチェフ
⑬消費者物価　　⑭フロー　　⑮ストック　　⑯国富
⑰社会資本　　⑱国民純福祉　　⑲グリーンGDP
⑳持続可能性指標
正誤問題 1．×　　2．○　　3．○　　4．×
Work 1 a．好況　　b．景気後退　　c．不況
d．景気回復　　e．設備投資　　f．増え
2 a．フロー　　b．消費　　c．投資
d．国富　　e．ストック
Try （例）国民1人1人の平均的な経済的豊かさを
示す一つの指標として1人あたりGDPがある。この
指標は経済的豊かさのベースとなる。しかし人間が幸
福であるか否かということに着目するとき，GDPや
1人あたりGDPという指標では，環境問題，余暇や
自由時間，貧困や社会的不平等といった要素が抜け落
ちる。また，さらに主観的要素なども考慮する必要が
でてくるであろう。

8 金融の役割 (p.94)

①金融　　②金融市場　　③短期金融市場
④利子率　　⑤支払準備　　⑥信用創造
⑦マネーストック　　⑧証券　　⑨保険
⑩間接金融　　⑪直接金融　　⑫自己資本
⑬他人資本　　⑭金融の自由化　　⑮金融ビックバン
⑯ペイオフ
正誤問題 1．×　　2．×
Work 1 a．日本銀行　　b．都市銀行
c．ゆうちょ銀行　　d．信用金庫　　e．証券会社
f．生命保険会社
①b　　②e
2 ア．50　　イ．450　　ウ．405　　エ．1355
オ．855　　カ．5000　　キ．4500
Try ア．株式　　イ．証券市場　　ウ．直接金融
エ．銀行　　オ．間接金融　　カ．直接金融
（例）直接金融（貸し手のメリット／デメリット）出資
後のリターンが間接金融に比べ大きい。／投資先が安
全かどうかを自分で判断する必要がある。
（借り手側のメリット／デメリット）金融機関が難し
いと判断した場合でも，投資家の判断により資金を調
達できる。／出資者側が経営に参画してくる。
間接金融（貸し手側のメリット／デメリット）貸す
前にリスクを厳しく判断するので貸し倒れの懸念を少
しでも減らせる。／完全にリスクを排除することは難
しい。
（借り手側のメリット／デメリット）審査基準を満た
せば借り入れができる，財務面でのアドバイスを受け
られる。／自社の情報を提供しなければならない。

9 日本銀行の役割 (p.96)

①日本銀行　　②銀行の銀行　　③政府の銀行
④発券銀行　　⑤兌換紙幣　　⑥管理通貨制度
⑦不換紙幣　　⑧金融政策　　⑨通貨供給量
⑩金融緩和　　⑪金融引き締め　　⑫公開市場操作
⑬無担保コールレート　　⑭公定歩合　　⑮ゼロ金利
⑯量的緩和
正誤問題 1．×　　2．○　　3．×　　4．×
Work a．資金供給　　b．買い入れ　　c．増加
d．低下　　e．低下　　f．増加　　g．日本銀行
h．金融政策決定会合
Check 資料読解
1985年からの景気後退期　…　下落
1987年からの景気上昇期　…　上昇
1990年からの景気後退期　…　下落
Try ア．金融緩和　　イ．金融引き締め
ウ．公開市場操作　　エ．無担保コールレート
オ．マイナス金利

10 財政の役割と租税 (p.98)

①財政　②公共財の供給　③資源配分機能
④所得の再分配　⑤累進課税　⑥社会保障
⑦フィスカル・ポリシー　⑧財政支出
⑨ビルト・イン・スタビライザー
⑩ポリシー・ミックス　⑪一般会計予算
⑫特別会計予算　⑬財政投融資　⑭直接税
⑮間接税　⑯垂直的公平　⑰水平的公平

正誤問題　1．○　2．×

Check 資料読解
1　式　195万円×5％=97500円　…①
(330万円−195万円)×10％=135000円　…②
(600万円−330万円)×20％=540000円　…③
①+②+③=772500円
2　①社会保障関係　②少子高齢化　③ア．消費
イ．赤字国債
3　①脱税　②累進課税　③逆進性　④景気
ア．所得　イ．消費

Try　(例)所得格差の拡大は，憲法で定められた「健康で文化的な生活」を妨げる恐れもあり，人間の尊厳を損なうことにつながる。そうした不平等の解消のために，政府は累進課税制度をとり，集めた税金を生活保護や雇用保険など社会保障給付に用いることで，高所得者から低所得者への再分配を行っている。

11 日本の財政の課題 (p.100)

①税制改革　②直間比率　③社会保障関係費
④地球温暖化対策税　⑤国債　⑥建設国債
⑦赤字国債　⑧特例国債　⑨国債依存度
⑩国債費　⑪財政の硬直化　⑫財政構造改革
⑬プライマリー・バランス

正誤問題　1．×　2．×　3．○

Check 資料読解　1　ア．1　イ．株式譲渡
2　②

Try　1　(例)(主な原因)社会保障関係費の増大
(根拠)1990年度当初予算の歳出項目と2023年度予算の歳出項目を比較すると，大きな差があるのは社会保障関係費の増大である。この増大分の歳入不足を埋めるために赤字国債が発行されたと考えられる。
2　問1　ア．租税　イ．国債　ウ．2
エ．国債費　オ．財政の硬直化
問2　(例)国債で集めた資金を現在の世代がすべて消費に使う場合は，現在世代が恩恵を受け，返済の負担(税金)は将来世代が負うことになる。
問3　(例)建設国債のように，その資金で，道路や港，公営病院などを作った場合，現在世代も将来世代もともに利用することになる。したがってこちらの方がより公正な財政のあり方といえよう。仮に国債を使わず，現在世代の税金のみでまかなうとしたら，現在世代が過剰な負担を強いられるということになる。

Active 財政再建をどのように進めるべきか (p.102)

✓振り返りチェック
1　ア．1990　イ．1990
2　ア．1068　イ．1280　ウ．2　エ．①③
●財政再建をどのように進めるべきか
問1　ア．1990　イ．2020
問2　ア．デンマーク　イ．日本

Check 資料読解　1　①カズ　②リサ　③ケン
2　問1　①地方交付税　②公共事業関係費
問2　①(例)毎年のように大雨や台風による被害があり，堤防やダムの整備が行われないと，被害がさらに拡大する危険性が高い。
②(例)過疎地域は地方税が不足しており，交付税が減らされると，教育や警察などの予算が厳しくなり，過疎化がさらに進んでしまう。
問3　(例)1997年や2014年など税率が上がった時に，税収が急増する。
・景気の影響を受けにくい。
問4　個人所得税と消費課税

Try　1　省略
2　省略

第1章 章末問題 現代の経済社会 (p.104)

Check／重要用語
①経済主体　②トレード・オフ
③アダム=スミス　④有効需要　⑤新自由主義
⑥マルクス　⑦寡占・独占
⑧プライスリーダー(価格先導者)　⑨市場の失敗
⑩株式会社　⑪有限責任
⑫所有〈資本〉と経営の分離　⑬M&A
⑭GDP(国内総生産)　⑮GNI(国民総所得)
⑯NI(国民所得)　⑰三面等価(の原則)
⑱経済成長率　⑲景気変動　⑳社会資本
㉑NNW(国民純福祉)　㉒短期金融市場
㉓信用創造(預金創造)　㉔マネーストック
㉕間接金融　㉖ペイオフ　㉗管理通貨制度
㉘金融緩和
㉙公開市場操作(オープン・マーケット・オペレーション)
㉚政策金利(無担保コールレート)　㉛量的緩和政策
㉜公共財の供給　㉝累進課税制度
㉞裁量的(伸縮的)財政政策(フィスカル・ポリシー)

㉟直接税　㊱垂直的公平　㊲直間比率
㊳赤字国債(特例国債)　㊴国債依存度　㊵国債費
㊶プライマリー・バランス

演習問題
1　②
2　①株式　②投資信託　③債券　④預貯金
3　③　**4**　②

第2章　日本経済の特質と国民生活

1　戦後日本経済の成長と課題　(p.108)

①財閥解体　②農地改革　③労使関係の民主化
④傾斜生産方式　⑤高度経済成長　⑥10
⑦公害　⑧石油危機　⑨安定成長　⑩貿易摩擦
⑪プラザ　⑫円高不況　⑬バブル　⑭不良債権
⑮リストラクチャリング　⑯失われた10年
⑰赤字国債　⑱財政構造改革　⑲民営化
⑳規制緩和　㉑非正規雇用　㉒金融危機
正誤問題　1．○　　2．×　　3．○　　4．×
Check 資料読解　**1**　ア．9.1　イ．4.2　ウ．0.8
エ．低下
2　①③⑤
3　ア．非正規雇用　イ．低く　ウ．物価
エ．名目　オ．実質
Try　(例)非正規雇用の拡大で賃金が抑えられ，消費需要が減退，それにともない物価も下落し，企業収益も伸び悩んでいるから。

2　転機に立つ日本経済　(p.110)

①東日本大震災　②福島第一　③ウクライナ
④労働人口　⑤社会保障費　⑥外国人労働者
⑦TPP11　⑧AI　⑨高い　⑩子ども
正誤問題　1．○　　2．○　　3．×
Check 資料読解　**1**　ア．社会保障関係
イ．年金　ウ．保険料　エ．社会福祉
オ．介護サービス
2　ア．ノルウェー　イ．スウェーデン
ウ．小さい　エ．小さい　オ．大きい
カ．公務員数　キ．増える
Active　省略

3　経済社会の変化と中小企業　4　農業と食料問題　(p.112)

①下請け　②系列　③製造業　④二重構造
⑤円高　⑥円安　⑦事業承継
⑧ベンチャー企業　⑨社会的企業　⑩農業基本

⑪食料・農業・農村　⑫食糧管理　⑬減反
⑭新食糧
⑮ウルグアイラウンド　⑯ミニマム・アクセス
⑰TPP11　⑱食料安全保障　⑲農地法
⑳6次産業　㉑地産地消
正誤問題　1．○　　2．○　　3．×
Work　ア．0.3　イ．31.2　ウ．52.5
Check 資料読解　**1**　問1　ア．300　イ．3
問2　企業規模が小さくなるにつれて，賃金，設備投資率(資本装備率)，生産性の指数は減少していく。
問3　60 ％　　　問4　40 ％
2　(例)日本の食料自給率はグラフ中の先進国の中で最も低い水準であり，食料自給率そのものもほぼ一貫して低下傾向にある。

5　消費者問題　(p.114)

①悪質商法　②誇大広告　③偽装表示
④マルチ　⑤架空　⑥ケネディ　⑦四つの権利
⑧意見が反映される　⑨消費生活　⑩消費者基本
⑪消費者保護　⑫消費者の自立　⑬製造物責任
⑭無過失責任　⑮欠陥の推定
⑯クーリング・オフ　⑰消費者契約法
⑱消費者庁　⑲消費者契約
正誤問題　1．×　　2．×　　3．○
Work　**1**　1．×　　2．○　　3．×
2　ア．払わない　イ．カード会社
ウ．クーリング・オフ　エ．契約書の写し
Try　①2004年に消費者保護基本法が改正されたもので，「消費者の権利の尊重」と「消費者の自立の支援」を掲げ，従来の消費者保護の姿勢から，消費者の自立と自己責任を重視する姿勢に改めている。
②製造物責任(PL)法においてとられるようになった，消費者が欠陥商品による被害を受けた場合，企業側の過失を証明できなくても，損害賠償を請求できるという考え方。
③欧米諸国において，欠陥の事実が確認されなくても，説明書通りに使用して事故にあった場合は，製品に欠陥があったと推定することで損害賠償を請求できること。

6　公害の防止と環境保全　(p.116)

①足尾鉱毒　②田中正造　③イタイイタイ病
④原告　⑤公害対策基本法　⑥環境庁
⑦無過失責任　⑧汚染者負担の原則　⑨総量規制
⑩環境基本法　⑪環境省　⑫環境アセスメント法
⑬アスベスト　⑭循環型社会形成推進基本法

⑮３R　　⑯リデュース　　⑰リユース
⑱リサイクル　　⑲グリーンコンシューマー
正誤問題　1．○　　2．×　　3．×
Work　a．四日市ぜんそく　　b．水俣病
c．カドミウム　　d．有機水銀　　e．原告
Check 資料読解　その他
Try　問1　無制限に自然を破壊することは許され
ませんが，経済活動においては豊かさを増大すること
が優先される。
問2　伝統的なコミュニティーを守るという視点はど
うなの？豊かさとは利便さの増大だけではない。
問3　生活の利便さが新しい人間関係をもたらすこと
もある。物質的な豊かさだって人間関係を支える大切
な条件でしょ。
問4　省略

7　労働問題と労働者の権利　(p.118)

①勤労権　　②団結権　　③団体行動権
④労働基準法　　⑤労働基準監督機関
⑥労働組合法　　⑦ストライキ　　⑧不当労働行為
⑨労働関係調整法　　⑩労働委員会
⑪男女雇用機会均等法
⑫セクシュアル・ハラスメント　　⑬育児休業
⑭外国人研修制度
Work 1　1．×　　2．○　　3．○　　4．×
2　1．×　　2．×
3　①正社員　　②営業
③8時30分から17時30分　　④165,000円
⑤124日，20日
4　1．×　　2．○
Check 資料読解　問1　(例)日本の女性の労働力率
は，25〜29歳から35〜39歳にかけて低下し，その後
上昇してM字型のカーブを描く。こうした傾向はス
ウェーデン，フランス，ドイツなどではほとんど見ら
れない。
問2　ア．80.2　　イ．17.13　　ウ．女性
エ．育児休業
Try 1　ア．育児休業　　イ．育児
ウ．パパ・クオータ　　エ．実質的平等
オ．ポジティブ・アクション
2　(例)育児休業の取得率における男女の差を縮小
できるようにする。
　そのために「育児は女性の役割」という意識を変える
ことも必要である。また，実質的の平等を保障するた
めのポジティブ・アクション(積極的差別是正措置)も
考えるべきとする意見もある。

8　こんにちの労働問題　(p.120)

①終身雇用制　　②年功序列型賃金
③企業別労働組合　　④非正規雇用　　⑤契約社員
⑥ワーキングプア　　⑦職業能力開発
⑧サービス残業　　⑨ワーク・ライフ・バランス
正誤問題　1．×　　2．×　　3．○
Work　①男性正社員・正職員→②女性正社員・正職
員→③男性その他→④女性その他
Check 資料読解　①1607時間　　②1349時間
③式　(1607−1349)÷8=32.25　　約32日
Try 1　問1　終身雇用制
問2　(例)メリット：安定的な雇用と所得を実現しや
すい。
デメリット：労働者は転職しにくく，企業にとっては
雇用調整しにくくなる。
問3　(例)メリット：職業選択の機会が増える。
デメリット：一般に低賃金。雇用期間が短く不安定。
生活の維持が厳しい。
2　ア．本人　　イ．経済状況　　ウ．働く意思
エ．所得
(例)メリット　満足な所得を得られなかったり，社会
保障の条件からこぼれてしまった人に最低限度の生活
を保障することができる。
デメリット　・すべての人へ平等な給付を行うための
財源が確保できるか。
・社会保障制度が縮減されることが想定され，自己責
任による対応が求められる。

9　社会保障の役割　10　社会保障制度の課題 (p.122)

①救貧法　　②ビスマルク　　③ベバリッジ
④ゆりかごから墓場まで　　⑤イギリス・北欧
⑥社会保険料　　⑦社会保険　　⑧公的扶助
⑨社会福祉　　⑩公衆衛生　　⑪国民皆保険・皆年金
⑫賦課方式　　⑬合計特殊出生率　　⑭65
⑮少子高齢化　　⑯ショートステイ
⑰ノーマライゼーション　　⑱ユニバーサルデザイン
⑲セーフティネット
正誤問題　1．×　　2．○　　3．×
Work　①キ　　②ウ　　③イ　　④ア　　⑤カ
⑥オ　　⑦エ
Check 資料読解　ア．医療　　イ．年金　　ウ．賦課
Try 1　(例)日本国憲法第25条は，国民の生存
権を保障するため国の社会保障義務を定めている。つ
まり最低限度の生活を保障することは社会の責任であ
るから，税金中心のしくみが必要である。またよりよ
い医療・年金・介護を求めるには，個人の責任も含め

15

たしくみ，すなわち社会保険制度が必要になる。
2 社会保険方式　①④⑤　　税方式　②③⑥

Active これからの福祉社会を考える (p.124)

☑ 振り返りチェック
時事ノート「格差から貧困へ」
1 問1　年間所得が全国民の所得の中央値の半分
に満たない人の割合
問2　アメリカ　問3　13.9
●10. 社会保障制度の課題
1 A．130　　B．医療　　C．年金
2 A．その他の世帯　　B．高齢者世帯
3 A．60　　B．1.3
●時事ノート「年金制度改革」
1 年金の支給開始年齢の段階的引き上げ，定年の
延長
2 B，D
Check 資料読解　1 A．租税負担
B．社会保障負担　　C．年金　　D．福祉その他
2 スウェーデン，フランス，ドイツ
3 国名 フランス　およそ5倍
4 問1　C　　問2　B　　問3　省略
Try 省略

| 第2章 | 章末問題 | 日本経済の特質と国民生活 (p.126) |

Check ／重要用語
①農地改革　　②高度経済成長　　③第1次石油危機
④バブル景気　　⑤不良債権
⑥リストラクチャリング(組織再編)　　⑦構造改革
⑧経済の二重構造　　⑨ベンチャー企業
⑩食料・農業・農村基本法(新農業基本法)　　⑪減反
⑫地産地消　　⑬ケネディ　　⑭製造物責任(PL)法
⑮クーリング・オフ　　⑯消費者庁　　⑰四大公害訴訟
⑱公害対策基本法　　⑲汚染者負担の原則(PPP)
⑳環境アセスメント(環境影響評価)
㉑循環型社会形成推進基本法　　㉒労働三権
㉓労働基準法　　㉔不当労働行為
㉕男女雇用機会均等法　　㉖終身雇用制
㉗年功序列型賃金　　㉘非正規雇用
㉙ワーク・ライフ・バランス　　㉚ベバリッジ報告
㉛公的扶助　　㉜賦課方式　　㉝合計特殊出生率
㉞バリアフリー　　㉟ユニバーサルデザイン
演習問題
1 ④
解説　生徒Yも生徒Zも，「人と人とのつながり」に
ついて意見を述べているので，「資料イ　現在の地域

での付き合いの程度」を参考にしていると考えられ，
①もしくは④に絞られる。
①生徒Zが，「町村でも低下していることに着目」とあ
るが，資料イからは時間の経過を読み取ることができ
ない。
2 ①
解説　①：石油危機を克服した日本は，1980年代
には年平均4～5%の安定成長を実現した。
②：1973年の第1次石油危機をきっかけに，1974年
には戦後初のマイナス成長を記録した。
③：1990年代に入るとバブル経済が崩壊し，「失われ
た10年」ともいわれる不況となった。
④：1950年代から1970年代初頭にかけて，日本は年
平均10%の高い成長率を記録した(高度経済成長)。
グラフは1960年代の成長率。
⑤：2008年のアメリカ発の金融危機の影響で日本経
済はマイナス成長となった。

3　国際社会と人類の課題

第1章　国際政治の動向と課題

1　国際社会と国際法　　(p.130)

①主権　　②外交　　③戦争　　④国際法　　⑤条約
⑥国際慣習法　　⑦グロチウス
⑧戦争放棄に関する条約　　⑨国際連合憲章
⑩世界人権宣言　　⑪国際人権規約
⑫国際司法裁判所　　⑬国際刑事裁判所　　⑭NGO
正誤問題　1．×　　2．○
Work 1 ア．条約　　イ．憲法　　ウ．国家
エ．議会　　オ．国際司法裁判所　　カ．国連
キ．政府　　ク．安全保障理事会
2 A．領海　③　　　B．排他的経済水域　②
C．公海　①　　　D．領空　④　　　E．宇宙空間　⑤
Check 資料読解　(例)司法権の独立を含めて，司法制
度の関連で問題が生じるおそれがあり，慎重に検討を
進めているため。
Try (例)当事者間の合意により，国際司法裁判所
に付託することが必要である。

2　国際連合と国際協力　　(p.132)

①国際連盟　　②集団安全保障　　③経済
④国際連合　　⑤安全保障理事会　　⑥常任理事国
⑦拒否権　　⑧大国一致　　⑨平和のための結集
⑩平和維持活動　　⑪総会　　⑫経済社会
⑬国際司法

正誤問題 1．○ 2．× 3．× 4．×
Work A．安全保障理事会 B．総会
C．国際司法裁判所 D．経済社会理事会
Check 資料読解 1 同盟
2 ①A ②C ③B ④D
Try ①人権理事会 ②国連貿易開発会議
③国連環境計画 ④国際労働機関
⑤国際通貨基金 ⑥世界保健機関

3 こんにちの国際政治 (p.134)

①冷戦 ②朝鮮戦争 ③ベトナム戦争 ④ソ連
⑤EU（欧州連合） ⑥リスボン条約
⑦ASEAN地域フォーラム（ARF） ⑧湾岸戦争
⑨ユーゴスラビア ⑩同時多発テロ
⑪アフガニスタン ⑫イラク ⑬クリミア
⑭アラブの春
正誤問題 1．× 2．○ 3．○
Work 1 ア．アメリカ イ．安全保障理事会
ウ．多国籍軍 エ．イラク
2 A．ウクライナ B．シリア C．イラク
3 ⑥
Check 資料読解 ③
Try （例）「国益をこえて」という視点からは，地球
環境問題，特に地球温暖化対策が第一である。

4 人種・民族問題 (p.136)

①公民権 ②アパルトヘイト
③ネルソン＝マンデラ ④イスラエル ⑤民族浄化
⑥ミャンマー ⑦難民
⑧国連難民高等弁務官事務所 ⑨ノン・ルフールマン
⑩自民族中心 ⑪マイノリティ ⑫多文化
正誤問題 1．× 2．○
Work ①④
Check 資料読解 ア．冷戦 イ．1990
ウ．イラク エ．2010
Try 1 省略
2 ア．イスラエル イ．第1次中東戦争
ウ．第3次中東戦争 エ．パレスチナ暫定自治協定

5 軍拡競争から軍縮へ (p.138)

①核抑止 ②恐怖の均衡 ③中距離核戦力
④核拡散防止条約 ⑤非核地帯
⑥クラスター爆弾 ⑦第五福龍丸
⑧原水爆禁止世界大会 ⑨パグウォッシュ会議
⑩国連軍縮特別総会 ⑪核兵器禁止条約

Work 1 問1 アメリカ イギリス ロシア
フランス 中国
問2 インド パキスタン 北朝鮮
2 ア．4 イ．1 ウ．5 エ．2
オ．高く
Check 資料読解 ①バンコク ②ラロトンガ
③トラテロルコ
Try （例）①この条約は，核保有国と非保有国との
対立を深め，核なき世界の実現が遠のく。
②賛成：（例）唯一の被爆国である日本は，率先して核
兵器の残虐さを訴えるべきである。
反対：（例）アメリカの核の傘に頼る日本としては，現
実的に考えた方がよい。

6 国際平和と日本の役割 (p.140)

①サンフランシスコ平和 ②日米安全保障
③日ソ共同 ④国連 ⑤西側 ⑥アジア
⑦日韓基本条約 ⑧日中平和友好条約 ⑨PKO
⑩政府開発援助 ⑪人間の安全保障
正誤問題 1．× 2．× 3．○ 4．×
Check 資料読解 ア．択捉 イ．国後 ウ．色丹
エ．歯舞 オ．竹 カ．尖閣 キ．沖ノ鳥
Opinion （例）こんにちでは多くの国が核兵器を
保有しており，他国へ圧力をかける手段となっている。
しかし，外交に失敗すれば大規模な戦争に発展し，核
兵器の使用が現実化する可能性がある。そうした危険
をかかえる国際情勢の中で，日本は唯一の被爆国であ
り，自ら戦争を放棄することによって戦争を防止して
きた。こうした経験と実績の上に立って，日本は世界
に向かって戦争の悲惨さ，核兵器の残虐さを声を大に
して訴えるべきである。

第1章 章末問題 国際政治の動向と課題 (p.142)

Check ／重要用語
①グロチウス ②条約 ③国際慣習法
④国際司法裁判所 ⑤常任理事国
⑥集団安全保障 ⑦平和維持活動 ⑧湾岸戦争
⑨アラブの春 ⑩同時多発テロ ⑪公民権運動
⑫パレスチナ問題
⑬国連難民高等弁務官事務所（UNHCR）
⑭核抑止論 ⑮核拡散防止条約（NPT）
⑯包括的核実験禁止条約（CTBT）
⑰日米安全保障条約 ⑱日ソ共同宣言
⑲人間の安全保障
演習問題
1 ④ 2 ④

3 問1 ①パレスチナ暫定自治協定
②エルサレム
問2 ウ 問3 ア, イ, ウ
問4 イ, エ 問5 省略
4 ⑦

第2章 国際経済の動向と課題

1 貿易と国際収支 (p.146)

①貿易 ②資金 ③比較生産費 ④リカード
⑤特化 ⑥国際分業の利益 ⑦リスト
⑧垂直貿易 ⑨水平貿易 ⑩企業内貿易
⑪経常収支 ⑫第一次所得収支
⑬第二次所得収支 ⑭資本移転等収支
⑮直接投資 ⑯外貨準備 ⑰黒字 ⑱赤字
正誤問題 1. ○ 2. × 3. ×
Work ア. 50 イ. 100 ウ. 300 エ. 2
オ. 3 カ. 1
Quiz ①貿易収支 ②第一次所得収支
③証券投資
Check 資料読解 第一次所得収支
Try (例)自由貿易
メリット：各国が生産性の高い財の生産に特化して輸
出しあうと, 同じ労働力でより多くの財を生産できる。
デメリット：競争にさらされる発展途上国の産業が衰
える。
　保護貿易
メリット：発展途上国が自国産業を保護・育成するこ
とができる。
デメリット：競争がないと, 長期的には企業の成長に
はマイナスとなる。

2 外国為替市場のしくみ (p.148)

①外国為替 ②外国為替手形 ③為替レート
④変動為替相場制 ⑤市場介入 ⑥円高
⑦ドル ⑧円 ⑨ドル安 ⑩円安 ⑪ドル
⑫ドル高
正誤問題 1. × 2. ○ 3. × 4. ×
Work ア. 需要 イ. 円高 ウ. ドル
エ. ドル高
Check 資料読解 ③
Try 1 ア. 上昇 イ. 輸出 ウ. 空洞化
エ. 物価 オ. 輸出 カ. 国内 キ. 物価
2 (例)・日本は資源に乏しく, また, 食料自給率
も低い。燃料や食料などを輸入に頼っている状況では,
円安になると生活に直結する部分での価格上昇となる

ため, 円高が望ましい。
・少子高齢化が進む日本経済では, 今後も自動車や電
化製品など, 輸出を中心とした企業が成長要因となる
のではないか。よって, 円安のほうが望ましい。

3 第二次世界大戦後の国際経済 (p.150)

①ブロック経済 ②ブレトンウッズ
③国際通貨基金 ④国際復興開発銀行
⑤関税と貿易に関する一般協定 ⑥35
⑦固定為替相場制 ⑧基軸通貨 ⑨ベトナム戦争
⑩特別引出権 ⑪ニクソン・ショック
⑫変動為替相場制 ⑬プラザ合意 ⑭G7
⑮ラウンド ⑯知的財産権 ⑰世界貿易機関
⑱ドーハラウンド
正誤問題 1. ○ 2. × 3. × 4. ×
Work ニクソン・ショック：イ プラザ合意：エ
WTO発足：ウ ドーハラウンド開始：ア
世界金融危機：オ
Opinion 省略

4 地域的経済統合の進展 (p.152)

①自由貿易協定 ②欧州共同体 ③市場統合
④マーストリヒト条約 ⑤EU ⑥ユーロ
⑦27 ⑧デフォルト ⑨北米自由貿易協定
⑩南米南部共同市場 ⑪東南アジア諸国連合
⑫ASEAN自由貿易地域
⑬地域的な包括的経済連携
⑭アジア太平洋経済協力 ⑮TPP
⑯経済連携協定 ⑰シンガポール
正誤問題 1. × 2. ○ 3. ×
Work 1 ①イ ②ウ ③エ ④キ ⑤ア
⑥カ ⑦オ
2 a. ASEAN b. USMCA
c. MERCOSUR d. CPTPP e. APEC
Try (例)メリット：・大きな市場で関税などの障
壁なしに商品取引ができ, 投資も自由に行えるので,
経済活動が活発化する。
・国境間の移動も自由になり, より大きな市場で効率
的な経済活動が行える。
デメリット：多くの国の間で共通のルールが必要にな
るため, 主権の制限が必要になる。産業が未発達で低
賃金の国から高賃金の国への労働力の移動・移民が増
加し, 移民先の国での雇用の悪化・賃金の低下が生じ
る。

5 国際経済のつながりと課題 (p.154)

①グローバリゼーション　②多国籍企業　③外貨
④賃金　⑤産業空洞化　⑥移民
⑦国際資本移動　⑧エマージング・マーケット
⑨アジア　⑩ヘッジファンド　⑪タイ
⑫サブプライムローン　⑬タックス・ヘイブン

正誤問題　1．×　　2．○　　3．○

Work　ア．日本　　イ．市場　　ウ．一帯一路
エ．アジアインフラ投資

Check 資料読解　ア．先進国　　イ．2.5
ウ．新興・途上国　　エ．6　　オ．対外直接投資
カ．4

◉Opinion

(例)金融規制はすべきではない：自由な投資は世界全体の経済を活性化させ，人々の所得向上につながるから。
金融規制は必要だ：投機的な資金移動は世界経済を不安定化させ，貧富の格差を拡大させるから。

Try　(例)メリット
①多国籍企業は，現地子会社への技術移転を通じて進出先の工業化を促進する。
②多国籍企業の投資により進出先の雇用と所得を創出して経済成長を実現する。
③工業化した進出先が工業製品を輸出して外貨の獲得が可能になる。
　デメリット
①進出先の賃金が上昇すると，工場がより賃金の安い国に移転して現地の雇用が失われてしまう。
②多国籍企業の母国では，産業空洞化や雇用喪失が生じる。

6 発展途上国の諸課題と日本の役割 (p.156)

①モノカルチャー　②一次産品　③発展途上国
④南北問題　⑤石油輸出国機構　⑥国際石油資本
⑦国連貿易開発会議　⑧石油危機
⑨新国際経済秩序　⑩多国籍企業　⑪累積債務
⑫リスケジュール　⑬新興工業経済地域
⑭南南問題　⑮後発発展途上国
⑯開発援助委員会　⑰政府開発援助　⑱SDGs

正誤問題　1．×　　2．○　　3．○

Check 資料読解　**1**　ア．中国　　イ．インド
ウ．ブラジル　　エ．ロシア　　オ．2000
2　ア．医療　　イ．生活　　ウ．0.7　　エ．0.31

Try　省略

Active SDGsの実現に向けて (p.158)

✓振り返りチェック

Quiz　1．③　　2．②　　3．①　　4．②
5．③

Check 資料読解　**1**　A．中所得国　　B．BRICS
C．格差　　D．生態系　　E．生物多様性
F．気候変動　　G．安全な水　　H．アフリカ
I．女性　　J．ジェンダー
2　問1　④　　問2　③
問3　①イ　　②ア　　③ウ　　④エ

Try　省略